PIERRE FONTAINE

LA NOUVELLE

COURSE AU PÉTROLE

OMNIA VERITAS

PIERRE FONTAINE

LA NOUVELLE

COURSE AU PÉTROLE

1957

Publié par OMNIA VERITAS LTD

⊘MNIA VERITAS

www.omnia-veritas.com

AVANT-PROPOS

Le 20 décembre 1956, un président du Conseil français, M. Guy Mollet, déclara à la tribune de l'Assemblée Nationale : *« Nous savons enfin que le chantage au pétrole peut être une réalité. »*

Il a fallu trente ans pour que cette évidence connue des initiés et des lecteurs de nos précédents ouvrages devienne un aveu public.

Trente ans pour hisser la question pétrolière à son véritable niveau politique et diplomatique ! Le silence volontaire sur les dessous de cette course au pétrole constitue un handicap de la France et de l'Europe dont l'insuffisance en sources d'énergie obère leur indépendance puisqu'il est désormais prouvé que les économies intérieures des pays d'Europe occidentale sont les esclaves d'un carburant étranger lointain et que l'énergie pétrolière conditionne une partie du travail national. Nous étions demeurés les seuls d'une équipe qui s'évertua à essayer de conquérir l'opinion à cette vérité : « Un pays assujetti à l'extérieur pour une source d'énergie qui lui est indispensable n'est pas un pays indépendant ; il est forcément satellite de son approvisionneur ». Ce qui explique, en partie, la raison qui mit la France à la remorque de la politique britannique pendant un certain nombre de lustres.

Notre insistance, inspirée de celle du Taciturne, trouva son illustration dans l'affaire du canal de Suez dont le sabotage demeure un élément capital dans le triomphe de la géopolitique, une science peu à l'honneur en France.

9

Le canal de Suez laisse à nouveau passer les tankers, les pipe-lines transdésertiques dynamités sont réparés et permettent au ravitaillement de l'Europe Occidentale de redevenir normal. Pour combien de temps?

La menace d'asphyxie européenne demeure la même. Il suffira de quelques minutes de tension pour que tout recommence. 1956 ne fut qu'une répétition générale d'une opération qui ne devait se déclencher qu'à l'aube du troisième conflit mondial. Avec la lutte américano-soviétique dans le Moyen-Orient et le Pacte Atlantique, la même opération d'interruption dans l'acheminement du pétrole oriental se reproduira. Nous verrons ce qu'il convient de penser de la route des pétroliers par le Cap, de la politique des supertankers et du ravitaillement par le pétrole africain, moyens qui ne seront jamais que des palliatifs dans un pays anxieux de carburant pour ses moteurs.

Est-il trop tard pour essayer de s'affranchir de cette redoutable vassalité ?

Non, si le pétrole s'installe au premier rang des préoccupations permanentes de l'opinion publique au même titre que le tabac ou le pain.

Oui, si, une fois l'alerte passée, l'indifférence reprend son cours aidée par le silence calculé de la grande information.

Pour l'immense majorité des Français, le pétrole est un sujet nouveau aux dessous politiques insoupçonnés jusqu'alors. Ce n'est qu'après la deuxième guerre mondiale qu'un assez grand nombre de personnes découvrirent le pétrole... par la Bourse ; 20 % des opérations boursières s'effectuent sur les valeurs pétrolières. Mais l'importance du pétrole n'atteignit le grand public que, lorsqu'en temps de paix, les commodités souffrirent de la raréfaction du carburant. La presse dut en entretenir ses lecteurs par des relations (souvent incomplètes) de débats et d'incidents politiques et diplomatiques. Et l'on essaie déjà de pousser dans les oubliettes les tiraillements des mauvaises heures afin d'éviter d'établir le bilan des responsabilités qui coûtent cher aux contribuables, directement et indirectement par les amenuisements de devises étrangères et par le ralentissement de l'activité économique générale (impôts normaux perçus en moins qu'il faut remplacer par d'autres ressources).

Le pétrole est devenu un problème public ; il est important qu'il le reste si nous ne voulons pas devenir les victimes permanentes ou les mercenaires de ce « chantage au pétrole. »

La question pétrolière est peut-être plus grave que jamais puisque l'étranger sait désormais, par l'aventure de 1956, que l'Europe est à la merci de son pétrole. Plus besoin de guerre ; il suffira de couper les routes du pétrole pour qu'une nation soit rapidement désarmée et que son activité économique paralysée engendre le chômage, donc les troubles sociaux. Pour annihiler un pays dépourvu d'une ressource énergétique capitale, la crise de Suez indique le genre de manœuvre efficace à étendre. Seule riposte : il est possible de se passer en grande partie du pétrole étranger. Encore faut-il le vouloir ! Cette volonté n'apparaît pas très nettement malgré les imprécations de fin 1956.

Dans de précédents ouvrages, nous avons montré qu'il était relativement facile de prévoir plusieurs années à l'avance les événements mondiaux en « raisonnant pétrole ».[1] Dans les causes des guerres, l'économique domine le politique. Cela dure depuis les Croisades quand les marchands génois et vénitiens subventionnaient des chevaliers afin d'établir dans l'ombre de

---

[1] Ouvrages du même auteur consacrés au pétrole : *El Bir* et *Saint-Pétrole* (romans épuisés) ; *La guerre occulte du pétrole* (épuisé), *La guerre froide du pétrole* et *Bataille pour le pétrole français* (Editions « Je Sers », Paris).

11

leurs conquêtes d'Asie mineure des privilèges commerciaux avec les grandes caravanes venant d'Extrême-Orient. Les nations pas plus que les trusts n'inventèrent donc les mobiles des querelles internationales pour lesquelles des prétextes politiques ou confessionnels sont essentiellement exploités. Les futurs événements qui bouleverseront le monde sont prévisibles avec autant de sûreté que les troubles d'Iran, d'Afrique du Nord, de Suez que nous annonçâmes à l'avance. Même si le pétrole venait à disparaître comme carburant (il devrait l'être depuis vingt-cinq ans), la pétrochimie tirant plus de deux mille dérivés du pétrole brut assure une extraordinaire survie rentable aux hydrocarbures. Ce qui explique les tentacules des trusts, pétroliers vers les industries chimiques mondiales. Aussi, loin de perdre leur importance par leurs excès, les tenants du pétrole deviennent-ils plus envahissant chaque jour. Le pompiste ne leur suffira plus pour vendre leurs produits, il leur faudra le bazar, l'épicier, le quincaillier pour offrir les objets, les tissus, les jouets en matières plastiques, les détersifs et autres produits insecticides tous extraits du naphte Le danger des « monstres industriels » du pétrole dans la vie des nations grandit avec le temps.

D'après une statistique générale pour l'année 1956, la France compte 1 véhicule motorisé pour 11 habitants tandis que les États-Unis enregistrent le record avec 1 pour 2,6 habitants ; Canada 1 pour 4. Détachons de la longue liste l'U.R.S.S. avec 1 pour 70 habitants et la Chine 1 pour 4 957. Ces indications pourraient, à elles seules, expliquer l'impératif de la course au pétrole. Aux pays gros buveurs d'essence s'opposent des pays « sous-motorisés » marchant à pas de géant vers le progrès et qui, à bref délai, auront un besoin de plus en plus grand de carburant qu'à défaut de trouver chez eux en quantité suffisante, il faudra bien puiser autre part, avec ou sans devises étrangères, à moins qu'ils n'appartiennent au même bloc idéologique.

Notre but est de faire comprendre aux électeurs les dangers que leur font courir les insatiables appétits du pétrole. *La Guerre Froide du Pétrole* peignit en de larges touches l'action des pétroliers à travers le monde en montrant qu'ils étaient plus puissants que les gouvernements. Avec *Bataille pour le pétrole français*, nous indiquâmes que la France et l'Union française n'échappaient pas à cette dictature extérieure. Cet ouvrage est la narration des rapports de l'Europe, vivant désormais sous la menace de la disette de pétrole, avec ses fournisseurs ou ceux en puissance de le devenir. Plus tard, nous aborderons la lutte des trusts entre eux et les guerres qu'ils déclenchèrent.

Chacun commence à comprendre la dictature de l'économique avec le mot pétrole en surimpression. On réalise mieux, depuis Suez, l'importance de la partie en cours ; c'est la paix qui est en jeu, donc sa propre vie et celle de ses enfants. Avec l'atome comme toile de fond.

La houille devient rare. Dans une ère motorisée à l'extrême, la France peut manquer soudainement de tout ou partie des énergies qui lui sont indispensables. Certains esprits sont effarés par des problèmes dont ils ne croyaient pas l'acuité si présente, ils ne pensaient pas, qu'un jour, le recrutement des mineurs s'avèrerait si difficile.

La puissance du pétrole n'est pas une vaine expression. En 1956, avec l'obstruction du canal de Suez, donc la sous-consommation forcée en certains pays grands clients du pétrole, on pouvait croire à un ralentissement de la production pétrolière. En 1956, la production mondiale de pétrole s'éleva *au chiffre jamais atteint jusqu'alors* de 835 millions de tonnes (8,5 % de plus que l'année précédente). Pas d'invendu malgré le manque à consommer de l'Europe. Remémorons-nous les informations annonçant la fermeture de certains puits, le ralentissement de certains autres, les royalties que ne toucheront pas les souverains arabes, etc. Cela permet de mieux mesurer les bruits mensongers lancés en pleine crise. 835 millions de tonnes (contre 763 en 1955), *pas de réserves disponibles pour la France et le compte-gouttes pour l'Europe...*

Un chantage monumental !

Un universitaire m'a écrit qu'il n'était « plus possible d'enseigner les sources d'énergie dans les classes terminales sans connaître vos ouvrages sur le pétrole ». Nous arrivons au but d'une démonstration commencée voici trente ans, à savoir que tout avenir de progrès scientifique reposant sur une source d'énergie pouvant à tout moment se dérober, revient à construire sur du sable, à vouloir édifier une maison sans vérifier la solidité du sous-sol. A quoi servent les autos si elles ne peuvent rouler ? A quoi rime le confort moderne sans cheminées si les buildings sont glaciaux en hiver faute de fuel pour les chauffer ? Autant de problèmes qui eussent dû militer pour une sérieuse politique des carburants en France et même en Europe occidentale.

Nous savons maintenant que la question pétrolière ne pourra plus être étouffée. Le fait est important. Le pétrole est sorti de la clandestinité et des « spécialistes ».[2] Le public voulait

---

[2] Petite polémique extraite du journal *Le Monde* sous le titre :

« Les sujets « tabous » à la R.T.F. ». — *« Dans un article intitulé* « La Diplomatie du Pétrole » *notre collaborateur Édouard Sablier écrivait notamment :*

« Il y a une dizaine d'années, au lendemain de la dernière guerre « mondiale, la Radiodiffusion française observait, entre autres directives gouvernementales, un impératif absolu : défense de parler « du pétrole. »

« M. V. Gayman, directeur des informations à la R. T .F., nous adresse à ce sujet la déclaration suivante :

« Je puis vous affirmer de la façon la plus absolue que je n'ai « jamais reçu ni eu connaissance d'une directive gouvernementale « concernant une interdiction de parler du pétrole. Il suffit d'ailleurs « de se reporter aux émissions innombrables réalisées par la R.T.F. « sur les aspects les plus divers intéressant le pétrole : la prospection, « l'extraction, la distillation, le cracking, l'utilisation, etc. »

« Nous donnons bien volontiers acte à M. Gayman des précisions qu'il apporte. Nous lui confirmons que dans d'autres services que le sien il était fait couramment allusion à une consigne gouvernementale demandant que les aspects politiques de la question pétrolière ne soient pas évoqués sur les ondes. — E.S. »

des faits et non de vagues allusions ; nous lui avons débroussaillé l'essentiel et nous continuerons par le détail. Il sent que dénoncer les manœuvres c'est en rendre l'exécution moins facile et parfois c'est les faire échouer. Le malfaiteur est moins hardi lorsqu'il ne bénéficie pas de l'ombre.

Reconnaissons que, pour notre part, les services de presse des précédents ouvrages sur le pétrole envoyés à la R.T.F. demeurèrent sans écho, alors que la radio suisse (Sottens) diffusa une interview importante de l'auteur.

I

LA ROUTE MARITIME DU PÉTROLE PAR SUEZ, POUDRIÈRE MONDIALE PERMANENTE

« ...par quelle fatalité le pétrole a été cherché, découvert, exploité dans les déserts arabes les plus reculés, alors que, dans les forêts landaises, dans nos vallées béarnaises, où pouvaient circuler à leur aise prospecteurs et ingénieurs, on le découvre à peine et on l'exploite si lentement... Les faits crient aujourd'hui. Nous avons été dupes. Nous avons été pris pour des innocents! Seulement, depuis la dernière crise (Suez), nos yeux s'ouvrent. Nous avons la certitude à la fois de votre accaparement et de notre carence... »

Pierre DUMAS (5 lettres aux Américains).

L'Europe occidentale insouciante, s'est brusquement réveillée devant les réalités, en 1956, lorsque le Colonel Nasser refusa de laisser passer le pétrole. Elle se complaisait dans ses commodités motorisées sans se préoccuper de la pérennité de son ère de progrès assise sur des apports extérieurs d'énergie. Il était juste qu'elle payât son moindre effort dans le domaine du carburant. Peu importe que le canal de Suez soit remis en état et permette aux tankers de joindre rapidement le Golfe Persique ou l'Insulinde à ses ports. Désormais, cette voie maritime n'est plus considérée que comme un pis aller dont l'Europe doit s'affranchir dans le plus bref délai.

L'emprise soviétique sur le Proche et le Moyen-Orient, les heurts qui ne manqueront pas d'en découler avec la nouvelle doctrine Eisenhower dans ces pays, les zizanies permanentes entre les États arabes et Israël, rendent précaire tout espoir de confiance absolue dans la constance du trafic pétrolier par le canal. Deux guerres mondiales n'interrompirent pas le transit des tankers ; un incident de la paix suffit à plonger l'Europe occidentale dans l'angoisse. Autrement dit, la vie économique de l'Europe occidentale est menacée en permanence par les déroulements politiques imprévus d'une des contrées les plus agitées du monde. Cela, qu'il s'agisse du canal ou des pipe-lines traversant les pays arabes.

Référons-nous à deux hommes qui, pour une fois, laissèrent échapper des bribes de vérité se complétant harmonieusement. M. Dimitri Chepilov, ancien ministre des Affaires étrangères de l'U.R.S.S., dit à l'O.N.U. en 1956 : « Les monopolistes américains cherchent à déloger du Moyen-Orient leurs rivaux anglais et français. » De son côté, M. Foster Dulles déclara devant les commissions des Affaires étrangères et des Forces Armées du Sénat, à Washington : « La France et la Grande-Bretagne ne peuvent être associées à notre politique dans le Proche-Orient. » Tout le monde paraît donc bien d'accord sur la dépendance américaine grandissante qui pèsera sur l'Europe en matière de carburant.

La France (et l'Europe), peuvent-elles, dans ces conditions d'esprit, bâtir allègrement un avenir de plus en plus motorisé sans se préoccuper d'échapper autant à Suez qu'à l'hégémonie économique américaine sur les « plus grandes réserves du monde » de pétrole en pays arabes ? N'oublions pas que « le chantage au pétrole » existe.

Sans aucun humour noir, nous pensons que les politiciens réalistes devraient élever une statue au colonel Nasser. Son geste du « fait accompli » en temps de paix relative équivaut au tocsin pour l'Europe ; survenant en temps de guerre, il eut été un glas. Expliquons-nous.

Un an avant les événements de Suez, nous écrivîmes ces lignes :

« ...Les états-majors anglais et américains ont la même préoccupation : ils redoutent, disent-ils, une attaque soviétique (avec ou sans l'appui des Jaunes), dirigée vers le canal de Suez.

« En cas de guerre mondiale, cette éventualité est logique. Qui contrôlera le Canal de Suez, tiendra le ravitaillement de l'Europe surtout en carburant. Qui établira la jonction Arménie. Égypte coupera tous les pipe-lines qui viennent déverser le pétrole brut directement dans les ports méditerranéens de Banyas, Tripoli, Saïda et Haïffa. Autrement dit, en isolant l'Asie de l'Europe, on enlèvera à cette dernière toute possibilité' de recevoir les 93 % de sa consommation de pétrole. C'est pourquoi la ligne U.R.S.S.-Suez est considérée comme la ligne vitale pour la stratégie atlantique, car il suffirait à la marine soviétique (la plus importante du monde en sous-marins), de bloquer les côtes atlantiques pour provoquer rapidement une disette de pétrole en Europe, sur le pied de la guerre... »[3]

Nul n'étant prophète en son pays, M. Nasser se chargea d'apporter la démonstration pratique de ce pronostic raisonnable.

Cette « répétition générale » offerte en période de paix par le dictateur égyptien à une Europe se contentant d'administrer la facilité mériterait donc une statue. On eut le temps de s'organiser (tant bien que mal), d'émettre des contre-ordres succédant à des ordres pris hâtivement, d'harmoniser la pagaye dans un incivisme quasi-total bien que non poussé par la hantise

---

[3] Cf. *La Guerre Froide du pétrole.*

d'une nouvelle guerre mondiale ; nous n'osons pas penser aux conséquences de cette singulière «politique nationale du carburant» dans une période plus dramatique. Nous verrions cette statue dans les jardins du Palais-Bourbon avec un mécanisme intérieur parlant. Moyennant une pièce de vingt francs glissée dans une fente, pendant une demi-heure les parlementaires entendraient l'avertissement : « Pas de pétrole, pas de bagnole ». Benjamin Franklin disait : e Il n'y a que les imbéciles qui trouvent trop élevé le prix de l'expérience. »

L'alerte passée, on nous offre le Sahara plus proche mais avec des pipe-lines traversant des pays arabes nord-africains qui nous échappent. On sait que les pipe-lines transdésertiques du Moyen-Orient furent dynamités par les musulmans pour parachever la stérilisation de Suez. On parle de tankers de 60, 80, 100 000 tonnes, qui passeront par le Cap. Outre que ces tankers seront étrangers, en période de tension ils seront de belles cibles pour les sous-marins. Nous ne spéculons pas sur les illusions, nous demeurons les pieds sur la terre. Quand le monde en sera au désarmement général, nous raisonnerons autrement et nous lancerons même l'idée du pipe-line eurafricain. Après le coup de semonce de Nasser, nous sommes obligés de nous attacher à des buts plus immédiats.

Sans attendre la vulgarisation de l'atome, la solution du pétrole existe particulièrement en ce qui concerne le roulage des véhicules motorisés. Cette solution ne retient pas l'attention des pouvoirs publics pour des raisons que nous examinerons en détail. Nous nous laissons encore hypnotiser par le pétrole. Puisque les États-Unis n'ont pas trop de pétrole pour leur consommation et que le Sahara n'est pas encore en état de couvrir les besoins de la France et de l'Europe, nous devons donc tourner nos regards vers ce Moyen-Orient qui nous est assigné comme essentiel lieu de ravitaillement.

LES VÉRITABLES RESPONSABILITÉS

DE L'AFFAIRE DE SUEZ

La lutte pour le pétrole du Moyen-Orient n'est pas un fait nouveau comme l'on pourrait le croire d'après les paroles de MM. Chepilov et Foster Dulles. Elle date depuis 1916, parut se calmer avec le traité de San-Remo, mais reprit de plus belle avant la guerre lorsque les pétroliers américains éliminèrent les pétroliers anglais d'Arabie Séoudite à coups de dollars. La guerre 1939-1945 permit aux Américains d'accentuer leur avance (Golfe Persique, Iran), au détriment de leurs concurrents britanniques. Arrivons à la crise de 1956.

En principe, les gouvernements répugnent à exposer en public la genèse des grands événements. L'individu normal n'est pas machiavélique et ne comprendrait pas les trames, souvent de romans policiers, qui animent la diplomatie internationale. Un ministre, encore jeune, disait, en 1955, que personne ne voudrait croire la vérité sur certaines opérations politiques. Il avait raison et un ancien président du conseil, André Tardieu, prétendait qu'en diplomatie c'est souvent le triomphe de « l'invraisemblable vrai ». Il ne faut donc pas s'étonner que, pour l'affaire de Suez, le Français moyen en reste au refus des crédits américano-britanniques pour construire le barrage d'Assouan comme mobile de gestes qui mirent la paix du monde en danger. Assouan n'est qu'un prétexte et non une cause.

« ...Pour être honnêtes envers nous-mêmes, il faut que nous reconnaissions que nous sommes les seuls à blâmer (dans cette affaire du Proche-Orient) », écrit M. J.C. Hurewitz, professeur adjoint d'histoire des Relations Internationales à l'Université Colombia (U.S.A.). Homme jouissant d'une notoriété établie dans l'étude des problèmes orientaux,[4] il ne se laisse pas prendre à la facile prose destinée à l'opinion publique ; après nous,[5] il reconnaît que a ... c'est en grande partie à la suite du soutien qu'il (M. Jefferson Caffery, ex-ambassadeur américain au Caire), a apporté aux revendications égyptiennes et des pressions qu'il a exercées sur ses confrères britanniques du Caire, que Londres a consenti tout d'abord (en février 1953) à résoudre la controverse sur le Soudan et enfin (en octobre 1954), à évacuer la base de Suez par étapes sur une période de dix-huit mois... »

Ainsi, un Américain éminent confirme la phrase de M. Chepilov et stigmatise la politique d'apprenti-sorcier du Département d'Etat de Washington. « Apprenti-sorcier » est peut-être beaucoup dire depuis que l'on n'ignore plus le plan Eisenhower en Moyen-Orient de substituer une force américaine à l'élimination des anglo-français. Disons plus sûrement : plan à longue échéance mûrement réfléchi et grandement facilité par l'erreur anglo-française d'intervention en Égypte.

On sait moins qu'en octobre 1954, le colonel Nasser demanda aux États-Unis de lui fournir des armements. Washington en accepta le principe moyennant un accord « ... dans lequel l'Égypte, en tant que bénéficiaire de l'aide militaire américaine, s'associerait formellement aux objectifs des plans de sécurité collective de l'Occident et accepterait l'aide et les conseils d'une mission militaire américaine... ».

Condition inacceptable pour l'Égypte qui désirait des armements contre Israël... jusqu'alors protégé américain. Admettre une mission militaire américaine était se passer une paire de menottes et s'interdire de regarder du côté de Tel

---

[4] « Nos erreurs au Moyen-Orient », revue *The Atlantic* (Boston).

[5] La Guerre Froide du Pétrole (ibid).

Aviv. La junte égyptienne repoussa la contre-partie politique de l'accord que Washington ne consentit à abandonner que si les armes lui étaient payées comptant en dollars. Le Caire n'était pas assez riche pour acquérir ces coûteux joujoux de guerre cash and carry.

Les discussions traînèrent pendant que les munitionnaires anglais et français, dans l'espérance de damer le pion américain, fournissaient avions, tanks, canons, navires de guerre à l'Égypte, mais de qualité et de quantités insuffisantes au gré de Nasser.

Brusquement, en septembre 1955, Le Caire passa un marché avec l'U.R.S.S. et la Tchécoslovaquie de 200 millions de dollars de chars, de canons, d'avions à réaction, etc., en échange de coton égyptien longue fibre.

Les Soviétiques suivaient attentivement les pourparlers égypto-américains depuis longtemps et étaient intervenus au moment opportun. Des armements aux techniciens et aux conseils, ce qui était « normal » du côté américain le devint avec les livraisons soviétiques. Furieux de ce marché d'armes égypto-soviétique que, les U.S.A. annulèrent leurs promesses de crédits pour le barrage d'Assouan auquel devaient participer les Anglais.

En rétablissant les faits historiques, le professeur Hurewitz ne situa malheureusement pas l'ambiance qui incita les États-Unis à se déchaîner contre tout ce qui ne serait pas « eux » dans cette partie du monde pétrolifère. Preuve que les questions pétrolifères sont aussi du domaine réservé aux U.S.A.

M. Hurewitz reconnaît que cette politique impérialiste américaine aboutit à ceci : « ...notre principal allié (la Grande-Bretagne), avait perdu la base militaire-clé du Moyen-Orient sur laquelle reposait toute la structure de son système de défense régional et, indirectement, tout plan d'ensemble occidental de défense pour l'Europe, l'Asie et l'Afrique.» Quand le Département d'Etat pesa cette «erreur», le président Eisenhower prit à la charge de son pays la relève du plan britannique... mais, cette fois, au bénéfice exclusif direct américain. Nuance!

Cette histoire est lourde de conséquences internationales, puisque d'une part, les États arabes considèrent qu'il n'y a aucun «vide» à remplir par les États-Unis et que le 11 février 1957, l'U.R.S.S. lançait un plan pour l'établissement de la paix dans le Moyen-Orient, avec la «cœxistence pacifique» comme «pierre angulaire» de la politique soviétique.

Chacun demeurant sur ses positions et n'entendant pas laisser une part du gâteau au voisin, la guerre qui n'ose pas dire son nom continue, plus âpre que jamais. Dans ces conditions de politique d'arrière-pensées, est-il prudent de se rendormir dans une douce quiétude parce que le canal de Suez laisse à nouveau transiter les bateaux pétroliers pour l'Europe?

La France, satellite pétrolière de la britannique Royal Dutch-Shell, compte assez peu dans cette inharmonie orientale. Mais M. Hurewitz n'en décèle pas moins le point de départ de l'effondrement européen en ces termes : «...le premier coup a été porté en 1945-46, lorsque les Français se sont vu contraints de retirer leurs forces de Syrie et du Liban...» Il ne dit pas devant quelle pression... celle du général anglais Spears ayant fait cause commune avec les émeutiers syriens déchaînés par les agents secrets britanniques. Nous l'écrivîmes dans des ouvrages précédents, Londres menait alors sa politique pétrolière contre la France. Les appétits des pétroliers anglais prétendaient ne pas partager le Proche et le Moyen-Orient. Par complicité d'affairisme outrancier, le Foreign Office se trouve responsable au premier chef du déclin de l'influence britannique en pays arabes. Au cimetière de Damas il y a trop de tombes françaises pour que nous ne croyions pas à la justice immanente. La France éliminée du contrôle direct de son pipe-line Abdu-Kemal-Tripoli après vingt ans d'efforts continus (de Lawrence et Philby à Sterling et Spears), la « suite » de la guerre du pétrole voyait dix ans après, le dynamitage des pipe-lines anglais traversant les pays dont nous fûmes chassés. Mektoub !

Nous laisserons donc le barrage d'Assouan pour les manuels d'Histoire et les images d'Épinal.

Enfin, pour le canal de Suez, on cacha avec pudeur une cause un peu spéciale que d'aucuns eussent qualifiée de « racisme ». A savoir l'incapacité du musulman à entretenir décemment le canal. La méconnaissance de l'Arabe peut, seule, faire espérer un remplacement à capacité égale. Tel n'est pas son tempérament de désorganisateur-né. M. André Siegfried, écrivit en 1945 un ouvrage prophétique sur Suez[6] et il note que si les musulmans techniciens nouveaux peuvent à la rigueur administrer le tran-tran des affaires courantes, il n'est pas dans leurs conceptions de s'adapter aux larges vues de l'avenir. L'Académicien est encore gentil. Notre pratique des pays musulmans nous laisse craindre davantage, surtout en Égypte. Une dolce farniente nous permet d'exciper d'une administration exclusivement égyptienne (qui confondra les recettes du canal avec les trous à boucher du Trésor public) des nonchalances et des carences aboutissant à des obstructions par envasement ou ensablement. Raison supplémentaire de cesser de fixer comme voie de salut ce passage de ressources énergiques indispensables à l'Europe.

---

[6] *Suez, Panama et les routes maritimes mondiales*, par André Siegfried, de l'Académie française (Armand Colin, 1945).

NOUVELLE PHASE DE LA GUERRE DU PÉTROLE

Nous en sommes à la troisième phase de la guerre du pétrole entre Washington et Londres avec la réapparition d'un autre pays pétrolier, l'U.R.S.S., très au courant de ce genre de lutte puisque, entre les deux guerres, il fut déjà l'allié de la Standard Oil contre la Royal Dutch-Shell dans la lutte des prix du carburant en Asie.

La première manche revint aux Américains avec J.D. Rockfeller ; la deuxième fut enlevée par le Hollando-anglais Henri Deterding pour le compte de la Grande-Bretagne. La troisième' manche est en cours.

Le forcing américain s'accentua avec la deuxième guerre mondiale, lorsque Londres dut payer des fournitures d'armements indispensables avec des actions pétrolières, celles de Bahrein en particulier. Depuis, les pétroliers américains avalisés par le gouvernement de Washington, ne cessèrent de marquer des points depuis le lancement du slogan « anti-colonialiste » dont le but essentiel était l'élimination des Européens des terres étrangères à pétrole ou à uranium... Quitte aux Américains à venir s'installer à la place des « colonialistes » à l'aide de « plans » divers comme celui qui échoua avec Nasser. La Grande-Bretagne et la France n'ont pas pesé lourd dans la balance américaine, mais l'U.R.S.S. a pris la relève des anglo-français dans le Proche et le Moyen-Orient. Avec les Soviétiques, les Américains auront une tâche beaucoup moins facile qu'avec leurs alliés. Moscou, lui, sait ce qu'il veut.

L'U.R.S.S. a compris l'importance du pétrole dans les rapports de force mondiaux. Au chapitre suivant, nous verrons son effort gigantesque pour devenir, avec son propre sol, un des principaux fournisseurs de pétrole du monde. Ses progrès sont tels qu'un jour prochain se posera un problème économique international l'écoulement du pétrole soviétique non grevé des frais de dividendes, parts de fondateurs, etc. puisque le pétrole est propriété d'Etat. Ou bien l'Etat soviétique s'entendra avec le capitalisme privé pour des livraisons à certains cours rémunérateurs pour les actionnaires, ou bien nous reverrons une coalition pétrolière américano-anglaise contre le pétrole soviétique. A ce moment, il y aura danger réel de guerre sous les prétextes les plus divers.

Incontestablement et géopolitiquement parlant, l'U.R.S.S. possède l'avantage de la position stratégique et politique. Moscou ne pouvait demeurer insensible à l'installation des anglo-américains en Iran, c'est-à-dire à proximité de ses pétroles du Caucase, à l'aide militaire américaine à la Turquie et au Pakistan ses voisins frontaliers, au Pacte de Bagdad (Turquie, Irak, Pakistan et Iran) constituant une sorte de ceinture au Sud de la Russie... qui veut être défensive mais qui, le cas échéant, pourrait aussi bien être offensive.

L'U.R.S.S. est un immense pays qui manque d'un exutoire maritime vers le Sud. La politique des tsars est celle des Soviets. Quand la consommation intérieure russe sera satisfaite et qu'il faudra exporter, la Baltique insuffisante et mal commode devra se doubler, outre les Dardanelles, d'une voie conduisant sur un point du Golfe Persique à travers l'Iran. Depuis toujours la Russie considéra cette partie de l'Orient comme une zone d'influence russe. Hélas c'est le chemin terrestre direct qui mène aux gisements pétroliers américains et anglais du Moyen-Orient ! Honnêtement il est humain de penser que l'origine de l'action occulte soviétique en Proche et en Moyen-Orient est avant tout, une mesure de défense... pour mettre un peu d'air musulman entre les bases militaires anglaises et américaines dans les pays arabes et les frontières de l'U.R.S.S.

Si le Moyen-Orient représente désormais 72 % des réserves mondiales de pétrole, l'Asie sous-évoluée a déjà posé la question : pourquoi ce pétrole serait-il davantage aux occidentaux qui possèdent tous les gisements des Amériques plutôt qu'aux Asiatiques qui ont deux siècles de retard à rattraper ?

Cette source d'énergie se trouve dans l'orbite géographique naturelle de l'Asie, à proximité de chez elle ; or, on la lui enlève sous le prétexte qu'elle n'est pas assez riche pour la payer en monnaies chères !

Un tel raisonnement émanant de musulmans (l'Arabe est, dans son ensemble, un grand imprévoyant) n'eut représenté aucun danger. Avec l'aide des techniciens soviétiques les paroles d'avenir sonnent plus clairement. Un certain laps de temps est encore nécessaire pour constituer une « volonté » musulmane qui aboutira aux réalisations, mais, sauf bouleversement mondial, les projets soviéto-asiatiques, surtout avec l'aide des 600 millions de Chinois, peuvent aboutir à une xénophobie généralisée qui voudra réserver les matières premières indispensables de ses zones d'influence au progrès de son cercle d'amitiés ou de sympathies.

Tel est le fond du « bouche à oreille » d'un vaste mouvement contre lequel les Américains auront à lutter. L'U.R.S.S. compte une quarantaine de millions de musulmans ; elle sut former des élites sans choquer les croyances par une sorte de bible marxo-coranique. Ce sont donc des musulmans qui s'adressent aux musulmans du Moyen-Orient. Là, les Américains n'y pourront rien opposer sauf la force.

A Washington, on spécule sur l'appât du gain pour contrebalancer la propagande soviétique. Les montagnes de dollars sont toujours valables en pays musulmans, certes, mais le roi d'Arabie n'a pas la valeur de son père qui construisit son royaume à la force du poignet. Et depuis feu l'émir Fayçal, le poignard et le poison laissent opportunément beaucoup de places vides. Les dollars et les livres n'enrichissent pas le peuple mais seulement les souverains et les hauts fonctionnaires. Les agents soviétiques le savent tandis que les Américains veulent l'ignorer.

Moscou a vu très loin dans ces prises de position mondiales qui se cristalliseront d'abord dans le Moyen-Orient. Staline conversant avec l'historien Emil Ludwig à propos de Hitler, lui dit qu'il saurait s'arrêter à temps et où il faudra. Or, certain état-major européen remarqua beaucoup que si la flotte des submersibles soviétiques était de loin la première du monde, Moscou se désintéressait assez des grands navires de guerre pouvant aider par exemple au transport des troupes et du matériel. Il en déduisit que pour aller à Suez, à Constantinople, à Ryad ou à Bassorah, les Soviétiques peuvent partir de leurs propres frontières ; toute marine de surface puissante est donc inutile. L'avenir de la Russie n'est donc pas outre-mer ; il serait éventuellement en l'air et dans les chars.

Il n'en est pas de même des États-Unis, de la Grande-Bretagne ou de la France qui, pour défendre leurs intérêts dits « nationaux » engagés dans les pétroles du Moyen-Orient, seraient obligés d'amener troupes et armements par bateaux soumis à la surveillance des sous-marins adverses.

Autre atout psychologique : pour l'instant, les Soviets ne demandent rien aux pays arabes. Au contraire, ils leur apportent des produits manufacturés et leur enlèvent leurs surplus de productions locales ; ils pratiquent le troc sur une large échelle, système économique peu apprécié des États-Unis, grands exportateurs, mais petits importateurs.

Le Proche et le Moyen-Orient sont farcis de ces étranges luttes d'influences où l'on voit des actions qui paraissent conjuguées mais qui ne sont que parallèles — du moins le croyons-nous — se liguer contre un troisième larron. Les Soviétiques, dans la coulisse, aidèrent les Britanniques à débarrasser le Moyen-Orient de la France. Ils jetèrent de l'huile sur le feu couvant entre Anglais et Américains en Jordanie et soutirent ces derniers pour évincer l'influence anglaise et les 3 000 hommes de troupes britanniques stationnées dans ce coin névralgique. Les Anglais nous ayant succédé au Liban et en Syrie, les agents américains crurent tenir en laisse ces deux pays, mais, intervenant à leur tour, les agents soviétiques acquirent une influence certaine en Syrie. Dans le Sud de l'Arabie, à Aden et à Buraïmi, des Arabiens à la solde des pétroliers américains harcelèrent les Britanniques ; même opération contre Aden par les Yéménites armés, eux, par les « Tchécoslovaques ». En Irak, situation indécise ; l'influence allemande y est encore très vivace ; le pays est pour la Ligue Arabe, mais le gouvernement demeure pro-anglais... jusques à quand ? En Iran, depuis l'installation du consortium anglo-américano-franco-hollandais dans les pétroles nationalisés iraniens, la cote des Occidentaux parait baisser au profit des Soviétiques : le shah a rendu une visite à Moscou en 1956. A Chypre, dernier contrôle anglais de la route maritime du pétrole oriental, mêmes influences anti-britanniques. Combien de temps durera le projet d'alliance entre l'Arabie Séoudite, l'Irak et la Jordanie mis sur pied en mai 1957 ?

Devant les perspectives d'un tel chaos, les pipe-lines du Moyen-Orient et le canal de Suez ne semblent plus des moyens sérieux d'assurer avec continuité le ravitaillement de l'Europe occidentale dans la proportion de 93 % de ses impérieux besoins.

LE SHORTAGE EST-IL VRAIMENT UN DRAME AMÉRICAIN ?

Les Molochs s'épient. Quand l'un arrive quelque part, l'ombre du second apparaît. Et, généralement, les complications s'amplifient. Alors, s'interroge l'homme de la rue, pour quelle raison les pétroliers américains veulent-ils à tout prix s'installer au Moyen-Orient puisque, nous dit-on, les puits du Texas sont réglés pour ne pas donner leur maximum ?[7]

Outre le business et la diplomatie de sujétion par le pétrole, une autre question est peu connue : le shortage ou la hantise des Américains pour une disette de production de pétrole sur leur propre territoire.

Dans la plupart des ouvrages et études ayant paru entre les deux guerres sur l'avenir du pétrole, qu'ils fussent anglais ou américains, le shortage demeurait le problème n° 1. Les U.S.A. vivaient alors sous la menace de voir leurs propres gisements s'épuiser et de dépendre à leur tour du carburant étranger. La Grande-Bretagne se réjouissait de cette échéance puisqu'elle détenait à l'époque les trois-quarts des ressources mondiales de pétrole. Ce servage des États-Unis devait se produire aux environs de 1940 : **« L'Amérique sera obligée d'acheter à coups de millions de livres sterling aux sociétés anglaises l'huile dont elle ne peut se passer et qu'elle ne sera plus capable de tirer de ses propres réserves... ».**[8]

Une véritable guerre d'asservissement économique par le pétrole régna entre Londres et Washington. Ce qui explique la raison majeure qui transforma les affaires pétrolières privées en « affaires d'Etat ». Cette nouvelle « raison d'Etat » indique aussi le peu de ménagement des Américains pour mieux assurer leur revanche sur les Anglais depuis la deuxième guerre mondiale... et la désinvolture avec laquelle le Département d'Etat traite la Grande-Bretagne et, par corollaire, la France à la remorque de Londres. Pour ne pas risquer de voir renaître la menace proférée publiquement sur l'asservissement pétrolier

---

[7] *Le Journal des Carburants* a rappelé qu'au Texas, qui s'est rattaché volontairement aux États-Unis, la *Texas Railroad Commission* a seule autorité pour réglementer la production pétrolière dans le Texas. Le gouvernement fédéral n'a aucun pouvoir sur elle !

[8] Cf. *La Guerre Froide du Pétrole*.

des États-Unis par les trusts britanniques, sous les prétextes les plus divers il fallait que les deux premières puissances coloniales du monde disparaissent de l'avant-scène internationale.

A l'époque de cette menace de shortage, trois trusts britanniques menant une politique économique commune au profit de la Grande-Bretagne, dominaient la situation : la Royal-Dutch-Shell, l'Anglo Persian Oil C et le groupe Pearson. Par la suite le dernier fut absorbé (« raison d'Etat ») par les autres et Pearson anobli alla siéger à la Chambre des Lords en remerciement de sa discipline (il devint Lord Cowdray). Les Américains un peu affolés ne prirent pas le temps de prospecter de nouvelles terres. Ils regardèrent les exploitations existant déjà et en plein rendement. Ces exploitations appartenaient aux Britanniques et à leurs filiales. Le dollar partit à l'assaut de la livre, soutenu par la diplomatie américaine et par les agents secrets des U.S.A. Ce fut la grande époque des révoltes, des rebellions, insurrections et guerres dans les Amériques centrale et sudiste, les guerres gréco-turques, les séances de charme à Moscou pour ses pétroles, etc.[9] Les coups les plus retentissants portés à l'impérialisme pétrolier britannique se situèrent au Mexique (Mexican Eagle), en Arabie Séoudite (Aramco). Gulbenkian, devenu l'ennemi mortel du « cerveau » pétrolier anglais Deterding après avoir été son associé, ne fut pas étranger à ces succès américains.

A vrai dire, ces victoires américaines se remportèrent sans trop de difficultés. Les hommes d'affaires britanniques renommés pour leur rapacité n'octroyaient que de faibles redevances pour l'extraction du pétrole. De plus, les comptes des pétroliers anglais étaient fantaisistes lorsqu'ils s'agissaient des paiements aux gouvernements locaux. Par exemple, en Iran, ils payaient en **income tax** au Trésor britannique beaucoup

---

[9] Même ouvrage.

plus qu'au Trésor iranien en royalties. Le capitalisme britannique garde la nostalgie des hautes marges bénéficiaires, comme le capitalisme français d'ailleurs, un peu en opposition au capitalisme américain qui préfère un bénéfice moindre sur une plus grande quantité ; la productivité engendrant des activités accrues, finalement, ce sont les Américains qui gagnent davantage. Les Anglais donnaient 16 % à l'Iran quand les Américains versaient 50 % plus des avantages considérables en nature à l'Arabie Séoudite et ailleurs. Disons tout de même que les locaux manquent peut-être d'habitude pour vérifier le tonnage des extractions surtout lorsque les mêmes gisements évacuent le pétrole à la fois par tankers et par pipe-line. La livre sterling doublée de la fameuse cavalerie de Saint-George dut se replier devant l'avalanche des doubles aigles en or poussés par le spectre du shortage.

La science aidant, on s'aperçut que les calculs et évaluations des techniciens étaient faux et que le shortage aux États-Unis ne s'annonçait pas pour l'immédiat. La géophysique des Français Schlumberger joua un rôle considérable dans cette reconsidération des réserves prouvées. On découvrit que des gisements de naphte n'offraient pas des couches uniformément planes comme on le croyait généralement, que la sonde ne visitait pas des alvéoles importantes pleines de pétrole brut, que sur un même axe vertical plusieurs couches d'hydrocarbures pouvaient se superposer. Certains puits considérés épuisés furent débouchés, on multiplia les forages et les derricks et l'on constata en certains endroits que les gisements réputés mis à sec recélaient encore autant de pétrole qu'il en avait été précédemment ex-trait. La géologie pétrolière fut bouleversée, les recherches reprirent et s'étendirent aux U.S.A. même dans les champs de coton brûlés de la Louisiane. Les Américains assuraient leur place de premiers producteurs mondiaux avec des réserves évaluées alors à 30%.

Le danger était écarté momentanément, mais la menace du shortage demeure : « La crise de Suez a attiré à nouveau aux États-Unis l'attention des milieux politiques sur les prophéties dramatiques des experts pétroliers qui, il y a plusieurs années, avaient annoncé que d'ici dix ans les États-Unis manqueraient aussi de pétrole. Si certains intérêts privés se réjouirent de pouvoir pendant quelque temps vendre du pétrole à l'Europe[10] il n'est nullement dans l'intérêt national des États-Unis d'encourager ces ventes. Les réserves en pétrole du continent américain sont aujourd'hui connues. Elles sont insuffisantes. Dès 1975, l'Amérique devra importer 125 millions de tonnes de pétrole. Ces faits ont été consignés dès 1952 dans un rapport qui fit grand bruit, le rapport Paley ; ils tiennent un rôle important dans la détermination de la politique étrangère des États-Unis. Ils expliquent que les U.S.A. s'intéressent de plus en plus aux régions où les réserves de pétrole sont grandes, telles que l'Arabie et le Sahara. »[11]

Nous ne savons pas s'il faut donner au rapport Paley autant de crédit qu'aux rapports similaires publiés trente ans auparavant. Les Américains paraissent en faire cas tout en évitant de porter la question du *shortage* sur le plan international. Cet aveu qu'un jour les États-Unis seraient obligés d'avoir recours aux ressources extérieures comporte un amenuisement de potentiel de force morale, surtout dans un pays de 170 millions d'habitants qui est le plus développé du monde pour la circulation automobile. Nous sommes bien obligés d'évoquer la politique à longue échéance de l'U.R.S.S. et sa flotte de sous-marins en parlant d'un shortage qui obligeraient les moteurs américains à dépendre de l'extérieur puisque M. Rickover, membre de la commission de l'énergie atomique a

---

[10] Le programme de livraisons américaines à l'Europe provoqua une hausse d'environ 25 cents au baril, soit ¼ de dollar (à multiplier par 7 pour une tonne de pétrole brut) déclenchant une enquête parlementaire américaine.

[11] *Dimanche-matin* (janvier 1957).

déclaré que tous les gisements de pétrole des États-Unis seront épuisés avant un siècle et que l'énergie atomique ne remplacera certainement pas l'essence indispensable aux automobiles.

Si les États-Unis viennent au premier rang des producteurs mondiaux, ils sont aussi les premiers consommateurs du monde. En 1955, ils produisirent 332 millions de tonnes de pétrole mais en consommèrent 401 millions de tonnes. Il est important de constater que pour ménager leurs « réserves » les U.S.A. font déjà appel à du carburant extérieur. Si les Américains ne découvrent pas de nouveaux gisements de pétrole chez eux, les réserves actuelles ne pourront garantir que dix ans de consommation américaine, affirme le rapport des experts de la **Chase Manhattan Bank** qui est le cerveau financier de la **Standard Oil**. Le nombre des puits secs a passé de 29,8 à 37,1 % en dix ans et les réserves mondiales prouvées que l'on donnait à 30 % aux États-Unis ne se chiffrent plus qu'à 15,5 % en 1957 alors qu'elles montent à 72 % au Moyen-Orient. La menace du shortage se précise-t-elle ?[12] Doit-on interpréter la profondeur des sondages (Texas : 5 600 mètres), comme une nécessité de trouver du pétrole ?

Shortage prochain ou lointain, les États-Unis n'attendirent pas la dernière minute pour intensifier leurs conquêtes de nouvelles sources de carburant. Que les pétroliers soient des trusts ou des « indépendants » (qui,

---

[12] Nous répétons que nous tenons pour suspects tous les chiffres publiés par les pétroliers. Ceux que nous indiquons ne peuvent être considérés que comme évaluatifs. Il est possible que beaucoup de chiffres soient truqués pour influencer le politique et l'obliger à prendre des mesures de diplomatie extérieure dans un « intérêt national quelconque favorisant certaines industries. Les considérables bénéfices réalisés par les pétroliers dans les pays en dehors des États-Unis (où le pétrole leur revient 30 % et même 50 % moins cher que celui extrait du sol des U.S.A.) peuvent inciter à beaucoup de campagnes et de propagandes sous le couvert de « l'intérêt national ».

groupés, deviennent à leur tour d'autres trusts), ils relèvent d'un organisme officiel **The Petroleum reserves** Corporation veillant aux destinées pétrolières du pays. Il y a des adversités, des concurrences, mais tous suivent des principes généraux qui ne peuvent aller à l'encontre des intérêts américains. D'ailleurs pour éviter les compétitions et les concurrences trop vives, la plupart renoncèrent à se dévorer entre eux.

De son côté, le gouvernement américain peut avoir son mot à dire puisque ses manœuvres diplomatiques eurent le mérite d'arracher des concessions appartenant à d'autres pays. C'est ainsi que la « raison d'Etat » fait du Moyen-Orient un centre de fantastiques intérêts américains en Asie Mineure.

Commençons par l'Arabie Séoudite dont on parla trop, entre les mains d'un consortium américain appelé **Aramco (Arabian American Oil C°)**. Ce groupe est composé de la **Standard Oil California** (30 %), de la **Standard Oil of New-Jersey** (30 %), de la **Texas Oil** (30 %) et de la **Socony Mobil** (10 %).

Pour les actions de Bahrein données en échange de matériel de guerre aux Américains par les Anglais, nous avons la **Bahrain Petroleum C°** avec 50 % à la Standard California et 50 % à la **Texas Oil**.

Dans la **Getty Oil**, de la « zone neutre » (Wafra) du Golfe Persique, l'**American Independent Oil C°** groupe dix compagnies américaines diverses.

Quand la Grande-Bretagne subit sa plus grande défaite d'après-guerre en étant obligée de céder 40 % de ses pétroles d'Iran aux Américains (1954), cette manne fut ainsi répartie : **Gulf Oil** (7 %), **Socony Mobil** (7 %), **Standard New-Jersey** (7 %), **Standard California** (7 %), **Texas Oil** (7 %) et neuf autres sociétés américaines se partagèrent 5 %.

En Irak, la part de 23,75 % cédée par l'**Anglo Persian Oil C°** aux Américains devint propriété de la **Standard New-Jersey** et de la **Socony Mobil**. Au Quatar, la proportion est la même et aux mêmes qu'en Irak.

Le Koweit (**Kuwait Oil C°**) est 50 % **British Petroleum** et 50 % américaine avec la **Gulf Oil**.

Cela pour l'essentiel et seulement dans les régions en exploitation, car il y a des prises de position un peu partout comme la **Richfield Oil Corporation** prospectant dans le sud arabien dans la région de Dofar, tandis que la **Mobil Overseas C°** exploite le pétrole en Égypte.

Ces répartitions astucieuses (bien que certaines sociétés soient étroitement apparentées) répondent par avance à une objection de l'opinion publique américaine qui ne comprendrait pas, en cas de complications, que le gouvernement fasse sien l'intérêt d'une seule société. Ainsi, à l'origine, les 23,75 % du pétrole d'Iraq appartenaient à la seule **Standard Oil of New-Jersey** ; pour éviter d'accuser le gouvernement d'avoir travaillé uniquement pour le groupe Rockefeller, la **Socony Mobil** fut admise à partager avec la **Standard**.

On se trouve donc en face d'un éparpillement des « intérêts » américains qui nécessite évidemment l'attention et la protection du gouvernement de Washington. Le 5 janvier 1957, le président Eisenhower en lançant son « plan pour le Moyen-Orient » ne pouvait que rencontrer la compréhension totale du parlement américain : le reste du monde estima cet appétit un peu grand de vouloir annexer moralement cette partie d'Asie sans liens terrestres ni spirituels avec les États-Unis d'Amérique. En l'occurrence, il se trouve que le pétrole, une importante flotte pétrolière, l'anti-communisme, l'anti-britannisme et l'anti-colonialisme trouvent tous leur compte dans cette prise de position « vitale ».

La hantise du shortage n'est peut-être qu'un prétexte pour justifier la pression des pétroliers américains, mais il expliqua, pour l'opinion, la nécessité de conquêtes de positions stratégiques extérieures. Le républicain Eisenhower poursuit la politique du démocrate Roosevelt. Autrement dit, il n'y a qu'une seule politique étrangère aux États-Unis, celle des businessmen se retranchant derrière une idée assez peu connue.

L'IMPÉRIALISME PAR LE PÉTROLE?

Le public est assez mal renseigné sur l'étranger et en particulier sur le plan de « gouvernement mondial » de Roosevelt qui est à la base des malheurs de l'Europe et dans lequel vient se cheviller le contrôle des sources pétrolières hors des États-Unis.

Pour Roosevelt et les cercles qui l'inspiraient, la guerre de 1939 (dans laquelle il a de lourdes responsabilités) devait être le coup de balai aux vieilles institutions pour former les États-Unis du monde, à gouvernement mondial de direction américaine dont l'O.N.U. devait constituer l'autorité suprême. Pour parvenir à son but — le morceau principal étant l'adhésion de l'U.R.S.S. — Roosevelt sacrifia l'Europe au slavisme.[13] Il crut se concilier les bonnes grâces de Staline (pour l'amener à son plan) en abandonnant tout ce que lui demandait Moscou. Le président américain pensait qu'après ses concessions, Staline ne lui refuserait rien. L'U.R.S.S. prit tout ce qu'on lui donna sans marchander y compris les États de l'Europe orientale, mais ne voulut pas se laisser coloniser politiquement par ce « gouvernement mondial »... qui s'opposait d'ailleurs au plan de révolution mondiale du communisme. Roosevelt était assez naïf et ignorant en politique étrangère et quand son successeur voulut concrétiser l'idée, les Soviets se

---

[13] Cf. *Franklin Roosevelt, l'homme de Yalta*, par Georges Ollivier (Librairie Française, éditeur, Paris).

dérobèrent. Tout le plan américain était par terre ; les autres puissances en profitèrent pour reprendre leurs distances et garder leur liberté d'action, la Grande-Bretagne en particulier. Alors, la loi prêt-bail fut supprimée à Moscou et à Londres et les campagnes anti-communistes commencèrent à déferler sur le monde.

L'O.N.U. ne demeure que la caricature de la fédération mondiale rêvée par les démocrates américains. La loi prêt-bail, le plan Marshall, etc. ne furent que des manœuvres pour créer une dépendance qui, à défaut de l'esprit, enchaînait le porte-monnaie.

Comment réduire les principaux récalcitrants à cette O.N.U. intégrale dirigée par le Département d'Etat américain ? 1°) les rejeter d'une « communauté » économique ; 2°) amenuiser leur standing mondial pour les affaiblir et éloigner d'eux les petits pays liés par une vieille amitié ; 3°) les asservir par le dollar.

Déçus, les États-Unis allaient commencer une autre guerre d'intimidation. Les deux thèmes principaux furent l'anti-communisme et l'anti-colonialisme. Les slogans étaient bons : ils démembrèrent les empires britanniques et français.[14] Pour

---

[14] A.-H. Leighton, dans *Human Relations in a changing world* (1950) a démontré clairement que le monde est engagé dans la guerre psychique, sans doute plus terrible que l'autre — au point de vue « survie » d'une nation — car elle détruit tous les ressorts d'un peuple. Son commentateur, M. Georges Rotvand, note qu'un *« homme supporte aussi mal d'être soumis au ridicule et au mépris qu'au surmenage ou à l'absence de nourriture... »* et il ajoute :
«...Si la tension (psychique) *dépasse certaines limites, on verra chez un nombre croissant d'hommes et de femmes l'une des quatre réactions morbides suivantes : instabilité émotive, oscillant de la peur à la rage, agressivité et recherche de « boucs émissaires », fatalisme apathique, fuite dans la trivialité égoïste, dans l'utopie ou dans des mystiques compensatoires... ».* Il cite encore *« l'exploitation de l'émotivité des masses ».* Le but : un peuple en proie à ces dépressions psychiques est un esclave en puissance.

l'U.R.S.S. et la Chine, plan d'embargo sur les matières stratégiques. A chacun son genre de domptage.

A la vérité, personne ne vit le jeu à temps. L'U.R.S.S. le distingua sans doute la première et se servit du slogan américain anti-colonialiste pour poursuivre sa politique d'avant-guerre en Europe.

Les Américains ne renoncent pas à leur grand dessein malgré des échecs *répétés* et le pétrole peut leur fournir un argument dont nous connaissons désormais la valeur.

Si les sociétés pétrolières américaines captent la plupart des sources de production du naphte, les nations qui ont besoin de carburant pour maintenir un standing d'énergie indispensable au travail de leurs ouvriers devront accepter aussi des recommandations politiques. D'où la fin de non-recevoir opposée à Paris et à Londres après la destruction du, canal de Suez, la proclamation du « chantage au pétrole », par M. Guy Mollet.

Donnant-donnant !

Efforts à l'O.N.U. pour donner satisfaction à la France sur le problème algérien, travaux de déblaiement du canal activés, le président du conseil français se rendit à Washington, suivi du premier britannique... Nous ne pensons pas que le prestige de la France et celui de la Grande-Bretagne en sortirent

---

Ces symptômes ne se révèlent-ils pas depuis quelques années en France et... ailleurs ? Les Américains comptent-ils sur la guerre psychique pour réaliser le « plan Roosevelt » ?

plus reluisants, mais enfin, tout s'arrange en coulisse, avec un petit peu de Sahara par exemple. Et jusqu'à la prochaine fois.[15]

Pour soutenir une telle politique, les « plus grandes réserves de pétrole du monde » doivent nécessairement devenir américaines et être sans concurrence possible. D'où l'annexion morale du Moyen-Orient par les U.S.A.

Sa Majesté le pétrole avec sa suite...

Rappelons que la Chase Manhattan Bank est un organisme Rockefeller donc Standard Oil et que la banque Lazard frères et Cie est l'organisme financier de la Shell en France.

LA POUDRIÈRE : LES ÉTATS ARABES ET ISRAËL

Pays riches en souvenirs anciens, mais mornes et pauvres, les États arabes vécurent jusqu'au quart de ce siècle dans la plus profonde des misères. L'Arabie Séoudite, en particulier subsistait de dons de ses voisins et des taxes prélevées sur les pèlerins de la Mecque. Le pétrole enrichit soudainement ces régions vaguement délimitées et le plus souvent en luttes continuelles.

En 1950, l'Arabie Séoudite recevait des pétroliers américains de l'Aramco 112 millions de dollars ; en 1956 ses royalties avoisinèrent les 300 millions de dollars pour un pays

---

[15] Les bonnes affaires nées de la crise de Suez. Pendant que M. Guy Mollet se trouvait aux États-Unis, l'Agence France-Presse câbla en date du 27 février 1957 : « *Les négociations qui avaient été entamées à New-York depuis plusieurs jours en vue de financer l'importation en France de pétrole et de produits pétroliers payables en dollars américains au moyen de crédits commerciaux, ont abouti mardi à un accord de principe. Aux termes de cet accord, un groupe des plus importantes banques américaines, organisé par la Chase Manhattan Bank of New-York, est prêt à ouvrir à un groupe de banques françaises, organisé par Lazard frères et Cie, des crédits dont le total pourra atteindre un montant de 100 millions de dollars.* »

presque quatre fois grand comme la France parsemé d'environ quatre ou cinq millions d'habitants. (Personne ne sait le chiffre à peu près exact de la population de ces pays, même en Égypte). Les Arabiens sont considérés comme des schismatiques du mahométanisme dit orthodoxe ; ils pratiquent le wahhabisme sorte de coranisme épuré ; ils n'ont ni constitution, ni lois que le Coran. Le voleur a la main coupée et l'autre en cas de récidive. L'esclavage y est en vigueur et toujours commerce florissant. L'Arabie étant amie des U.S.A., l'O.N.U. refuse de se saisir des pratiques d'un de ses membres.[16]

Bref, pour cette Arabie médiévale en ses centres et primitive en ses points éloignés, les États-Unis n'ont que sourires. Quand, en 1957, le roi Séoud vint en visite aux U.S.A., le paquebot qui le transportait fut escorté par un destroyer et sept vaisseaux de ligne. Pour la première fois dans l'histoire protocolaire des États-Unis, le Président se déplaça personnellement à l'aérodrome pour accueillir ce souverain d'opérette aux dix douzaines de femmes et aux quarante fils. Nous insistons sur ces détails pour en finir avec la politique américaine d'altruisme et sur son sens de la haute moralité. C'est une politique de marchands qui « soigne » ses fournisseurs importants, un point c'est tout, et il est préférable qu'on le sache pour que nous abolissions de nos rapports la sentimentalité des La Fayette et autres souvenirs attendrissants. Avec des businessmen, il vaut mieux discuter en businessmen sans s'attarder sur les liens d'amitié. Les Allemands le comprirent bien, raison de leur cote élevée à Washington. C'est aussi la démonstration que les plus hautes personnalités américaines ne sont que les représentants

---

[16] Dès le début de 1956, des tracts anti-français *imprimés aux États-Unis* et voyageant sous le couvert de la valise diplomatique furent saisis à Orly. Ils étaient destinés aux rebelles nord-africains par l'entremise de l'Arabie Séoudite. Des journaux spécialisés affirmèrent que ces tracts étaient envoyés par des pétroliers en relation d'affaires étroites avec Ryad.

d'intérêts privés considérables, si considérables qu'il est permis de se demander qui gouverne en réalité ce pays se voulant à la tête du monde.

Les Britanniques n'avaient pas renoncé à abattre cette puissance arabio-américaine dans l'espoir qu'une défaite de la dynastie régnante en Arabie suffirait à changer les titulaires des concessions pétrolières. Sous l'égide du « Croissant fertile », Londres essaya de constituer un « Grand Royaume de Syrie » englobant la Syrie, l'Iraq et la Jordanie (en tout, environ dix millions d'habitants) pour le lancer à la conquête de l'Arabie Séoudite. Prétexte : guerre sainte, les musulmans orthodoxes contre les schismatiques wahhabites. Cet essai de royaume couvrant toutes les terres à pétrole d'Arabie échoua devant les efforts parallèles des agents américains et soviétiques. D'où la guerre sourde entre Américains et Anglais dans cette partie du monde que M. Foster Dulles traduisit en déclarant que les soldats américains se sentiraient plus en sécurité dans le Moyen-Orient sans les soldats anglais et français à leur côté (1957).

Le roi d'Arabie est-il tellement riche ? En recettes, certainement, mais depuis dix ans, il bouche les trous des budgets des pays arabes ; d'autre part, la paix relative qui règne sur son territoire n'est garantie que par les traitements qu'il sert aux chefs de tribus. Régime assez précaire et, si un avion inconnu venait un jour lâcher une bombe sur un conseil des ministres présidé par le roi, pour maintenir l'ordre sur cet immense territoire il faudrait avoir recours à une force armée étrangère... La base de Dahran, un des principaux centres de l'Aramco, est louée à bail au gouvernement américain (25 millions de dollars dit-on).

L'Iraq touche aussi des revenus pétroliers importants (environ 250 millions de dollars). Le Koweit, cette enclave née de la lutte des pétroliers, perçoit autant que l'Arabie Séoudite ; l'ancien cheik nomade, devenu émir, plus libéral, supprima l'impôt de ses sujets (à peine 300 000). Les anciens pillards de Bahrein, Quatar, Wafra, etc. roulent maintenant en voitures américaines, ne sachant pas trop quoi faire de leur argent, car le souci du bien-être de la population n'est pas un sujet de préoccupation pour les souverains musulmans.

A l'ouest de ces pays restent la Syrie, le Liban, la Jordanie et l'Égypte qui malgré la fraternité religieuse enviaient ces voisins de l'Est croulant sous l'or des pétroliers étrangers. Ici intervient un autre drame passé sous silence : la méfiance de l'Arabie riche contre l'Égypte et ses amis pauvres.

La Ligue arabe réussit à souder les États musulmans. Cette réunion est du « travail arabe » (bien en apparence mais peu solide) plus qu'une coopération sincère et éternelle. Il fallait un terrain d'entente, on se mit d'accord sur le « colonialisme » et surtout sur l'anti-Israël.

Le musulman, s'il est souvent poète est aussi un matérialiste qui sait assez reconnaître ses faiblesses. Il n'ignore pas la supériorité d'Israël avec ses spécialistes et ses ingénieurs venant de tous les points du monde rassemblés en Palestine. Il redoute qu'un jour les Israéliens se sentent trop à l'étroit dans leur enclave et partent à la conquête de pays musulmans. Il sait qu'il sera balayé. Aussi rappelle-t-il, pour montrer que ses appréhensions sont justifiées la phrase qui orne le bâtiment du parlement israélien : « **Ceci est le parlement du pays d'Israël qui s'étend du Taurus jusqu'au Nil** ». Pour l'instant Israël est éloigné de ces limites antiques et le musulman pense que s'il laisse les Israéliens devenir trop puissants, l'avenir ne lui permettra plus d'espérer vaincre.[17]

---

[17] « ...Les Arabes sont convaincus que l'agressif et dynamique Etat d'Israël nourrit l'ambition de s'étendre territorialement aux dépens des États arabes voisins... L'Etat d'Israël espère également étendre sa domination économique partout où il ne sera

D'accord avec les autres pays arabes sur l'antisémitisme, l'Arabie Séoudite éprouve néanmoins une certaine inquiétude en voyant les armements s'accumuler en Égypte pour, en principe, anéantir Israël. L'Arabie se souvient qu'elle est wahhabite, très peu peuplée, indéfendable et la plus riche de tout le Moyen-Orient, non seulement actuellement, mais aussi en espérances, puisque son sous-sol n'est pas prospecté au centième. L'Égypte a vingt millions d'habitants, la Syrie veut se joindre à elle et ces deux pays sont occidentalisés en partie. Le roi Séoud tout en entretenant de bons rapports avec ses voisins les tient à l'œil. Il n'apprécie pas leur trop grande puissance militaire. Il demanda aux États-Unis de lui fournir des tanks qu'on lui refusa tout d'abord, pour les lui envoyer par la suite.

Ces appréhensions incitèrent le roi Séoud à prendre une part active au remue-ménage arabe, moins par conviction que par souci de ne pas faire naître des motifs d'hostilité contre l'Arabie. Il accepta une part importante dans la subvention à accorder à la Jordanie pour remplacer la somme que versait annuellement Londres (13 milliards) pour le séjour du corps expéditionnaire britannique. Ainsi, il ne pouvait être accusé d'égoïsme dans la cause musulmane, mais tout en sachant que l'on avait besoin de ses services, le roi d'Arabie vint chercher des assurances à Washington et les remporta.

La mauvaise humeur de Nasser à l'annonce du Plan Eisenhower pour le Moyen-Orient montre que le bikbachi n'est pas dupe de la manœuvre de son coreligionnaire qui, lui, s'est déclaré partisan du fameux plan. Les visites à Madrid, à Rabat, à Tunis, à Tripoli du roi Séoud, les signatures d'accords, indiquent une nouvelle orientation du monde musulman dans

pas en mesure de le faire politiquement... » (*Revue de la Chambre de Commerce et de l'Industrie de Beyrouth* (février 1957).

le sens dollar en opposition plus ou moins visible à la tendance égypto-syrienne roubles. Ce qui permet d'assurer que l'actualité du Proche et du Moyen-Orient va devenir permanente. Jusqu'au jour où Américains et Russes s'installeront en maîtres et en force dans ces pays trop versatiles. Il est encore trop tôt pour évaluer ce que donneront les nouveaux blocs orientaux : Égypte-Syrie contre Arabie-Irak-Jordanie et sans doute Liban par la suite, autrement dit musulmans pro-soviétiques contre musulmans pro-américains.

Le facteur « nouveau » est la confirmation de la médiocre valeur de l'armée égyptienne. Aucune évolution marquante depuis la première guerre israélo-arabe de 1947-1948 malgré l'apport d'un matériel ultra-moderne. On avait oublié qu'en 1941 l'Iraq se révolta contre les Britanniques sous la conduite de Rachid Ali, qui s'empara de Bagdad et même de l'aéroport d'Habassi le 30 avril. Pendant trois semaines, la presse allemande publia des bulletins de victoire, la base du ravitaillement en pétrole des Anglais allait être coupée. Le 23 mai, les Anglais se mirent en marche (avec des contingents fournis par l'émir de Cyrénaïque (Libye) et le 30 mai, la révolte de l'Iraq était terminée. Nous ne généralisons pas ; les Kurdes, les Druzes et les Soudanais constituent des corps guerriers d'élite surtout en rase campagne ; mais ils ne sont pas tout le Proche et le Moyen-Orient. C'est sans doute la réalité de la valeur militaire égyptienne qui explique (journaux du 25 février 1957), l'envoi de six mille techniciens soviétiques en Égypte, ainsi qu'un nouveau matériel de guerre en Syrie et en Égypte (pour 200 millions de dollars selon les informations du 13 mars 1957) annoncé sous le titre : « Le Président Eisenhower fait des « plans », M. Dulles des discours mais les Soviets agissent. » Témoin l'affaire de juin 1957 des trois sous-marins russes livrés à l'Égypte.

L'événement majeur sera provoqué par un « incident » mettant aux prises les musulmans et les Israéliens. Ces derniers refusèrent d'évacuer Gaza tant que leur sécurité ne serait pas assurée par l'O.N.U. parce qu'ils savent — et ils ont raison — que les musulmans stimulés par une propagande qui dure depuis plus de dix ans finiront par tenter la grande aventure. En plus, il y a le projet de construction d'un pipe-line trans-israélien qui éviterait au pétrole de passer par le canal de Suez et l'Égypte réagit contre ce voisin qui lui empêchera de réaliser des recettes substantielles.

La première guerre israélo-arabe de 1947-48 fut perdue par les musulmans autant par le peu de valeur de leurs troupes que par l'incroyable vénalité de leurs chefs ; nous signalâmes à l'époque, que des commandes d'armements passées par les Égyptiens et payées par eux arrivèrent directement chez les Israéliens. Il avait suffi de soudoyer un chef de convoi. Dans cette guerre les Anglais soutinrent les Arabes et les Américains se trouvèrent directement derrière les Israéliens. Les positions étaient exactement renversées moins de dix ans après lors de la deuxième guerre qui opposa Tel Aviv au Caire. Dans la pagaye arabe, les « atlantiques » portent une certaine responsabilité, chaque clan espérant miser sur la partie la plus capable d'agir avec efficacité sur la route des pétroles.

Londres pensait qu'une victoire des Arabes sur Israël lut permettrait de regagner son influence dans le Moyen-Orient pétrolifère. Quand la bataille tourna à la défaite, l'armistice de Rhodes mit fin à la guerre et empêcha Israël de conclure. Les Israéliens redoutant la manœuvre du cheval de Troie obligèrent les Arabes à évacuer l'intérieur de leurs frontières. Ainsi naquit le cas des « réfugiés arabes » qui empoisonne depuis dix ans les rapports judéo-musulmans. Campés le long des frontières d'Israël, en Égypte, en Jordanie, en Syrie, ces 400 ou 500 000 (personne ne sait au juste) réfugiés sont un prétexte permanent d'excitation entre musulmans et Israéliens. Le public connaît d'ailleurs mal la question des « réfugiés » arabes. Avant le grand exode de 1948, il y avait 630 000 musulmans en Israël. En 1956, 192 000 avaient préféré demeurer en Israël et 90 % adoptèrent la nationalité israélienne. En Israël, 112 écoles primaires pour musulmans sont fréquentées par 35 000 enfants arabes. Les 192 000 musulmans vivant en Israël sont ainsi décomptés : 51 000 dans les villes, 120 500 dans les villages et 20 500 nomades.

N'ayant pas eu raison de Tel Aviv par les armes, l'Égypte se vengea en interdisant le passage du canal de Suez aux navires israéliens ainsi que l'accès au golfe d'Akaba qui commande l'exutoire sud d'Israël.

Que firent l'O.N.U. et la Compagnie Universelle du Canal de Suez ?

Rien.

La convention internationale était violée mais la Grande-Bretagne — alors soutien des musulmans — laissa faire. Personne ne protesta. Surtout pas l'O.N.U. qui ne songea jamais à transformer l'armistice de Rhodes en paix définitive et préféra verser des subsides très importants aux « réfugiés arabes » plutôt que de rechercher la solution consistant à utiliser cette main-d'œuvre à la construction des grandes artères transcontinentales arabiennes qui devaient lutter contre la sous-évolution économique et humaine du Moyen-Orient.

Première faillite de l'O.N.U. avec la double complicité des États-Unis et de la Grande-Bretagne, Washington étant partagé entre les pressions de la finance juive américaine, ayant à sa tête la banque **Kühn Loëb et Cie** soutien majeur d'Israël, et celles des pétroliers de l'**Aramco** ne pouvant pas indisposer les musulmans par des mesures officielles prosémitiques. Pour manifester aux Arabes leur amitié agissante, les Anglais stérilisèrent leur tronçon de pipe-line Abdu-Kémal-Haïffa et leur raffinerie en Israël. (Notons que cette décision fut prise par l'**Iraq Petroleum C°** qui est une société anglo-franco-américano-arménienne). Chacun prétendant ne mener que le jeu de ses intérêts privés, les cotes mal taillées et le provisoirepermanent entretinrent la voie des désordres. 1956 n'ayant pas davantage ouvert les yeux pour une solution rapide de justice, il paraît aventureux d'espérer le calme dans cette poudrière, car maintenant il faudra compter avec les intrigues syro-égyptiennes dans les pays musulmans favorables au plan Eisenhower.

La Grande-Bretagne habituée à régner en Orient par le bakchich ne sut pas s'opposer à l'action américaine pour la déloger d'Égypte, position-clé sur la route des pétroles. Avec Neguib puis avec Nasser, elle perdit son formidable camp retranché égyptien avec Ismaïlia (600 milliards de matériel et 75 000 hommes), ligne de départ pointée vers l'Orient. Les Américains ne craignaient plus cette force toujours prête à intervenir pour protéger les intérêts des pétroliers britanniques s'ils venaient à être menacés. En même temps, la route du pétrole par Suez échappait en partie aux Anglais. La deuxième phase de cette éviction se réalisa en 1956 avec la rupture du traité anglo-jordanien qui élimina la dernière garnison anglaise sur la rive orientale de la Mer Rouge. Politique continue d'élimination britannique de la grande route maritime du pétrole. La dernière phase se joue à Chypre pour le côté méditerranéen et à Aden (avec l'aide des tribus de l'Hadramout et du Yémen), pour le contrôle de l'entrée de la mer Rouge par le golfe d'Aden.

L'affaire de Suez continuera vraisemblablement encore quelques années jusqu'à élimination complète des Anglais des contrôles stratégiques du Moyen-Orient.

Les buts de cette politique furent confirmés par le journaliste Karl von Wiegand (janvier 1957). Le colonel Nasser lui déclara avoir reçu l'offre d'un milliard de dollars (400 milliards de francs), pour la location du canal de Suez pendant dix ans. Cette offre émanant du groupe financier Rockefeller **Chase Bank** (donc **Standard Oil of New-Jersey**) aurait été transmise par M. Herbert Hoover junior, alors qu'il était secrétaire d'Etat du Président Eisenhower pendant la maladie de M. Foster Dulles. Nasser annonçait qu'il avait refusé. Les intéressés démentirent aussitôt, bien entendu. Il n'est pas exclu qu'entre ce « refus » et le Plan Eisenhower pour le Moyen-Orient, des relations directes n'existent pas.

Bafouée par l'Égypte, la Grande-Bretagne se lança dans la politique du désespoir. Elle entreprit d'armer massivement le colonel Nasser en lui vendant à crédit des avions, des tanks, des navires de guerre, etc. Elle entraîna la France sur cette voie.

Que pouvaient espérer Londres et Paris en armant l'Égypte anti-anglaise et commanditaire officiel des rebelles d'Afrique du Nord ?

Le recul du temps sera nécessaire pour tirer ces mobiles exacts au clair. Les avis sont partagés. Certains prétendent que Français et Anglais espéraient la formation d'un bastion qui, armé par eux, ne pouvait être, croyaient-ils, que défavorable aux Américains ayant refusé les livraisons d'armes à l'Égypte. C'est le raisonnement logique de la manœuvre, mais rien n'est logique dans ce genre d'opérations.

On oublie de faire remarquer que, dans le même temps, Londres livrait aussi des armes aux Israéliens et le journal égyptien Cairo s'en fit l'écho en donnant les caractéristiques du matériel débarqué. Le général israélien Moshé Dayan, dans sa déclaration victorieuse du 15 décembre 1956, reconnut l'aide de la France dans ce domaine.[18]

---

[18] Mon homonyme belge, le journaliste Pierre Fontaine, écrit (*Europe-Magazine*, 27 avril 1957) que «...c'est à l'escorteur d'escadre *Kersaint* qu'est due la reddition du destroyer égyptien *Ibraim-el-Awal*, capture que la marine française s'empressa de refiler à la marine israélienne... De même pour les *Mystères IV* venus de France pour servir d'ombrelle protectrice aux villes d'Israël De même que c'est d'Israël qu'ont

Il semble que nous nous trouvons en face d'une de ces ex-pressions du « machiavélisme » historique britannique qui, depuis une vingtaine d'années, ne tourne plus en fin de compte en faveur du Foreign Office. (Sans oublier qu'à la Chambre des Communes, les parlementaires britanniques accusèrent la France d'avoir entraîné leur pays dans l'affaire égyptienne).

En cas de victoire des musulmans, Londres pouvait espérer normalement une reconnaissance de Nasser... qui aurait encore à payer la note des armements fournis. **En envoyant des armes à Nasser, on lui donnait l'envie irraisonnée d'attaquer Israël.** Or, la faible valeur des armées égyptiennes n'est pas une légende et en excitant Nasser contre Israël, on savait le pousser vers la débâcle et en finir une fois pour toutes avec lui... et ses supporters américains. En somme, les armements anglo-français devaient provoquer un suicide. L'action israélo-anglo-française de 1956 relèverait de cette tactique.

En livrant à leur tour des armes aux États arabes, les Soviets montrèrent qu'ils avaient percé la combinaison franco-anglaise qui eut pu réussir à 24 heures près, avec plus de décision de M. Antony Eden.

---

pris leur vol les *Thunderstreak* pilotés par les Français. Comme ce sont encore les Français, à bord de *Nord 2-501* dont la base était à Chypre, qui ont ravitaillé l'armée israélienne engagée dans le Sinaï... » Et il demande s'il n'existe pas une alliance militaire secrète franco-israélienne ou un « pacte moral » tout aussi efficace.
M. Georges Ollivier note d'autre part : « Les cinq millions de Juifs des États-Unis, si influents qu'ils soient, n'ont rien pu contre les grands intérêts pétroliers... Manifestations de masses juives à Madison Square Garden, mobilisation des chefs des partis représentés au Congrès de Washington et de la presse du monde occidental, tout a été vain... » (*Défense de l'Occident*, avril 1957).
Illustration de la surpuissance des pétroliers américains et de la fragilité de la politique française à la fois dans le clan anti-pétroliers américains tout en ayant un besoin absolu de pétrole, et dans la position d'alliée des ennemis raciaux des musulmans peuplant le monde et... l'Union française...

Les mobiles d'intervention française n'étaient pas les mêmes que ceux de la Grande-Bretagne, à part les participations françaises dans la Compagnie de Suez et dans les sociétés pétrolières à majorité britannique. Les gouvernants de Paris comparèrent Nasser à Hitler pour justifier l'action préventive. A la vérité, les arguments français étaient assez divers.

Le but secret d'intervention résidait dans la crainte que les armements soviétiques et leurs techniciens au service de l'Égypte provoquent une rupture de l'équilibre des forces en défaveur d'Israël. Dans le cas d'une victoire sur Tel Aviv, Nasser, enivré de victoire (tempérament musulman), ne se retournerait-il pas immédiatement du côté de la Libye pour se joindre à elle et aller au secours des rebelles algériens avec cette fameuse « armée de libération » promise depuis cinq ans par radio-Le Caire ?

Ce danger d'invasion était (et est encore) un sujet de préoccupation. Si la Tunisie, voisine de la Libye, veut une armée nationale et entraîne les fellagha algériens, si M. Bourguiba se fâcha parce que la France refusa de retirer toutes ses troupes de Tunisie, on doit convenir que de grands desseins étaient sous roche en collaboration avec l'Est... à une époque où la politique tunisienne s'orientait de ce côté. Elle changea depuis et elle changera encore si l'on en croit les déclarations incendiaires (pour la France en Algérie) du leader tunisien de mai 1957.

Les gouvernants français espéraient que Nasser vaincu serait obligé de se démettre (la propagande officielle le répéta trop et le défia) et qu'ainsi les rebelles algériens ne recevant plus d'aide du Caire ne tarderaient plus à demander l'aman. Raisonnement précaire semble-t-il puisqu'à cette époque les Soviets avaient déjà relevé les Égyptiens dans la fourniture des armes, la propagande, et que le Maroc et la Tunisie, indépendants, ne se gênaient pas pour venir directement en aide aux rebelles.

Autre point obscur : existe-t-il un traité d'alliance militaire franco-israélien signé secrètement par Léon Blum en 1946 ?[19]

Cette information, passée sous silence par la grande presse, ne provoqua aucune réaction officielle. Elle corroborerait le machiavélisme du « suicide » que nous avons évoqué. Elle fut presque confirmée par de nettes allusions de la presse israélienne.

Notre logique n'est pas unilatérale. Nous dénonçons le scandale de l'O.N.U. laissant l'Égypte brimer Israël en lui interdisant le passage de ses navires, aussi ne nous insurgeons-nous pas contre l'obstruction du canal de Suez par Nasser, lorsqu'il fut attaqué par les anglo-français. En rompant ses digues pour empêcher les Allemands d'avancer en 1914, la Belgique ne fit pas d'autre geste que celui de l'Égypte en 1956. Si rien ne va plus dans nôtre monde, c'est précisément parce que « la moralité internationale » varie selon les acteurs auxquels elle s'applique.

La nationalisation du canal de Suez[20] était une affaire intérieure égyptienne au même titre que les nationalisations françaises de 1946. La plupart des entreprises d'électricité n'appartenaient-elles pas à des groupes suisses et belges ? Ces derniers portèrent-ils le cas sur le plan international ? Le motif de colère anglo-français en Égypte était mauvais, puisque le

---

[19] Révélé par Mme Geneviève Tabouis, à *Radio-Luxembourg*, le dimanche 4 novembre 1956, à 13h15.

[20] L'affaire de Suez fut-elle un mystère pour tout le monde ? Plusieurs organes français firent savoir que, quelques jours avant la nationalisation du canal, des parts de fondateur se liquidèrent an plus haut cours. Le vendeur serait la Compagnie de Jésus et l'acheteur la délégation commerciale soviétique. Ces informations ne furent pas démenties.

canal demeurait ouvert au trafic. On voulut aussi sauver des intérêts immenses, dont une partie à la couronne britannique. Première réaction sur laquelle vinrent se greffer les calculs que nous avons vus. Des gouvernants équilibrés devaient d'abord ne pas trop s'apercevoir de ce coup de force **s'ils connaissaient exactement les stocks de réserve de pétrole de leurs pays et de l'Europe**. La destruction de Suez est la conséquence normale d'une opération née dans un café du commerce. Hélas, ce ne sont pas les politiciens qui supportent les poids de leurs erreurs.

L'Égypte abritait une partie importante de l'économie extérieure française... et anglaise. Nationalisations, « égyptianisations », expulsions de nationaux dépouillés de leurs biens et de leur travail, boycottages divers, séquestres, Nasser prit sa revanche comme il pouvait, sans gloire. Mais les conséquences politiques des ressentiments ne sont pas finies.

Cette aventure se complique avec l'Égypte terre à pétrole, entre les mains de groupes américains et britanniques : la **Mobil Oil Egypt** (américaine) et l'**Anglo Egyptian Oilfields (British petroleum** (30,89 %), **Royal Dutch-Shell** (30, 89 %), gouvernement égyptien 9,5 %, participations diverses privées 28,72 %). Le pétrole britannique est nationalisé mais l'Égypte manque de techniciens. De plus, les raffineries égyptiennes d'une capacité de 3,5 millions de tonnes appartiennent aux précédents. Est-ce dans la crainte de voir les spécialistes soviétiques s'installer dans les pétroles égyptiens que le président Eisenhower résolut de venir combler « le vide » laissé par les Anglais et les Français ?

L'Égypte est encore autre chose que l'on se garda de mettre sur le pavois et qui explique qu'elle intéresse les États-Unis autant que l'U.R.S.S. Elle est, pour l'instant, un pays pétrolifère en puissance **en bordure du bassin méditerranéen**. Outre ses quelques exploitations que nous avons signalées, le désert ouest du pays pourrait devenir « un des plus grands gisements du monde » actuellement prospecté par la **Sahara Petroleum Cy**, groupant des sociétés américaines : **Continental Oil C°, Ohio Oil C°**, avec la **Cities Services C°** et la **Richfield Corporation**. Les prospections avancent assez lentement, il faut d'abord enlever un million, dit-on, d'obus et de mines non éclatés. En effet, c'est au milieu des milliers de morts d'El Alamein, de Sidi Barrani et de Marsamatrouh que se situent les anticlinaux pétrolifères les plus favorables déjà annoncés par des schistes bitumeux. Le déminage des terrains aurait coûté dix milliards de francs jusqu'à ce jour et 80 000 tonnes d'explosifs seraient déjà détruits. Les travaux se poursuivent sur des centaines de kilomètres.

Le « chèque en blanc » donné au président des États-Unis pour la politique américaine au Moyen-Orient est donc un pouvoir spécial d'une portée bien plus considérable qu'on ne le pense communément. Moscou l'a pesé à sa valeur en intervenant avec énergie jusqu'à l'O.N.U. ; pourtant les Soviets avaient manœuvré avec beaucoup de nuance, puisque tous les pipe-lines transdésertiques furent dynamités, sauf le **Tape-Line** américain venant de l'Arabie. « On ne respecte que les forts », dit M. Malenkov au XIXe congrès communiste.

LES ARABES PROFITENT DES QUERELLESOCCIDENTALES

La nationalisation du canal de Suez qui déclencha la crise occidentale ne fut que le maillon d'une chaîne dont le premier anneau sauta quelques mois auparavant et autour duquel on évita toute publicité. A tort, pensons-nous. Peut-être est-ce à cause du peu de réactions enregistrées par la nationalisation opérée par le Liban que l'Égypte se crut autorisée de répéter la même opération chez elle ?

Depuis 1955, la Syrie et le Liban discutaient avec l'Iraq Petroleum Cy le relèvement des droits de passage des pipe-lines amenant le pétrole de Mésopotamie dans leurs ports. Les pourparlers traînaient en longueur. Les pétroliers ne se hâtent jamais d'examiner les revendications des autres ; ils semblaient ignorer les activités spécialisées des musulmans.

La Ligue Arabe a installé au Caire un « Bureau pétrolier » siégeant en permanence pour synchroniser la politique pétrolière des États arabes qui alimentent la caisse commune de la propagande « anti-colonialiste » en Islam. Il est normal que les Arabes essaient de tirer le maximum des pétroliers ; les forts défendent les faibles. Ce « Bureau Pétrolier » demanda à tous les États arabes des copies des traités et conventions passés avec les sociétés étrangères exploitant le pétrole de leur sous-sol. (On assure que cette initiative est d'inspiration soviétique, renseignements sur les conditions et lieux d'exploitation des sociétés américaines, anglaises et françaises). Après étude de ces documents, le « Bureau pétrolier » de la Ligue arabe établit une règle générale à respecter par les États membres pour le paiement des royalties et des passages de pipe-lines. Il est même envisagé de demander une révision des conventions en cours afin que les redevances payées aux gouvernements arabes ne soient plus inférieures à 50 %. (Les Arabes se défendent mieux que le gouvernement français avec les sociétés étrangères extrayant le pétrole français de son sol).

Cette idée qui était dans l'air et non encore passée au stade obligatoire incita le Liban et la Syrie à demander une augmentation des droits de passage des pipe-lines de l'**Iraq Pétroleum Cy**. Les deux pays d'abord d'accord ne tardèrent pas à se chamailla et, en février 1956, le Liban rompit le front commun contre l'I.P.C. Cette dernière menaça le Liban d'enlever son pipe-line et de le faire déboucher en Syrie.

Le pipe-line libanais n'a que 32 kilomètres de long et sert d'exutoire à 7 millions de tonnes de naphte par an, tandis que le pipe-line syrien en écoule 17 millions, en période normale, bien entendu. Le Liban recevait 380 millions de francs (en mettant le sterling à 1 000 frs), par an, pour ce passage sur son territoire. L'I.P.C. offrit 600 millions. Le Liban exigea 2 milliards. La compagnie pétrolière préféra fermer ses robinets et stériliser son pipe-line à déboucher libanais.

Le 29 juin 1956, donc avant la nationalisation de Suez, le Liban nationalisa les installations pétrolières de l'I.P.C. sur son territoire et assujettit les sociétés pétrolières à l'impôt sur le revenu, avec effet rétroactif du 25 mai, au moment précis où l'I.P.C. projetait d'établir un nouveau pipe-line à travers le Liban. La Syrie mise au pied du mur refusa à l'I.P.C. (à laquelle la France participe pour 23,75 %) que le pipe-line libanais fut détourné sur son sol. C'est alors que l'I.P.C. étudia le projet d'établissement d'un nouveau pipe-line qui évitera le Liban et la Syrie en passant par la Turquie. Les États arabes intervinrent alors en Iraq (point de départ du carburant) pour que le gouvernement s'opposât à la dérivation de l'actuel pipe-line. Manœuvre sans résultat jusqu'à présent.

Les États arabes cherchent un profit maximum du pétrole et nous ne leur reprocherons pas, bien au contraire. Avec les caisses des Trésors publics musulmans presque toujours anémiées ne doit-on pas craindre des surenchères permanentes (dont l'arrière plan serait politique) afin de hausser les prix du pétrole à des cours prohibitifs ?

Donnons l'avis d'un neutre, du journal allemand **Christ und Welt** (de Stuttgart, du 12 juillet 1956) qui offre la meilleure synthèse :

« ...C'est une nouvelle manifestation de la solidarité arabe, en liaison avec des mesures visiblement anti-occidentales, à la réalisation de laquelle toutefois, d'autres éléments ont contribué. Car ce n'est sans doute pas par hasard que le gouvernement libanais a pris cette décision de nationaliser les installations de l'I.P.C. quelques jours seulement après la visite du ministre des affaires étrangères soviétique à Beyrouth.

« Il faut ajouter d'autres influences. Le journal français **Le Monde** y fait allusion lorsqu'il écrit que certaines sociétés pétrolières d'outre-Atlantique avaient probablement dit avoir quelque part dans cet événement. C'est en tout cas un fait bien établi que l'**Aramco**, la société américaine d'Arabie Séoudite, a fait tout dernièrement au gouvernement libanais des propositions très alléchantes aboutissant pratiquement au raccordement du pipe-line traversant le Liban au grand pipe-line transarabe. La vieille rivalité anglo-américaine dans le secteur des pétroles semble, une fois de plus, donner naissance à des développements funestes. »

La manœuvre suggérée (?) par les soviétiques profitera-t-elle aux Américains de l'Aramco dont le pipe-line (**Tape-line**) de 1 800 km. aurait ainsi un débouché supplémentaire s'il pouvait se brancher sur le pipe-line de l'I.P.C. ?

Fin 1956, n'attendant pas comme l'I.P.C. que les discussions s'enveniment, l'Aramco offrit 16 millions de dollars aux quatre pays (Arabie, Jordanie, Syrie, Liban) pour le passage du **Tape-Line**, à partager en quatre parts égales. L'offre fut acceptée et les pétroliers américains annoncèrent qu'ils envisageaient la création d'autres stations de pompage et peut-être de doubler leur pipe-line pour augmenter le débit... ce qui pourrait porter la redevance à 30 ou 40 millions de dollars. Si le débit augmente, l'exutoire libanais supplémentaire sera indispensable.

On remarque que les Américains sont pour 23,75 % dans l'I.P.C. qu'ils briment ? C'est exact, il paraît que cette participation les intéresse peu... On assure que, depuis la visite de M. Mac Millan au président Eisenhower, une nouvelle répartition plus profitable aux U.S.A. serait envisagée.

Autre remarque, le Liban se déclara en faveur du plan Eisenhower pour le Moyen-Orient.

Le précédent libanais des nationalisations pétrolières explique dans une large mesure le coup de force Nasser sur Suez... puisqu'on sait déjà que les pétroliers américains lui offrirent de louer le Canal de Suez. Ainsi, tout se complète harmonieusement, mais la Syrie et le Liban pâtiront sans doute d'une nouvelle entente qui s'est concrétisée le 13 mai 1957. Huit grandes compagnies pétrolières qui contrôlent pratiquement les gisements du Moyen-Orient ont étudié la construction d'un nouveau réseau de pipe-lines. Le premier : Irak-Alexandrette (Turquie) permettra d'évacuer 70 millions de tonnes de pétrole brut par an. Le second reliera l'Irak au Golfe Persique. Dépense prévue : 300 milliards de francs. La fin de la prospérité du canal de Suez est amorcée (la Compagnie universelle du canal de Suez qui avait vraisemblablement prévu une issue de ce genre a décidé de participer à la construction du tunnel sous la Manche), mais le ravitaillement en carburant de l'Europe s'il ne sera plus soumis au bon vouloir de l'Égypte n'en demeurera pas moins tributaire du Moyen-Orient!

A titre de curiosité, donnons une vision allemande datant de 1943 :

« ...Le but de guerre manifeste des États-Unis est d'accaparer le plus possible de régions pétrolifères, d'avoir la haute main sur tout le pétrole de la terre y compris celui de l'Angleterre et de l'Union Soviétique. Cette offensive du naphte bat aujourd'hui son plein dans le Proche-Orient. On fait actuellement de gros efforts pour augmenter le rendement des îles Bahrein. En outre, une commission technique procède à de nouvelles prospections en Arabie.

« Les U.S.A. n'ont cependant pas négligé l'Afrique. Toutes les positions utiles ont été occupées avec tous les moyens nécessaires et plus sans doute que ne l'auraient aimé les « alliés » de Londres et d'Alger... »[21]

La manœuvre était déjà visible. Avant Suez « Booth Barnaby » annonçait ainsi les événements qui se déroulent depuis : «...Ce qui ressort de l'exposé du chef de la politique étrangère américaine, c'est surtout de considérer dans les questions du Proche-Orient deux facteurs :

« 1° La nécessité d'éviter aux États arabes la tentation des offres alléchantes de l'Union soviétique ;

« 2° La priorité que l'**Aramco** tient à conserver dans sa bataille permanente contre l'**Iraq Petroleum C°**.

« Jamais le rôle décisif de la diplomatie du pétrole n'a été si clairement démontré... »[22]

Maintenant chiffrons :

En 1950, les sociétés britanniques du Proche et du Moyen-Orient produisaient 47,3 millions de tonnes de pétrole et les sociétés américaines 39,4 millions.

En 1955, la part anglaise était de 56 millions de tonnes et la part américaine s'élevait à 93 millions de tonnes.

Tels sont les résultats du soi-disant « romantisme » du pétrole.

---

[21] *La Documentation Hebdomadaire* (no 48, 1943), page 11.
[22] La Tribune des Nations (2 mars 1956).

COMMENT FINIRA LA PARTIE DE POKER ?

Le lecteur est peu habitué par son information habituelle à ces batailles de la paix qui se terminent fatalement par des batailles moins occultes et plus meurtrières. Nous citons des textes de tiers indiquant que nous ne sommes pas les seuls à penser ce que nous exprimons. Cette fois, il s'agit de l'avis d'un parlementaire britannique, mais d'un parlementaire assez spécial. En effet, M. Stanley Evans, membre du **Labour Party** est ce député travailliste qui préféra démissionner de son parti (en novembre 1956) plutôt que de demeurer en désaccord avec la politique étrangère de son parti. Voici quelques extraits de l'article qu'il publia dans le Daily Express (du 28 novembre 1956) :

« Lorsque M. Dulles parle de colonialisme, ce qu'il entend c'est offrir les plus grandes possibilités à l'expansion économique américaine. Mais, pour lui, le principal obstacle à cette expansion est la zone sterling.

« Le Département d'Etat (Washington) est la forteresse inexpugnable des compagnie pétrolières américaines. Avant que feu lord Curzon ne leur donne une part au Moyen-Orient, en 1932, les Américains n'avaient pas assez de pétrole de cette partie du monde pour allumer une lampe de mineur. Aujourd'hui, ils constatent que la production britannique se développe et ils redoutent que nous soyons en mesure d'offrir notre pétrole à des prix défiant toute concurrence. Et l'on sait que le coût de la production au Moyen-Orient est au moins d'un tiers inférieur à celui de la production américaine.[23]

---

[23] Malgré les frais de royalties et de transports, cette différence de prix de revient est exacte ; elle serait même supérieure. D'abord à cause du bas prix de la main-d'oeuvre dans les pays orientaux, ensuite pour la raison suivante : alors que le rendement par

« *Depuis la guerre, les Américains sont engagés dans deux grands combats ; le premier contre le communisme, le second contre la zone sterling.* Et ils semblent avoir décidé que le plus important était celui contre la zone sterling.

« *...Pour les Américains, la zone sterling est* le grand obstacle à l'avènement du siècle américain. *De nos jours, l'étalon n'est plus l'or, mais le pétrole et ces gens-là (les Américains) veulent se l'approprier.*

« *Lorsque les Soviets commencèrent à livrer au dictateur égyptien des tanks, des canons et des avions, M. Ben Gourion, premier ministre d'Israël demanda la permission d'acheter 50 millions de dollars d'armes afin de maintenir l'équilibre. M. Dulles se déclara choqué et horrifié.* « 50 *millions de dollars d'armes ? Non, pas un dollar* », *dit-il.* Mais il ajouta : « Si la France et la Grande-Bretagne veulent livrer ces armes à Israël, cela pourrait être une puissante contribution à la paix et à la sécurité du Moyen-Orient. »

« *Le rôle de la Grande-Bretagne devient de plus en plus celui du gendarme protégeant le capital américain.*

« *De Nasser, je veux dire ceci : en mars, j'ai passé une heure et demie avec lui. Qu'on ne s'y trompe pas. C'est un joueur de poker rusé et décidé. Il pratique la relance avec des cartes faibles et s'en tire toujours parce que, du début à la fin, M. Dulles est à ses cotés... »*[24]

---

puits de pétrole et par jour est en moyenne de 1,7 tonne aux États-Unis, en Arabie ce rendement, toujours par puits et par jour, est de 700 tonnes.

[24] « *...est* à ses côtés, » à l'époque où fut écrit l'article. Le manque de constance est une caractéristique de la politique américaine qui est historique.

Cet article de M. Stanley Evans contient en puissance tout ce qui précède y compris avec « l'avènement du siècle américain » le dessein de gouvernement mondial sous égide américaine.

Par ailleurs, l'auteur évoque la politique mouvante des U.S.A. et constate que les Américains reconsidèrent la valeur qu'ils attribuaient à l'alliance britannique : « **En fait, ils ne pensent plus que cette alliance est essentielle à leur sécurité...** » Comme celle de la France... Ce sont les réalités diplomatiques, réalités non pesées à leur valeur dans les autres pays.

Pour ne pas « se compromettre » aux yeux des musulmans, les U.S.A. refusaient de fournir des armes à Israël, mais conseillaient aux Anglais et aux Français d'en vendre... Or, voici la raison exacte du refus de pétrole à la France et à la Grande-Bretagne au lendemain du sabotage de Suez :

> « **...les nations arabes pourraient interpréter comme un soutien de la politique britannique et française dans le Proche-Orient, la fourniture d'une quantité quelconque de pétrole** » (sic). Entre le souverain arabien et ses quelques millions de sujets et la France et l'Angleterre, le président Eisenhower avait fait son choix... parce que, en 1956, malgré Suez et la sous-consommation européenne, le Moyen-Orient haussa sa production à 172 millions de tonnes de pétrole (chiffre record), soit 25 % de la production mondiale.

Pratiquement, et peut-être moralement, il est plus sage d'inscrire le canal de Suez et le pétrole du Moyen-Orient dans les accessoires du passé à remplacer d'urgence.

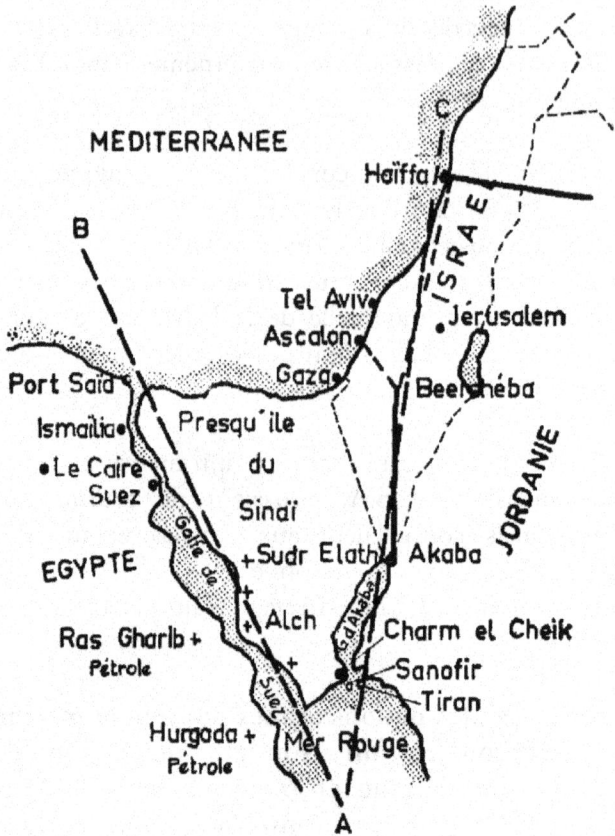

A.-B : Route des tankers venant du Golfe Persique et passant par Suez sous contrôle égyptien.

A.-C. : Acheminement des pétroles prévu en passant par Israël si la liberté du Golfe d'Akaba est respectée par l'Égypte.

VERS « L'ARABISATION DES PÉTROLES »

Le 28 mai 1957, au Caire, la quatrième session du conseil économique de la Ligue Arabe inscrivit à son programme

« l'arabisation de l'industrie du pétrole ». Cette initiative provoqua quelque inquiétude chez les pétroliers.

Les mille millions de dollars versés annuellement par les compagnies pétrolières aux souverains du Proche et du Moyen-Orient sont jugés insuffisants par la Ligue Arabe qui tente de constituer un « front » des pays orientaux producteurs de pétrole pour réclamer une part supérieure à celle perçue jusqu'à présent. Elle voudrait aussi obliger les sociétés pétrolières à raffiner le pétrole brut sur place afin de toucher des redevances supplémentaires sur l'industrie du raffinage. Un des principaux moyens de contrainte envisagés serait la liberté de navigation des tankers par le canal de Suez.

Les pétroliers américains commencent seulement à discerner le vaste plan arabe de « chantage au pétrole » dont la Grande-Bretagne et la France furent, avec leur aide, les premières victimes. Les Américains sont gens à se défendre et le Moyen-Orient deviendra de plus en plus une poudrière permanente pour la paix mondiale. Les livraisons d'armes américaines au Liban (juin 1957), après les troubles intérieurs suscités par les Syro-égyptiens dans la république libanaise, sont un témoignage supplémentaire de la bataille en cours pour le pétrole défendu par le bloc moyen-oriental adhérent au « plan Eisenhower ».

*

*   *

Il serait hâtif de tirer des conclusions de la partie de poker que constituent les affaires d'Égypte et du Moyen-Orient sans donner un écho à des conversations de chancelleries 1956-1957.

Existe-t-il une entente américano-soviétique malgré des apparences de luttes farouches ? Entente tacite ou bien comportements parallèles de deux puissances redoutant des éclats avant l'arrivée à un point fixé comme un minimum de positions acquises avant d'affronter le risque d'un conflit général ?

Lors des conférences de Londres au sujet de Suez, les ministres occidentaux proposèrent d'échanger, à titre d'information, leurs conversations diplomatiques particulières avec les autres pays. Inutile de préciser que c'était un piège tendu à M. Foster Dulles pour précisément avoir le cœur net des bruits persistants sur des « accord secrets » minima entre les deux pays. Cette proposition ne reçut pas de suite.

Un homme, généralement bien renseigné, M. J. Bloch-Morhange écrivit : «...**l'équipe au pouvoir dissimule à la Nation ce que les Britanniques n'hésitent plus à dénoncer : l'entente tacite américano-russe pour éliminer les Anglais des pétroles persiques et les Français des pétroles et des minerais africains...** ».[25]

Cet informateur n'est pas le seul à cultiver cette idée ; la presse turque, qui donne de remarquables articles de politique étrangère, confirme ce point de vue. Le journal Lunya (janvier 1957) dit notamment :

« En agissant comme des grandes puissances indépendantes, la Grande-Bretagne et la France incommodent l'Amérique. Pour s'emparer de l'Asie et de l'Afrique, l'Amérique se fie à ses atouts économiques et croit pouvoir terrasser l'U.R.S.S. par ce moyen. Elle désire donc la

---

[25] Cité par *Le Petit Crapouillot* (janvier 1957) et l'auteur ajoute :
« *La France et la Grande-Bretagne sont, en ce moment même, rétrogradées de leur position de « Grands » à celle de simples satellites de Washington. C'est pourquoi l'Europe ne se fera pas... comme la conçoivent les Mollet et Monnet. Une Europe s'organisera certainement, ce sera le 4ème État des U.S.A. ou bien une « grande Europe » soumise aux volontés synchronisées de Washington et de Moscou ; les deux « super-Grands » permettront à cette Europe de vivre (mais plus au-dessus de ses moyens) en se tenant tranquilles... »*

coexistence pacifique avec les Soviets et ne veut pas, entre elle et la Russie, une troisième puissance jouissant de sa liberté politique»

Exemple précis : l'aide apportée par les Américains à anti-France nord-africaine aboutit au même résultat que le soutien à cette même anti-France des communistes sur l'ordre de Moscou.

Tels sont les multiples dessous des événements du Proche et du Moyen-Orient déclenchés par la course au pétrole, dans des régions considérées comme les plus riches terres pétrolifères du monde. Au moins jusqu'à présent. De cette partie de poker pour laquelle les joueurs n'utilisent que des cartes truquées, rien ne peut sortir de bon pour la paix. A la France et à l'Europe occidentale d'élaborer, mais rapidement, des jeux uniquement français et européen. C'est leur seule chance de survie» indépendante. Nous verrons que tout est possible avec d'autres méthodes.

Nul n'ignore plus que le président Eisenhower reçut de façon extraordinaire le roi Séoud d'Arabie, uniquement à cause de la désormais célèbre Aramco. Quand le président du conseil, M. Guy Mollet se rendit aux États-Unis, les dépêches retentirent de sentiments « d'amitié retrouvée » (sic). Moins de trois jours après son départ de New-York, le journal égyptien El Aram (4 mars 1957) annonça triomphalement un don de 40 millions pour l'aide aux destructions « causées par l'agression franco-anglaise ». Don de l'Aramco (dont la France est une importante cliente) misant aussi sur l'Égypte. Nous voulons bien que tout le monde aide les Égyptiens puisque nous désapprouvâmes en son temps l'action guerrière anglo-française. C'est la permanence du défi à la France des pétroliers américains qui nous indispose. Répétons que le sentiment n'a aucune place dans ce genre de relations internationales.

II

L'U.R.S.S. DEVIENT UNE
DES PREMIÈRES PUISSANCES
PÉTROLIÈRES MONDIALES

« …Il est possible que les Russes deviennent très forts en Europe. Reste à savoir si c'est un mal. »

Franklin Roosevelt *(Elliot Roosevelt :Mon père m'a dit.)*

Les dirigeants soviétiques savent la part prépondérante du pétrole dans les frictions internationales. Ils n'ignorent pas que le pétrole leur valut les plus graves menées contre-révolutionnaires.[26] Aussi d'une façon générale, sont-ils d'une grande discrétion sur cette question « capitaliste » avec laquelle ils composèrent en certains moments de leur histoire pour mener une diplomatie de bascule.

On ne connais pas dans le détail précis et contrôlé le niveau de l'industrie pétrolière russe.[27] Nous le croyons plus important que les chiffres annoncés et nous avons la conviction qu'après avoir déchiqueté son concurrent britannique, le

---

[26] Cf. *La Guerre Froide du Pétrole.*

[27] M. Victor Forbin (*Le pétrole dans le monde*), fait peu de cas de la véracité des chiffres soviétiques en matière pétrolière. Il laisse planer le doute sur l'efficacité totale des industries du pétrole en U.R.S.S. Son ouvrage date de 1940 nous pensons que ces vues appartiennent au passé en ce qui concerne l'efficience pétrolière soviétique.

pétrole américain se trouvera en face du colosse pétrolier soviétique dans un avenir assez rapproché. Colosse d'autant plus dangereux que le pétrole russe, trust d'Etat, ne tenant pas compte des profits considérables de l'industrie pétrolière, réinvestit au fur et à mesure les profits nés du pétrole dans d'immédiates et nombreuses prospections. L'U.R.S.S. a bâti une politique du carburant à longue échéance. Enfin, non soumise à des ententes économiques internationales, elle utilisera sa liberté de manœuvres quand elle le voudra, même dans une bataille des prix puisque les siens ne sont pas obérés des dividendes et bénéfices à distribuer.

La supériorité de la position pétrolière soviétique tient à sa géographie eurasiatique. L'U.R.S.S. prospecte et exploite son propre sol (en plus de celui des États satellites). Pas de royalties à verser, ni de tankers pour assurer son propre ravitaillement. Cette indépendance constitue un atout assez considérable sur les États-Unis et la Grande-Bretagne, surtout quand les premiers devront faire un appel important aux sources pétrolières étrangères pour assurer leur propre consommation.

Avant la première guerre mondiale, le pétrole russe était entre les mains britanniques, américaines, françaises, belges et suédoises pour la majorité et arméniennes et russes pour la minorité. Sa nationalisation ne lui permit pas de profiter, pendant vingt ans, des progrès de la technique anglo-saxonne. Mais, petit à petit, le pétrole soviétique remonta le courant. Aujourd'hui, tant en géologie, qu'en outillage spécialisé, qu'en méthodes de prospection et qu'en personnel technique, il est permis d'affirmer que l'industrie pétrolière soviétique a atteint, sinon dépassé, les conceptions les plus modernes des pétroliers américains. Un marché passé en 1956 pourrait en être l'indice.

Le 2 mars 1956, la compagnie américaine Dresser Industries sollicita, par l'intermédiaire de son vice-président, M. O'Connor, l'achat de la licence pour la fabrication aux États-

Unis de la turbo-foreuse soviétique destinée aux forages des puits de pétrole et de gaz naturel. La Machinoexport (organisation soviétique s'occupant des tractations industrielles avec l'étranger) se mit d'accord avec Dresser Industries sur les bases suivantes :

« Il (l'accord) prévale la remise à la Dresser Industries de la documentation technique nécessaire à la production des turbo-foreuses, ainsi que l'envoi en mission aux États-Unis d'un groupe d'ingénieurs soviétiques pour participer aux forages d'essai.

« La Dresser Industries paiera la valeur de la licence en versant à la Machinoexport des intérêts sur la valeur des turbo-foreuses et des pièces détachées fabriquées et vendues par la compagnie.

« En outre, la Dresser Industries transmettra au groupe Machinoexport la technologie de la fabrication des ciseaux de forage des puits de pétrole et de gaz.

« Les parties ont également convenu de se tenir mutuellement au courant de toutes les modifications nouvelles qui seront apportées à la construction des turbo-foreuses suivant la licence vendue.

L'accord est valable pour dix ans. »[28]

Outre la preuve qu'en certaines affaires Washington et Moscou s'entendent assez bien, cet achat de licence retentit comme un coup de tonnerre dans les milieux intéressés. La technique soviétique pétrolière révélait ses progrès qui sont plus importants qu'on ne le pense généralement.

---

[28] Texte extrait d'Études Soviétiques (1956), revue éditée en France

Cette turbo-foreuse permet d'abréger considérablement le temps consacré aux forages ; une même équipe peut forer 2 500-3 000 mètres par mois, en sol dur. Cette turbo-foreuse explique les immenses progrès de la découverte pétrolière soviétique ces dernières années. Sa rapidité est aussi une économie d'argent.

Les techniciens soviétiques furent les premiers à expérimenter en Bachkirie (fin 1956) la télévision pour prospection pétrolière. La cellule émettrice de télévision est placée dans un cylindre métallique s'enfonçant avec la sonde ; les prospecteurs peuvent ainsi examiner l'état des couches terrestres traversées et le comportement de l'outillage utilisé.

Les savants et les chercheurs soviétiques estiment que la turbo-foreuse sera aisément dépassée par l'application des ultra-sons : « la possibilité d'un forage par l'ultrason ne suscite aucun doute. » Des forets à ultrasons « avec une très faible dépense d'énergie permettront des vitesses tout à fait extraordinaires à travers la roche.... 1 000 mètres à l'heure ».

L'U.R.S.S. vient de mettre en chantier son plus grand tanker qui n'est pas d'une capacité extraordinaire puisqu'il s'agit d'un 37 000 tonnes (201 mètres de long, 26 de large, 19 000 CV et 32 km à l'heure). Nous le signalons car il sera le premier tanker-presse-bouton ; automatisé, un seul homme installé à un bureau central suffira à diriger les chambres de chauffe et les principales manœuvres. En outre, il sera aussi le premier tanker avec salon de musique, fumoir, club, « terrain » de sports, piscine et locaux à air conditionné. Psychologie ? Jusqu'à ces dernières années, le souci du bien-être des équipages pétroliers ne préoccupait pas trop des armateurs utilisant surtout des pavillons étrangers. Désormais, à la désinvolture du capitalisme privé pétrolier, les Soviets pétroliers opposeront la condition offerte par le capitalisme d'Etat au cours des escales dans les ports étrangers puisque l'U.R.S.S. est exportatrice de carburant. Une adroite propagande sur un thème d'actualité : pétrole prolétarien contre pétrole milliardaire.

Nous croyons que les personnes qui sous-estiment une « machine », peut-être lente à se mettre en matche, mais qui une fois mise en route ne s'arrête plus de créer et de perfectionner ont vraisemblablement tort.

Après Londres et Washington, mais avant Paris et l'Europe occidentale, Moscou réalisa qu'un navire à vapeur emporte dans ses soutes de quoi faire quinze jours de trajet avec de la houille et qu'un navire à mazout de même tonnage à cinquante-sept jours d'autonomie de route (O. Pissarjewski). Et l'auteur soviétique ajoute : « Sans le pétrole et ses sous-produits (essence, fuel-oil, etc.) les automobiles, les tracteurs, les avions seraient paralysés ». Cela écrit avant la crise de Suez.

Pour que son économie soit à la hauteur de sa politique, l'U.R.S.S. voulut posséder l'énergie pétrolière en sources directes assez nombreuses et éparses pour que sa superficie et ses plus de 200 millions d'habitants ne dépendent pas des grandes distances. Son potentiel autarcique se renforce donc et la met à l'abri des discriminations comme cette liste des « matériaux stratégiques » prohibés qui ne comprenait sans doute pas les turbo-foreuses et les ciseaux de forage. Les Soviétiques menèrent un plan pétrolier d'ensemble agissant à la fois sur trois points : géologique, technique et politique, en profitant des leçons anglo-saxonnes.

UN EFFORT CONTINU ET GIGANTESQUE

Bakou (sous-entendant la région pétrolière du Caucase) dont le premier puits fut foré vers 1876, demeura longtemps la « capitale de l'or noir » et fournissait 90 % du naphte russe. Aujourd'hui, il n'entre plus que pour 40 % dans la production pétrolière soviétique et son importance s'amenuise chaque année davantage sans pour cela perdre son activité ancienne que l'on étendit par la construction de champs pétrolifères lacustres « l'île aux sept vaisseaux » dans la mer Caspienne.

Les Soviets, qui eurent toujours des appréhensions extérieures, comprirent le danger de posséder leurs principales ressources de pétrole à proximité de la frontière soviéto-iranienne, l'Iran étant le pays de l'Anglo-Iranian Oil Cy, donc sous l'influence britannique, devenu, depuis 1954, un nid de chicanes beaucoup plus dangereux depuis que l'A.I.O. fit place à un consortium anglo-américano-français.

D'autre part, la motorisation gagnant aussi la Russie, les 9,2 millions de tonnes de pétrole russe de 1913 et même les 22,2 millions de 1932 devenaient insuffisants pour le développement du pays qui s'étend sur 22 millions de kilomètres carrés. (A titre évaluatif, en 1955, année de consommation normale, la France, 43 millions d'habitants, 550 000 km carrés, consomma 15,737 millions de produits pétroliers). Pour suivre le progrès de la motorisation, l'U.R.S.S. se lança à la découverte de son pétrole. Les savants sont rarement d'accord, en Russie comme dans les autres pays. Il était admis que le naphte ne pouvait se trouver dans tel ou tel terrain. L'académicien soviétique, Ivan Goubkine, bouleversa les théories de probabilités géologiques, émit d'autres principes et la pratique lui donna raison. Sa principale découverte se situe entre la Volga et l'Oural qui serait l'emplacement d'une ancienne mer (300 millions d'années).

Une succession de plans quinquennaux, dont le prochain s'achèvera en 1960, provoqua une rapide progression de la production de pétrole soviétique. 22,2 millions de tonnes extraites en 1932, 37,8 millions en 1950, 71 en 1956 ! « **En 1960, dernière année du sixième plan quinquennal, il sera extrait 135 millions de tonnes de pétrole en U.R.S.S. Les noms bien connus de Bakou, de Grozny, de Maïkop, ne sont plus les seuls à évoquer le pétrole. En plus du Caucase, on extrait** aujourd'hui le pétrole en Oural, dans les régions de la Volga, en Asie centrale. Le pétrole provenant des régions orientales prend chaque année une place importante. Les régions de la Volga et de l'Oural fournissent à elles seules plus de la moitié du pétrole extrait dans l'ensemble du pays, tandis que par leurs réserves, elles dépassent de loin les vieilles régions pétrolifères. Les trois-quarts de l'accroissement prévu de 1955 à 1960 proviennent de ces régions. » (L. Samoïlov). L'écrivain note avec humour qu'au début du siècle, des escrocs (dit-on alors), lancèrent à Londres une société, la Kazan Oil Field C dont l'objet était l'exploitation des pétroles de Bachkirie qui devaient être découverts cinquante ans plus tard. A moins qu'à cette époque, quelques « nez-pétrole » aient discerné dans ce pays qui était alors d'entrée libre une région propice aux gisements pétroliers...

M. Evseienko, ministre de l'industrie pétrolière en U.R.S.S. donna une vision (février 1957) des progrès de la technique pétrolière soviétique en signalant que l'extraction du pétrole sera poussée à 82 % « au moyen de méthodes de pression artificielle sur la couche par la rupture hydraulique des couches et la submersion circulaire ». Parmi les nouveaux gisements qu'il signala comme très importants, citons : Romachkinskoë (district de Stalingrad), Stepnovskoïë sur la rive gauche de la Volga, etc.

La plus récente découverte soviétique est celle de Karaboulak (secteur de Grozny), au pied du Caucase ; à 2 400 mètres la force de jaillissement confirma l'importance de la nouvelle nappe de pétrole repérée dans les montagnes de la Sounja.

Cette ruée vers le pétrole suivant des méthodes nouvelles permit de déceler des nappes sous le sel gemme de la Tchoussovaïa-Kama, dans les steppes du Kazakstan, dans les déserts sableux de Turkménie, dans la taïga marécageuse des

Sakhaline. En plein désert de Kirguizie, le pétrole jaillit à Kotchkor-Ata, en bordure de la Chine populaire. Chaque nouveau gisement découvert nécessite presque toujours la création d'une nouvelle ville moderne pour fixer le personnel nécessaire à l'exploitation. Fait intéressant, des villages quasi-primitifs sont gagnés à une existence moderne, des populations nomades ou semi-nomades viennent s'agglomérer à ces nouvelles cités. Le pétrole soviétique devient un moyen de pénétration parmi des populations vivant pour la plupart et jusqu'alors à l'écart de la civilisation. Avis aux responsables qui étouffèrent pendant quarante ans le pétrole nord-africain-saharien.

Les Russes possèdent-ils les plus importantes réserves de pétrole du monde ? Voici une note de janvier 1957 (Études Soviétiques) : « Les trois-cinquièmes de tout le pétrole extrait en U.R.S.S. proviennent actuellement des jeunes exploitations situées entre la Volga et l'Oural. Il y a peu de temps que ces gisements pétrolifères ont été découverts dans cette région ; cependant leur rendement est supérieur à celui des célèbres exploitations de Bakou dans l'Azerbaïdjan. Les prospections ont permis d'établir que les réserves de pétrole les plus riches du monde se trouvent sur le vaste territoire situé entre la Volga et l'Oural. Cela ouvre des perspectives pratiquement illimitées pour la production du pétrole en U.R.S.S. Dès 1960, on y extraira tous les jours 400 000 tonnes de pétrole ».

Ces perspectives qui ne sont pas inconnues des Américains, peuvent aboutir à deux résultats contradictoires : ou les U.S.A. s'entendront et feront la paix avec l'U.R.S.S. sur le dos des autres producteurs mondiaux de pétrole, ou ce sera une guerre à mort entre les deux pays pour tenter de s'approprier les ressources pétrolières du concurrent. 135 millions de tonnes en 1960 avec des réserves incalculables sur son propre territoire, de quoi faire réfléchir les États-Unis entrant dans la période de diminution sensible de leurs réserves. Une fois de plus, le pétrole peut permettre d'esquisser l'avenir.

Trente ans de travaux pétroliers sérieux ont amené l'U.R.S.S. à ce standing dans le monde du pétrole. Les pipe-lines intérieurs s'ajoutent aux pipe-lines et, bientôt, un des pipe-lines les plus longs du monde sera soviétique ; il totalisera plus de 4 000 kilomètres et reliera Irkoust (lac Baïkal) à Moscou ; le tronçon Omsk-Almetyevsk est en service.

Qui ignore cette synthèse de l'U.R.S.S., future grande puissance pétrolière, ne peut pas comprendre les événements internationaux dominés par la diplomatie du pétrole.

QUI FOURNIRA L'EUROPE ?

L'U.R.S.S. est mêlée à la guerre froide du pétrole depuis longtemps. Elle fut l'alliée de Rockefeller contre le pétrole anglais de Deterding, aida à un dumping des prix qui mit en difficulté la Royal Dutch-Shell et obligea le gouvernement britannique à intervenir. En Iran, les agents soviétiques (Einhorn) se heurtèrent aux pétroliers anglais. Mais l'U.R.S.S. n'était pas encore une assez forte productrice de pétrole pour inquiéter sérieusement les anglo-saxons. Ce n'est qu'après la deuxième guerre mondiale que Moscou se lança dans la lutte avec assurance.

Staline avait réalisé que Hitler serait vaincu par le maque de sources énergétiques et surtout de pétrole. La leçon ne servit d'ailleurs qu'à lui en Europe. Il comprit qu'il ne suffisait pas de devenir producteur important de pétrole, mais qu'il fallait aussi essayer d'empêcher les « autres » d'accaparer des sources de pétrole qui se trouvaient hors de leur rayon d'action et précisément à portée de la Russie, dans le Moyen-Orient. L'avenir du monde allait se dessiner autour des deux tiers des réserves mondiales de pétrole alors connues. (Le Sahara pouvant venir bouleverser ces prévisions).

Il faut à l'Europe occidentale 80 millions de tonnes de pétrole par an pour sa consommation normale ; ce chiffre est en progression d'environ 10 % par an avec le développement de la motorisation, sans que l'on puisse prévoir la stabilisation du plafond des importations nécessaires puisque, comme nous le verrons, l'Europe commence à trouver du pétrole chez elle. Nous ne savons pas quand l'Europe occidentale parviendra à se suffire et si elle y arrivera un jour, mais tôt ou tard, le problème de ses fournisseurs se posera. Les pétroliers y pensent depuis longtemps bien que cette question n'ait pas préoccupé les gouvernements jusqu'en 1956.

Nous connaissons la menace du shortage aux États-Unis et la nécessité des Américains de se replier de plus en plus sur eux-mêmes et sur le continent américain pour conserver le plus longtemps possible le maximum d'indépendance nationale en ravitaillement de pétrole. Pour parer à un développement important des pays sous-évolués d'Amérique centrale et d'Amérique du Sud qui absorberaient une part du pétrole actuellement ex-porté par les Américains et les Anglais, les États-Unis annexèrent moralement le Moyen-Orient. Politique d'avenir vitale pour les U.S.A. exploitant des terres et des gisements peut-être pompés inconsidérément comme le Vénézuela.

Les Russes, eux, commencent seulement leur phase pétrolière avec des possibilités de prospections beaucoup plus vastes et de futur producteur mondial sur des gisements quasi vierges plus en sécurité que les placers extérieurs américains. Que l'U.R.S.S. continue sur sa lancée et que la chance soit pour elle, avant vingt ans, elle pourra se permettre de fournir tout le pétrole de l'Europe sans tankers, sans frais de redevances aux États. Elle distribuera son pétrole à toute l'Europe occidentale par des pipe-lines qui traverseront l'Europe si, d'ici là, l'Europe occidentale n'a produit aucun effort violent pour se suffire à elle-même. Avec le shortage américain, les Soviets s'annoncent les grands fournisseurs de pétrole de l'Europe plus directement et à moindres frais que les U.S.A. Mais c'est Moscou qui tiendra les robinets de départ. Ni Washington, ni Moscou n'ignorent ces perspectives d'avenir inconnues en Europe.

Nous ne dirons pas qu'il est juste, mais il est normal qu'après la Grande-Bretagne et les États-Unis, l'U.R.S.S. ait aussi pensé à une prééminence mondiale plus ou moins totale par le truchement du pétrole. Si à sa propre production elle pouvait ajouter celle des pays du Moyen-Orient qui se trouvent à proximité de ses frontières, qu'en plus, son ami Nasser demeure le maître de la route des pétroles par Suez, comme l'écrit M. Pissarjewski « automobiles, tracteurs, navires et avions seraient paralysés » chez ceux qui refuseraient de s'entendre avec les dirigeants soviétiques. Maintenant vous savez exactement les appréhensions de M. Foster Dulles auteur du plan Eisenhower pour le Moyen-Orient et le véritable visage de « l'anti-communisme ».

L'ensemble pétrolier moyen-oriental de 172 millions de tonnes en 1956 et d'une capacité de raffinage qui atteint 70 millions de tonnes est donc devenu la poudrière du monde parce que le pays voisin le plus puissant s'appelle l'U.R.S.S.

Les puits de pétrole américains et anglais se trouvent à moins de deux heures par avion moderne des frontières soviétiques amenant des troupes aéroportées à l'abri de la marine américaine. En décembre 1956, lorsque les U.S.A. envoyèrent un porte-avion en Méditerranée, la presse soviétique s'étonna de cette stratégie. La presse française annonçait de nouvelles arrivées d'avions et de tanks en Égypte et en Syrie... Chacun prend les positions qu'il peut, mais chacun voudrait que la partie adverse ne s'en aperçoive pas. Ce qui parait assez difficile.

Un autre pays avait pensé avant le président Eisenhower à tresser une ceinture au sud de la Russie pour protéger ses pétroles par une suite d'États-tampons mercenaires. C'est la Grande-Bretagne avec le Pacte de Bagdad, dangereuse machine à pré-texte de guerre mondiale.

Le Pacte de Bagdad, d'allure anti-soviétique avouée, comprend la Turquie, l'Irak, le Pakistan (grâce à l'agha Khan) et l'Iran. Cette ceinture de défense, plus symbolique que pratique en des pays travaillés par diverses propagandes et indéfendables à cause de leurs déserts, devait protéger les pétroles anglais. C'est en essayant de faire adhérer la Jordanie à ce Pacte que Londres déchaîna les États arabes contre la présence de ses troupes en Jordanie. A diverses reprises, la Grande-Bretagne offrit à Washington et à Paris de se joindre au Pacte de Bagdad. Les U.S.A. ne prisent pas les plans mis sur pied par les Anglais et Paris estima avec juste raison qu'il avait trop peu d'intérêts « nationaux » dans cette partie du monde pour mettre le doigt dans la combinaison dangereuse des pétroliers britanniques. Sous quelles promesses Washington donna-t-il finalement son adhésion aux clauses militaires du Pacte ?

Ce Pacte est explosif parce que la Turquie, qui en est membre, adhère aussi à l'O.T.A.N. Donc, si l'Iran était envahi et que la Turquie respecte sa signature du Pacte de Bagdad, aussitôt le Pacte Atlantique se mettrait en branle en vertu de l'assistance à la Turquie. Ce serait la guerre mondiale. Avec la réalisation du pipe-line transturc cette partie du monde sera encore plus « stratégique ».

Tout est assez bien prévu pour qu'une guerre pour les pétroles d'Orient dégénère en conflit généralisé. Dans ce Moyen-Orient, il faut donc marcher sur la pointe des pieds et éviter de se mettre trop en avant pour ne pas froisser les susceptibilités.

Raison pour laquelle on se contente généralement t d'élever des protestations » quand quelque chose ne va pas. Le plan Eisenhower pour le Moyen-Orient sera un autre genre de Pacte de Bagdad mais à l'usage exclusivement américain. Autrement dit, le problème ne change pas pour l'Union Soviétique. On peut même assurer qu'il s'est aggravé. Aussi les précautions redoublent-elles lorsqu'il s'agit d'avancer en catimini au cours d'opérations tentaculaires. « L'opposition locale » a bon dos

Par exemple, en Iran, chaque fois que l'on annonçait des prospections pétrolifères au nord du pays, dans le voisinage de la frontière soviétiques, Moscou élevait des protestations. Dès 1944, les Soviets s'étaient intéressés aux pétroles du Mazanderan. Leur demande fut repoussée car les Anglais régnaient alors, avec l'Anglo-Iranian Oil, sur les décisions du gouvernement de Téhéran. Après les troubles d'Azerbaïdjan de 1946, le gouvernement de Ghavam Saltaneh accepta, après négociations, un protocole prévoyant la constitution d'une société pétrolière soviéto-iranienne pour la prospection et l'exploitation éventuelle des hydrocarbures dans la même région. Mais, en 1947, sous la pression anglo-américaine, le protocole fut annulé. Depuis, Moscou n'admettait pas que d'autres étrangers cherchent le pétrole dans le Mazanderan. Mais en 1954, les Anglais durent céder 40 % de leur pétrole iranien aux Américains, la nationalisation n'étant plus qu'une solution de façade. Et le gouvernement soviétique ne protesta plus lorsqu'en 1956, toujours dans le Mazanderan, des équipes de prospecteurs — une suisse et une américaine — localisèrent assez facilement de « très importants gisements » suivant l'information laconique.

Cela ne signifie pas renoncement à cette politique du Moyen-Orient, nous l'avons vu avec la livraison d'armes soviétiques à l'Égypte gardienne de la route du pétrole et à la Syrie où passent les pipe-lines qui écoulent le naphte d'Iraq.

L'action de Moscou se fit plus pressante en Syrie. Le cheik syrien Mohammed el Asmar reçut un « Prix Staline de la paix » après avoir effectué plusieurs voyages à Moscou et deux communistes siègent au parlement syrien, fait unique dans les États arabes. Damas devint un centre actif prosoviétique depuis que la Grande-Bretagne chassa la France manu militari de Syrie, cette Syrie où, en 1956, un mois avant la nationalisation de Suez, la France livrait des armes légères par avions spéciaux.

Comment accentuer l'emprise soviétique sur la Syrie « gardienne » des pipe-lines anglais ?

« La Russie propose de construire une raffinerie qui produirait 750 000 tonnes de pétrole raffiné par an pour une somme invraisemblablement basse - on parle ouvertement de dumping soviétique — remboursable en vingt ans et même plus. Ce serait la première fois qu'un nombre impossible à déterminer de spécialistes russes — techniciens, ouvriers, installateurs, etc. — aurait librement accès à un pays du monde arabe. On déclare à Beyrouth, qu'à cette fin, Moscou tient tout prêt un certain nombre de propagandistes musulmans originaires des républiques soviétiques islamiques. Grâce à ces « spécialistes » un contrôle de la production pétrolière de tout le Proche-Orient serait aisément possible, en particulier les puits de Kirkouk et de Mossoul qui livrent leur pétrole par la Méditerranée. Un journal de Beyrouth affirme qu'alors Moscou aurait la main aux robinets de pétrole « ce qui veut dire qu'il aurait même la possibilité d'empêcher les livraisons de pétrole »[29]

Information confirmée, puisque c'est la Tchécoslovaquie qui obtint la construction de la raffinerie syrienne. Aussi comprend-on la hâte de l'Iraq petroleum C° de chercher

---

[29] Extrait du journal suisse *St Galler Tagblatt* (20 janvier 195e).

d'autres tracés pour ses pipe-lines afin de ne pas se laisser surprendre par quelques nouveaux incidents syriens.

L'U.R.S.S. est donc engagée dans la guerre froide du pétrole et elle emploie les mêmes armes que les anglo-saxons. Sauf bombe atomique inopinée, son expérience musulmane et la continuité inexorable de sa politique devrait la mettre en position préférentielle.

DÉBUT DE STRATÉGIE SOVIÉTO-ASIATIQUE ?

Les rhéteurs ne prêtent pas assez attention à un fait capital, l'association de la Russie, de la Chine, de l'Indochine, de l'Inde et de l'Indonésie pour le principal, représente plus de la moitié de la population habitant le globe. On peut anéantir d'un seul coup un million d'hommes, mais on ne pourra pas jouer aux quilles avec plus d'un milliard d'êtres humains répartis sur des centaines de millions de kilomètres carrés.

Tout un plan continu et se déroulant méthodiquement puait prévu par les Soviets. Les visites Boulganine-Krouchtchev aux Indes et en Birmanie, puis celles du maréchal Joukov, les visites de M. Chou-en-Lai aux Indes, au Pakistan, au Nord-Vietnam, ainsi que celles de Tito, du Shah à Moscou etc., les traités économiques et culturels qui en résultent sont plus que des banalités diplomatiques. Incontestablement, un climat de sympathie soviétique se crée en Extrême-Orient.

L'explication saute aux yeux si l'on regarde la carte de cette partie du monde. L'Inde est le seul pays qui sépare la Chine du Moyen-Orient pétrolier. L'Afghanistan médiéval ne pèse aucun poids, coincé entre la Russie, l'Iran et le Pakistan ; il deviendra même une excellente plate-forme de pénétration en Iran le cas échéant. Si le Pakistan et l'Iran sont liés par le Pacte de Bagdad, il n'en est pas de même de l'Inde bouddhiste violemment opposée au Pakistan musulman (affaire du

Cachemire). Une querelle en puissance existe. Il suffira d'y mettre le feu au bon moment, pour que la voie soit à peu près libre vers l'Iran, donc vers les pétroles du golfe Persique et l'Arabie.

En cas de conflit Orient-Occident, la phase essentielle sera de jeter rapidement une masse d'hommes sur le sud-asiatique et sur le Moyen-Orient pour couper l'Europe de toutes ses ressources asiatiques. La résistance à ces poussées peut être considérée comme nulle, mais les étendues à occuper sont si immenses qu'un grand nombre de millions d'hommes sera indispensable pour empêcher tout retour offensif des Occidentaux et pour investir une partie de l'Afrique afin que l'Asie ne soit tournée par le continent africain ». Lorsque cette phrase fut écrite (1953) il n'était pas encore ouvertement question d'un appui éventuel des États arabes aux « rois d'Orient venant du Septentrion ». Nous n'avions qu'un renseignement incomplet sur la diplomatie-stratégie d'un coin du monde dont on parle peu. Laissons un journal suisse nous renseigner sur les événements du Thibet [30]

« Le Thibet n'est plus un Etat-Tampon. Les communistes chinois ont occupé le « toit du monde » et l'armée chinoise construit sur le sol thibétain une route en direction du sud, laquelle ne signifie rien d'autre qu'une menace militaire contre l'Inde. Déjà des camions roulent sur la route longue de 580 kilomètres qui relie Lhassa, la capitale, à Phari, dans l'extrême sud du Thibet, qui s'enfonce comme un coin dans le territoire du petit protectorat de Sikkim à la frontière septentrionale de l'Inde.

« Les Chinois ont construit une route de 40 km de Phari à Yatoung centre commercial qui n'est qu'à quelques kilomètres de la frontière. Cette route de Phari, qui a été

---

[30] *Neue Zürcher Zeitung* (12 février 1956).

terminée en l'espace de huit mois et qui a été ouverte à la circulation à la mi-novembre 1955, est destinée, selon une information de l'Agence Chine nouvelle « à faciliter les relations commerciales qui ne cessent de s'accroître avec l'Inde ». Elle permet aussi, devrait-on ajouter, la circulation de blindés et d'autres véhicules militaires dans un territoire qui, auparavant, était seulement accessible aux caravanes de mulets et de yaks, les animaux de trait des hauts plateaux asiatiques »

Nous laissons de côté les détails sur les constructions d'autres routes dans le même pays pour citer les commentaires du même journal :

« L'intérêt de la Chine pour le développement des voies de communication au Thibet apparaît nettement pour la simple raison que les communistes ont négligé d'en construire, bien plus prometteuses pourtant, dans les régions à peuplement beaucoup plus dense. Le gouvernement de Pékin, bien que son parc auto-mobile soit très insuffisant, a mis 750 camions à la disposition de la circulation sur les routes du Tibet. Ce simple fait montre la grande importance que le régime communiste attache à la consolidation politique et au développement de l'organisation militaire au Thibet. La construction des routes qui vont dans le sens est-ouest — elle a duré trois ans et demi — était placé sous la direction du général Tchang Kouo Houas, le gouverneur militaire du Thibet et fut menée à bien par des troupes placées sous ses ordres. Dans les rapports chinois, il est fait état de « l'aide désintéressée de spécialistes russes »

La stratégie de la politique pétrolière soviétique à longue échéance est ainsi définie par des faits. M. Nehru, considéré comme un « illuminé »sensible à la flatterie n'a certainement pas grande vision des bouleversements en puissance à ses portes[31] bien que l'on ait annoncé un accord sino-thibétain prévoyant le retrait des forces de Pékin du Thibet tout en s'en réservant l'utilisation tactique.

Tel est le géant paraissant avoir tout prévu qui se dresse devant l'autre colosse pétrolier américain.

Ajoutons à ce plan (dont les spécialistes donnent l'échéance pour 1960, date que nous ne prenons pas à notre compte) les « menées communistes » dénoncées périodiquement par les Américains dans les États d'Amérique centrale et d'Amérique du Sud qui semblent s'intéresser particulièrement aux pays gérés par des sociétés américaines pétrolières ou fruitières, bref par tout où le dollar peut espérer puiser de nouvelles ressources si les vieux continents lui devenaient inaccessibles. Le plan soviétique est grandiose de conception. Il a l'avantage d'être préparé avec minutie depuis longtemps.

Les États-Unis, comme la Grande-Bretagne, aperçoivent toujours trop tard les nuages tant leurs préoccupations et sordides combinaisons sont multiples. Le Plan Eisenhower-Dulles n'est qu'une réaction tardive à la manœuvre trop précipitée du colonel Nasser d'obstruer le canal de Suez et ensuite d'en refuser la location à une société américaine. Les diplomates admettent que c'est l'Égypte qui a révélé le dessein

---

[31] Information du début d'avril 1957 généralement passée sous silence en France : Pour la première fois depuis l'indépendance de l'Inde, l'État Hindou de Kerala (ex-Travancore-Cochin), 13 millions d'habitants, a élu un parlement à majorité communiste (59 sur 114 sièges). Le Kerala est l'État qui possède la plus forte densité de population de l'Inde (400 au kilomètre carré) tout en étant un des moins malheureux par ses richesses naturelles et la pêche maritime. Le journal suisse *National Zeitung* (de Bâle) prétend qu'avec l'aide de Moscou et de Pékin, le Kerala ne tardera pas à devenir un État-pilote, organisé, sans famine, pour être offert en modèle aux autres États hindous... et inciter les suffrages à se porter sur les candidats communistes...

soviétique de conquête des sources de pétrole du Moyen-Orient pour régner économiquement donc politiquement. Cela nous étonnerait ! Nous avions ces renseignements avant l'affaire de Suez qui ne peut être considérée que comme une confirmation.

L'U.R.S.S. a mené un jeu pétrolier cohérent, entier, complet, parce qu'elle jugeait à sa réelle valeur la puissance des trusts du pétrole. Une action extérieure pouvant à tout moment subir des temps d'arrêt ou même d'abandon selon les circonstances ou des événements imprévus, s'accompagna de la prospection intensive de son sol pour qu'il reste quelque chose de constructif de sa politique pétrolière. Ce pays s'achemine vers le deuxième rang mondial des producteurs de pétrole.

Leçon pour l'Europe occidentale qui n'a d'ailleurs rien à gagner dans cette bataille entre deux ogres beaucoup trop forts pour elle. Souhaitons simplement qu'elle sache acquérir rapidement son indépendance en carburant pour ne pas faire les frais de cette lutte qui sera sans merci.[32]

---

[32] L'interview de M. Nikita Krouchtchev publié par le *New-York Times* du 11 mai 1957 proposant une sorte de condominium américano-soviétique sur l'Europe peut paraître un indice à la menace de conflit qui grossit chaque jour davantage. Cette offre de partage du monde en deux zones d'influences, est sans doute une manœuvre pour tenter d'éviter un choc inéluctable, car l'U.R.S.S. sait qu'elle est ceinturée de bases de départ américaines au nord, au sud, à l'est et à l'ouest.

PIERRE FONTAINE

88

III

LES MUSULMANS DU PROCHE ET DU MOYEN-ORIENT ET LA FIÈVRE DU PÉTROLE

Pendant la dernière guerre mondiale, les isolationnistes dont le Père Coughlin et le sénateur Reynolds disaient aux Américains : « S'il faut tous les vingt ans mettre le sac au dos et traverser l'Atlantique pour sauver la démocratie c'est que la démocratie n'est pas viable. Il n'y a donc qu'à laisser périr la démocratie. » (Georges Ollivier).

Nous pourrions paraphraser cette suggestion à propos du Proche et du Moyen-Orient, les Dardanelles, les Druzes, les Syriens, les incidents d'Iran, d'Arabie, l'attaque du consulat français de Jordanie, Suez, l'Égypte, à nouveau la Jordanie, etc. cela n'ont finit pas. Nous pourrions assagir l'Orient en le priant de se débrouiller avec son pétrole qu'il utilisera à sa guise s'il est capable de l'exploiter.

Il ne s'agit pas d'un propos léger. Si l'Europe pouvait laisser retourner l'Asie à ses souvenirs antiques, la paix mondiale y gagnerait en sécurité. Mais les sociétés pétrolières engagèrent tant de milliards dans ces terres névralgiques que l'on fera tuer des millions d'hommes plutôt que de renoncer aux dividendes des capitaux investis. L'abreuvoir de l'Europe semble fixé une fois pour toutes dans cette partie du monde par des directeurs occultes. Les déboires de ces dernières années ne servant pas d'enseignement, la ruée vers le pétrole lointain continue plus âpre que jamais. Nos affres ne sont donc pas terminées avec la remise en état du canal de Suez.

PÉTROLE EN ISRAËL

Une des causes que l'on masque par des aspects confessionnels de l'ire de l'Égypte contre Israël, est une conviction ancrée dans certains cerveaux du Caire que l'Etat juif secréterait d'importantes ressources de pétrole.

Nous ne savons pas sur quelle base les musulmans se fient pour évaluer cette richesse en hydrocarbure d'Israël, mais il est indéniable qu'il y a du pétrole dans cette partie de la Palestine et les Anglais le savaient ; ce qui pourrait expliquer leur attitude anti-israélienne et pro-musulmane jusqu'en 1955, ainsi que leur décision de s'adjuger la Palestine après la première guerre mondiale.

Cette question du pétrole en Israël est attachante. Si la Palestine devenait pétrolière et pouvait aider notablement au ravitaillement européen, d'une part les pétroliers du Moyen-Orient devraient se méfier de cette concurrence,[33] d'autre part l'Égypte qui perçoit un péage sur les bateaux passant par le canal verrait ses recettes baisser en de notables proportions puisque 75 % des bateaux qui empruntent le chenal sont des tankers. Passées sous silence, les possibilités pétrolifères d'Israël ne sont pas absentes des querelles du Proche-Orient.

---

[33] Fait peu connu en dehors des initiés, la vieille lutte américano-anglaise (Rockefeller contre Deterding-Marcus) revêtit un aspect presque confessionnel. Les pétroliers américains ne disaient pas « le pétrole anglais » mais « le pétrole juif ». Dans certains cercles pétroliers américains de ces survivances demeurent.

D'autre part, le pétrole-source d'énergie est presque une question de vie ou de mort pour un Etat neuf moderne comme Israël.

Jadis, quand la Palestine était britannique, la prospection pétrolifère était zone d'influence de l'Iraq Petroleum C. Une des équipes de l'I.P.C. fora jusqu'à 1 500 mètres à Heletz, retira la sonde, coula du ciment dans le forage, effaça ses traces et repartit sans bruit avec son matériel. Les Israéliens manquant de sources d'énergie reprirent les prospections pétrolifères par l'intermédiaire de deux sociétés, l'Israël Oil Prospectors et la Lapidot C°, toutes deux, assure-t-on, ayant des attaches américaines.

Un ingénieur israélien, Menashe Wakstok, ayant entendu parler de l'essai de l'I.P.C. se rendit sur le même champ d'Heletz. Avec l'aide du technicien américain, Mac Cagle, à 1 500 mètres environ, le pétrole révéla sa présence et jaillit avec force. Cette découverte provoqua une allégresse nationale et, le lendemain (24 septembre 1955) les synagogues devaient commenter un passage des Écritures saintes du Deuteronome : « Il l'a trouvé dans un contrée déserte. Dans une solitude aux effroyables hurlements. Il l'a entouré. Il en a pris soin. Il l'a gardé comme la prunelle de son œil. L'huile qui sort du rocher le plus dur ». Israël en déduisit que Dieu ne l'avait pas abandonné et veillait toujours sur son peuple en lui fournissant une source d'énergie qui lui permettrait de gagner en indépendance. Nouvelle manne au milieu du désert ?

Les puits 1 et 3 produisirent du pétrole dès le 8 juin 1956 ; le puits n° 5 fut aussi productif et d'autres s'ajoutèrent. Mais Heletz se trouve dans le désert de Neguev, à proximité de la fameuse zone agitée de Gaza et ce simple énoncé permettra de comprendre beaucoup de choses en particulier l'activité dans cette région des commandos égyptiens.

En janvier 1957, une société israélienne, la Naphta, demanda un permis de recherches pétrolifères dans l'enclave de Gaza, partie égyptienne occupée par l'armée israélienne depuis novembre 1956, redevenue égyptienne depuis... A Abu-Gosh, au début de 1957, la Judea Israël Petroleum fora un puits dans une nouvelle région pétrolifère confirmant ainsi les promesses du pétrole israélien.

D'après M. Walter Fehr, un spécialiste qui était occupé au gisement de Huleikat, Israël devait rapidement progresser dans, la production de pétrole, production d'autant plus intéressante que Haiffa possède la grande raffinerie que les Anglais stérilisèrent en 1948 pour faire plaisir aux musulmans. Israël y raffinait du brut venant du Venezuela, la pusillanimité des producteurs du Moyen-Orient refusant de lui livrer du pétrole afin de ne pas indisposer les souverains arabes.

Cette attitude ne fut pas spéciale aux sociétés anglo-saxonnes. Israël avait commandé pour vingt millions de dollars de pétrole soviétique en attendant de se suffire à lui-même ; il avait négocié avec l'U.R.S.S. l'achat de matériel spécial de rechercha et d'exploitation ainsi que l'envoi de missions de spécialistes soviétiques dans le domaine pétrolier. Les Soviets donnèrent leur accord, puis retardèrent la réalisation des marchés et, finalement, annulèrent le tout. Tout comme les trusts, Moscou redoutait la susceptibilité musulmane... l'orage passé, les pourparlers reprirent !

Profitant des incidents de Suez, Israël proposa la construction d'un pipe-line qui relierait le port israélien du golfe d'Akaba, Eilath, à la rive méditerranéenne d'Israël. Ainsi, nul besoin de s'occuper du canal de Suez pour le transport du pétrole. Les tankers déchargeraient leur cargaison liquide au sud d'Israël et d'autres tankers la rechargeraient au nord du pays. Malgré ces deux transbordements et le prix du transport par pipe, l'économie réalisée sur le droit de péage du canal serait de 4 shillings à la tonne. M. Koslov, directeur de l'Autorité Israélienne du pétrole se déclara prêt à réaliser cette construction dont le principe fut recommandé lors d'une intervention de M. Mendès-France à l'Assemblée Nationale, en décembre 1956.

L'idée de ce pipe-line émanait de l'armateur grec Onassis qui, par la suite, n'insista pas se souvenant sans doute que son contrat de transport maritime avec l'Arabie Séoudite comportait des clauses antisémitiques. Très enserré entre les frontières de l'Égypte et de la Jordanie, la sécurité de ce pipe-line parait assez mince. En période de tension, ce pipe-line transdésertique sera trop vulnérable pour que l'Europe croie qu'une partie de son pétrole puisse lui parvenir. Ce pipe-line ne pourrait être qu'un échec au colonel Nasser désirant établir une discrimination sur les navires passant par le canal.[34] Le financement de cette construction serait israélo-américain, mais des capitaux français et italiens s'intéressent aussi au réseau de pipe-lines israélien.

L'aspect racial du conflit permanent entre Israël et l'Égypte ne doit pas masquer ces préoccupations pétrolières dont le début de 1957 offrit une illustration. Donnant le prétexte que les événements du Proche et du Moyen-Orient gênaient les projets en cours (alors qu'ils eussent dû au contraire les activer) 45 techniciens du pétrole sur 50 quittèrent Israël ; on oublia de dire qu'ils appartenaient au personnel de sociétés américaines. Le gouvernement israélien envisagea alors la création d'une Société Nationale des Pétroles.

---

[34] On doit toujours se méfier des mouvements impulsifs des Arabes. Par exemple, Rivarol, du 5 avril 1956, donc avant le sabotage du canal de Suez, écrivait : « *Israël est le seul allié du monde libre dans le Proche-Orient. Il serait absurde de l'abandonner. Il y va de la sécurité de tous* ». L'article était intitulé : « *Une aide militaire à Israël ne couperait pas la route du pétrole* ». Réponse : 49 navires coulés dans le canal et pipe-lines coupés !
De son côté, le Daily Telegraph publiait le 9 août 1956 : « Les nouveaux techniciens arabes risquent moins de se laisser entraîner par les aspects négatifs du nationalisme que les profanes. »
La logique ne s'accorde jamais avec l'impulsivité musulmane.

Israël est l'exemple qui permet à la France et à l'Europe de comprendre qu'entre elles et le souci de ne pas déplaire aux Arabes, le choix des pétroliers est fait. Le pipe-line trans-israélien ne sera pas une solution définitive. Outre la liberté de navigation dans le golfe d'Akaba, il faut compter sur les impératifs des pays arabes au sujet des livraisons de pétrole à Israël.

LES PARENTS PAUVRES DU PÉTROLE

Certains pays du Proche et du Moyen-Orient n'auraient jamais songé à chercher le pétrole chez eux si l'opulence de leurs voisins pétroliers ne les incitait pas à essayer de devenir aussi riches qu'eux. La Syrie, le Liban, le Yémen et la Jordanie sont de ceux-là.

Peut-être eussent-ils été prospectés depuis longtemps si les sociétés étrangères, soucieuses de ne pas trop produire pour maintenir les cours à un niveau rémunérateur, avaient désiré extraire davantage. Ces sociétés considéraient les autres pays improducteurs jusqu'alors, comme des réserves.

Il semblait anormal que le Liban et la Syrie, prolongements géographiques naturels de l'Iraq ne révèlent aucun indice de pétrole. Dès 1934 je signalai les anticlinaux favorables du Djebel Kara Tchogh-Dah, en Haute Djezire, d'Ain el Beda (Deir ez Zor), dans les environs d'Antioche, etc. La France était alors puissance mandataire en Syrie et au Liban (elle n'est que participante minoritaire à l'Iraq Petroleum C°). Déjà à la remorque de la politique pétrolière britannique, il n'était pas question pour elle de manifester la moindre indépendance en prospectant le pétrole dans ses territoires. Les Anglais ne le lui auraient pas permis... avec l'absolu consentement des gouvernements français successifs. Comme la France et l'Afrique, et pour les mêmes raisons, ces pays ont donc un retard de trente ans dans la course au pétrole.

La Syrie, qui sera un jour un grand pays pétrolier, n'est qu'au stade des recherches. La Syria Petroleum, filiale de l'Iraq Petroleum, abandonna ses recherches en 1951 après avoir englouti six milliards, dit-on, dans des prospections infructueuses. La Société des pétroles Concordia, émanation de la Deutsche Erdoel A.G., a obtenu un permis de recherches sur 15 000 ha dans le nord-est, tandis que la Deilman prospecte dans la région voisine. La Menhall C° (de J.W. Menhall, citoyen américain) dont le périmètre de recherches longe la frontière iraquienne a découvert des indices de pétrole le long de la frontière. Plus avant, nous vîmes l'implantation soviétique en Syrie. Cela ne permet pas d'envisager une clarification de la situation, les Américains paraissant vouloir « couvrir » la Syrie ont créé une nouvelle société, la H.L. Dillin and C°, qui s'engage à dépenser 50 millions de dollars dans les recherches de pétrole. Aux dernières informations la Menhall s'allierait avec l'Atlantic Refining et la Portsmouth Stell Corp. Il y a du pétrole en Syrie.

Au Liban, la Libanaise des Pétroles possède, depuis 1947, une série de permis de recherches dans le Nord et dans le sud pour une durée de 75 ans. Jusqu'à présent, on ne signale qu'un seul forage effectué pour son compte en 1953 par la Santa Fé-Drilling, à l'ouest de Rachaya. Malgré l'importance de l'étendue de ses permis, la Libanaise des Pétroles ne parait pas déployer une activité fébrile. L'armateur grec Onassis s'intéressait à cette société (groupe Boucherot). Au nord-ouest du pays, une étroite bande côtière allant de Halba au sud de Batroun et dite « permis de Tripoli » est à M. Abdeni ; un seul forage au nord de Zkorta qui n'est qu'un vieux forage de l'Iraq Petroleum datant de 1946. Jusqu'à présent, le Liban ne bénéficie pas d'animateurs décidés... saufs en troubles politiques pour essayer d'enlever le pays à l'influence occidentale.

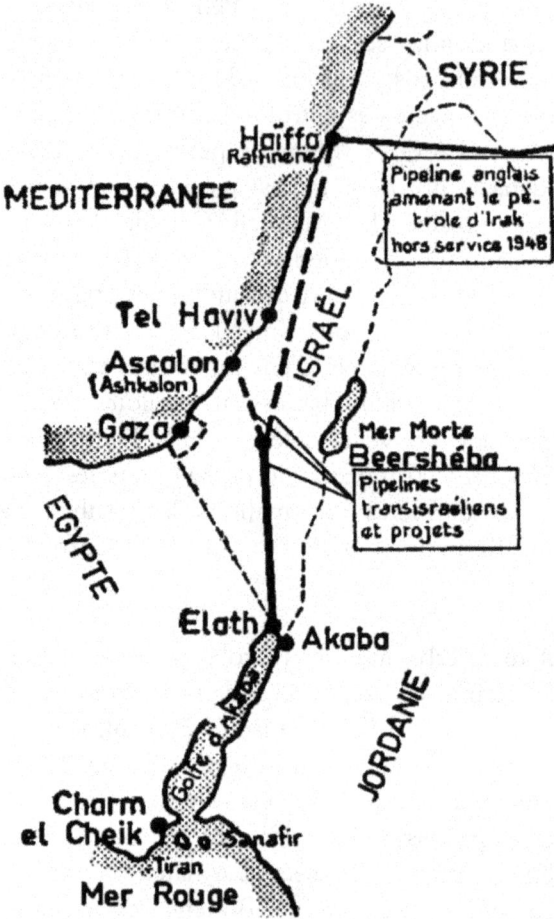

Pipes-lines trans-israéliens pour éviter le passage par le Canal de Suez (l'Égypte et la Jordanie contrôlent les rives du Golfe d'Akaba).

En Jordanie, pays très pauvre qui ne fut constitué que pour les commodités stratégiques de la Grande-Bretagne et où l'action parallèle de Moscou et de Washington élimina l'influence britannique, le gouvernement avait d'abord donné l'autorisation de rechercher le pétrole sur un tiers de son territoire à un M. Ismiri pour la Pegura Oil C° (du

Guatémala) ; cette concession pour six années prévoyait des redevances de 50 000 livres sterling (environ 50 millions) pour la première année, 75 000 livres pour chacune des deux années suivantes, 100 000 pour la quatrième et 200 000 livres pour chacune des deux dernières années, que les recherches soient couronnées de succès ou non. (Nous donnons cet exemple qui nous parait astucieux car il oblige le concessionnaire à déployer des efforts maxima pour une rapide mise en valeur. On vit trop, en Afrique du Nord et au Sahara en particulier, des prospecteurs ne trouvant rien pendant des années, cherchant à l'aveuglette mais s'occupant de besognes politiques). La Jordanie donna finalement la recherche pétrolière sur son territoire à M. Edwin Pauley (de Los Angeles) avec l'obligation d'investir environ vingt-cinq mil-liards de frs jusqu'en 1959. Un fait important : l'administration américaine (A.I.C.) garantit M. Pauley pour cette somme en cas d'expropriation de la Jordanie. Les États-Unis se trouvaient donc doublement intéressés par la crise jordanienne d'avril-mai 1957 qui se calma avec le déplacement de la IV° escadre américaine. Le rôle que la Jordanie est appelée à tenir dans le concert pétrolier du Moyen-Orient est sans doute plus important qu'on ne le pense puisque l'on étudie la création d'une raffinerie de pétrole sur son territoire.

Le Yémen, sud-ouest de la péninsule arabique, pays désertique aussi très pauvre, malgré sa tenace xénophobie a été gagné par la fièvre du pétrole il y a quelques années. Se méfiant des Anglo-saxons, le frère du roi alla chercher des techniciens allemands pour prospecter une partie du pays ; cette association (Deilman 25 % et gouvernement yéménite 75 %)[35] fut suivie, en décembre 1955, par la Yémen Development Corporation, société américaine[36] qui prit en régie les prospections sur la moitié du pays pour une période de

---

[35] Cf. *La Guerre Froide du Pétrole* (pages 159 et suivantes).

[36] En 1957, cette société a tait place à la *Ressources Development Corp.*

trente ans. Le 11 mai 1956, le prince héritier du Yémen se rendit à Moscou en voyage officiel et des conversations eurent lieu pour l'envoi au Yémen de techniciens soviétiques chargés de missions pétrolières. Le 7 janvier 1957 les incidents de frontières commencèrent avec le protectorat voisin, c'est-à-dire avec le protectorat britannique d'Aden. A cette occasion, Londres publia une note annonçant que le Yémen avait reçu pour trois millions de livres sterling (3 milliards) d'armes « tchécoslovaques » envoyées par la Russie.[37] Enfin, face à la côte yéménite, l'île de Kamaran est depuis longtemps réservée aux recherches de la d'Arcy Expl. C°, société britannique.

MISSIONS PÉTROLIÈRES ET STRATÉGIE

Pour comprendre l'importance de ces faits-divers de peu de résonance dans le public, il convient de regarder une carte.

L'immense pays désertique qu'est l'Arabie Séoudite peu peuplée a, malgré des voies plus modernes, son débouché naturel sur le golfe d'Aden, à Aden même, protectorat britannique, seul port acceptable de toute la côte-sud de la péninsule arabique.

En fait, l'influence britannique s'étend sur le pourtour sud-est de la péninsule suivant une bande côtière dont la largeur varie de 100 à 300 km et couvre l'Hadramout, le

---

[37] « Les Yéménites, tout comme Nasser et les Syriens, reçoivent des armes soviétiques. Pour le moment, elles leur servent à combattre contre les Anglais installés dans le protectorat d'Aden, sous prétexte que la frontière entre les deux pays n'est pas très précise.

« Mais on pense que Moscou se soucie bien moins d'épouser les revendications territoriales, au demeurant fort vagues, des Yéménites, que de se placer en vue de la succession de l'iman.

« Ce souverain est malade et lorsqu'il mourra, d'une mort plus ou moins naturelle, selon la coutume, son successeur pourrait bien être l'homme à qui les Soviétiques auront choisi de confier leurs armes. » Sud-Ouest (10 février 1957).

sultanat d'Oman et la Côte des pirates jusqu'au Quasar. Cette immense bande se trouve sous le contrôle des filiales de l'Iraq Petroleum Cy (Petroleum concessions ltd et Petroleum Development Lt) ce qui déplais souverainement à leur voisine immédiate d'Arabie Séoudite, l'Aramco, d'où tous ces « incidents de frontières » à Aden, en Hadramout et à Buraimï. Nous en sommes à la phase d'essai d'élimination des influences britanniques dans le sud de l'Arabie par les Américains redoutant toujours un retour offensif des pétroliers anglais en Arabie et dans l'espérance que l'abandon d'Aden par les Anglais leur permettrait de construire le pipe-line Arabie Séoudite-Aden qui abrégerait fortement la durée du trafic maritime par le golfe Persique. Les Américains ne renoncent pas à ce projet d'avenir.

Ne négligeant pas le renforcement des positions américaines dans le golfe Persique, les Britanniques, surtout depuis leur évacuation forcée de l'Égypte en 1954, réorganisèrent leur protectorat d'Aden. Avions à réaction, engins blindés constituent une force armée unique dans ce coin d'Asie. Pour éviter toute surprise, les Anglais montèrent une raffinerie de pétrole à Aden qui leur permet de disposer sur place des produits pétroliers indispensables à leur corps expéditionnaire et à leur flotte d'Extrême-Orient.

Aden est devenu une sorte de Gibraltar oriental contrôlant la « sortie » de la Mer Rouge si l'on admet que Suez en est l'entrée». Ce contrôle du «poumon» arabien par les Britanniques déplaît aussi aux Soviétiques, d'où les « incidents » dans cette région stratégique de l'Orient qui peut éventuellement intervenir sur la route du pétrole. Jusqu'en 1956, les Britanniques se rendirent assez facilement maîtres des turbulences intéressées des tribus. Maintenant que le Yémen dispose d'armes modernes tchécoslovaques, la partie sera plus difficile... jusqu'au moment où l'O.N.U. se saisira de la question.

En dehors des pays arabes mais comprise dans le même bloc proche-oriental, la Turquie honteusement démembrée à la suite de la première guerre mondiale (pour lui arracher ses terres à pétrole), demeura assez longtemps réticente sur les questions pétrolières qui lui valurent d'autres déboires avec les guerres gréco-turques.

Elle possède un champ pétrolifère en sud-est, à Batman. Bien qu'adhérente à l'O.T.A.N., la Turquie se plaignit du désintéressement américain malgré sa résistance à la pression de la propagande soviétique. Il faut spécifier qu'elle avait refusé des permis de recherches pétrolifères à des compagnies étrangères. Les affaires paraissent s'arranger, puisque la Mobil-Overseas Oil, filiale de la Socony Mobil, a obtenu des permis de recherches sur plus d'un million d'hectares, dans le sud de la Turquie et la 'William Blair C' (de Chicago) construit une grande raffinerie. Si le grand pipe-line transturc se réalise, le pays deviendra une vedette dans les problèmes pétroliers orientaux.

Ces pays sont les outsiders et les derniers au départ de la course au pétrole en Proche et Moyen-Orient. En cas de découvertes importantes d'hydrocarbures, plus proches de l'Europe que le golfe Persique, ils seraient mieux placés dans le rôle de ravitailleur. Ce qui laisse prévoit de futures concurrences acharnées.

LES PAYS INÉPUISABLES

L'affaire de Suez permit une abondante documentation sut les autres grands centres connus de production du Moyen-Orient. Arabie Séoudite, Iraq, Iran et Koweit, les quatre t grands » du pétrole oriental. Nous ne brosserons donc qu'un tableau d'ensemble.

L'Iraq continue à développer sa production et de nouveaux forages comme à Dülainiyah, augmenteront encore son tonnage. Le gouvernement de ce pays sait défendre ses intérêts puisque, ne trouvant pas son compte dans l'exploitation de 1953, il attaqua l'Iraq Petroleum devant la cour de commerce britannique pour un différend portant sur 7 milliards de francs. L'Iraq est la « bête noire » de l'Aramco ! Mais il semble que la majorité britannique se fasse à l'idée de céder une place plus large aux pétroliers américains.

L'Iran parait appelé à un avenir encore plus considérable que sa brillante situation actuelle. Nous évoquâmes les recherches dans le nord du pays ; elles se concrétisent par le forage de Mahmoud Ali. Le 26 août 1956, l'Iran connut une inondation de pétrole. A 140 km. au sud de Téhéran, près de la ville sainte de Ghom, à 2 676 mètres, la foreuse perça une croûte et le pétrole jaillit avec une telle puissance que personne ne put en maîtriser le débit. Bientôt, vingt hectares furent inondés par 100 000 tonnes de naphte. Techniciens, ouvriers, militaires, essayèrent de canaliser ce flot de pétrole brut, mais le puits d'Alborze continua de vomir sous la pression de 700 atmosphères. Le fameux spécialiste américain, Kinley, celui qui éteignit l'incendie du pétrole de Sicile, appelé en hâte, dut s'avouer vaincu ; il n'avait jamais vu un pétrole jaillissant avec une telle force. Les techniciens creusèrent un deuxième puits sur le gisement pour provoquer une éruption destinée à faire baisser la pression dans le premier forage. On envisage de construire une raffinerie sur place et d'amener une partie de ce pétrole par pipe-line à travers la Turquie jusque sur la rive méditerranéenne. L'Iran, au carrefour de deux mondes, excite bien des convoitises.

**Aspect général du
bassin pétrolier
du Moyen-Orient**

1)   Champ pétrolifère d'Iraq.
2)   Champ pétrolifère d'Iran.
3)   Champ pétrolifère d'Arabie.

a, b, c : Pipe-lines évacuant le pétrole d'Iraq ; d) Tape-line américain transarabien.

Remarque : Pour desservir l'Europe, les trois points de contrôle des routes du pétrole sont : Suez, Aden et Chypre.

Le fait important en Iran est la brusque intervention de l'Italie dans les affaires pétrolières iraniennes. Le 14 mars 1957, l'accord se réalisa entre l'AGIP mineraria (E.N.I.) et la N.I.O.C. (Iran) sur la concession de trois périmètres, Zagros, Mekra, région d'Abadan (23 000 km carrés en tout), aux conditions suivantes : 50 % au gouvernement iranien pour les taxes et royalties et 50 % à partager entre l'A.G.I.P. et la N.I.O.C. Ces conditions inquiètent les pétroliers américains et anglais habitués à travailler à 50/50 maximum ; ils redoutent que le précédent d'un pays européen acceptant seulement 25 % pour sa part ne constitue un exemple pour les États arabes et autres. Il faut donc prévoir quelques difficultés à la société nationale italienne pour mener sa tâche à bien en Iran.

En Arabie Séoudite, les puits exploités se trouvent dans un faible rayon du centre-est. Tant que les moyens d'évacuation du pétrole ne seront pas développés, les Américains n'ont pas d'avantages à pousser outre-mesure la production. D'après les prospections discrètes dans le restant de l'Arabie, la fortune pétrolière actuelle serait à multiplier au moins par cent. D'où la haute considération exprimée par le Président Eisenhower au roi Séoud... d'ailleurs dévoué aux pétroliers américains puisqu'un de ses édits punit la grève d'une peine de prison et interdit les ententes entre plus de deux ouvriers (une semaine à deux ans d'emprisonnement).

Les Japonais, selon une information anglaise, auraient obtenu du roi Séoud un permis de recherches pétrolifères dans le Golfe Persique et négocieraient d'autres concessions en Mer Rouge et en Arabie centrale moyennant une redevance de 50 %.

D'après le Daily Telegraph (septembre 1956), les agents soviétiques pousseraient le gouvernement arabien à nationaliser son pétrole. Cette mesure serait surprenante après le voyage du souverain à Washington. Rappelons que le roi touche 51 % de royalties sur le pétrole extrait, plus des droits sur le pipe-line, plus un droit d'embarquement du carburant payé par l'armateur grec Onassis, plus divers avantages en nature tels que construction d'édifices publics etc. et quelques cadeaux royaux. Il semble que l'entrée de l'Arabie Séoudite dans le Plan Eisenhower ait écarté (plus ou moins momentanément) les conseillers égypto-soviétiques des pays arabes à pétrole.

Le petit émirat du Koweit (condominium pétrolier anglo-américain) rivalise avec les plus gros producteurs du Moyen-Orient. C'est le seul Etat où le pétrole apporte un peu de bien-être au pays, puisque l'émir a exonéré ses sujets d'impôts. C'est aussi un rendez-vous d'aventuriers internationaux ; il paraît que l'on y meurt assez vite ou que l'on y fait fortune en quelques années. Il y a 185 puits productifs au Koweit... qui ne produisait pas une goutte de pétrole il y a moins de dix ans. Pourtant, dans la nuit du 10 au 11 décembre 1956, une bombe incendia un puits. Le Koweit a mis en adjudication la mer bordant son pays au-delà de six milles, depuis que l'on sait que les fonds du golfe Persique sont aussi riches en pétrole que la terre ferme.

Les rivalités pétrolières entre Anglais et Américains déchirèrent la côte orientale de l'Arabie en une multitude de petits Etats n'ayant d'autre raison d'être que la protection de telle société pétrolière. Il existe même deux territoires neutres sans souverain, sur lesquels veillent comme des lions les deux concurrents.

Sur la côte des Pirates, près de l'île de Dax, les forages s'opèrent en partant d'une île artificielle, dite « plate-forme », ce qui n'est pas toujours sans danger avec les violents coups de mer. La Shell cherchait du pétrole au large de Qatar, à bord d'une île artificielle de 1 200 tonnes sur laquelle s'activaient 250 personnes, dans les tout derniers jours de 1956, lorsqu'une tempête se déchaîna. Les pontons géants échouant dans leurs manœuvres de déplacer l'île, un sauve-qui-peut général s'ensuivit : un mort, vingt disparus et quarante blessés. L'île serait perdue ; son coût est évalué à 900 millions de francs.[38]

Dans cette partie du monde, la mer est vendue, c'est-à-dire, fait l'objet de concessions pétrolifères. Où le naufrage de Pile se produisit, c'est le domaine de la Shell of Qatar Ltd. Touchant à l'est cette concession maritime, une autre concession uniquement maritime est à l'Abu Dhabi Marine Anas Ltd ; autre concession encore uniquement maritime à l'est de la précédente : la Dubai Marine Aréas Ltd. Une véritable folie du pétrole règne dans le golfe Persique.

L'île de Bahrein, exclusivité pétrolière américaine, est reliée au continent par un pipe-line et possède une raffinerie ; notons qu'en novembre 1956, des grèves éclatèrent. A rapprocher de l'attentat à la bombe incendiaire au Koweit.

On a prétendu que la propagande soviétique ne serait pas absente d'une agitation qui pourrait commencer dans cette partie du Moyen-Orient.

Telles sont les grandes lignes de ce Proche et Moyen-Orient pétrolier dont on ne connaît pas encore l'ampleur des ressources. *« La ceinture sédimentaire du Moyen-Orient où l'on a foré moins de 1300 puits jusqu'ici, est loin d'avoir été prospectée d'une manière exhaustive. Dans une communication présentée à la Conférence mondiale de l'énergie, M. P.T. Cox, de la British Petroleum C°, prévoit que les recherches futures dans cette région doubleront probablement les réserves prouvées actuelles (déjà plus des deux tiers de celle du monde libre) donnant un total final de 200 milliards de barils. Les caractères géologiques favorisant les vastes accumulations de pétrole au Moyen-Orient*

---

[38] D'autres informations ont estimé à 2,5 milliards le prix de ces « Îles artificielles ».

sont uniques et aucune autre région ne semble pouvoir rivaliser avec celle-ci comme source essentielle du ravitaillement pétrolier mondial. »[39]

UN COFFRE-FORT GIGANTESQUE

Avant la guerre, le Proche et le Moyen-Orient ne fournissaient pas plus de 16 millions de tonnes de pétrole, Ils en sont à 172 (les consommations locales sont relativement insignifiantes).

Si nous en croyons Magazine of Wall Street, pour 1955, les bénéfices tirés par les sociétés exploitantes rien que dans ces pays, s'élevèrent à 1 850 millions de dollars (sans compter ceux des raffineries locales, des pipe-lines, des tankers).

D'après la même revue, le bénéfice net de l'Iraq Petroleum pour la même année serait de 460 millions de dollars « portant le bénéfice à 180 %, le montant global des investissements étant de 250 millions de dollars ». Pour la Koweit Oil, le bénéfice net fut de 530 millions de dollars « soit presque 500 % du capital investi » (toujours pour 1955).

Le trust des trusts qu'est l'Aramco (100 % américaine, Arabie Séoudite), totalisa, en 1955, 530 millions de dollars de bénéfices nets. La presse financière américaine qualifie l'Aramco de la « plus fabuleuse entreprise commerciale de l'époque » (il y a des filiales)... ce qui illustre l'intérêt de Washington. En effet, les sociétés qui constituent l'Aramco sont elles-mêmes des trusts ou des filiales de trusts qui ne s'occupent pas seulement de pétrole, mais de tout ce qui touche au pétrole, de près ou de loin, depuis les fabriques d'appareillages les plus divers, les constructions de raffineries (une raffinerie vaut entre 5 et 50 milliards suivant son

---

[39] Le Journal des Carburants (1956).

importance), jusqu'aux sociétés de transports (maritimes, fluviales, wagons-citernes, camions-citernes), sociétés d'assurances assurant leurs propres entreprises, distribution et maintenant usines chimiques transformant le pétrole brut en plus de 2 000 dérivés. Autrement dit : sur la même matière de base, le trust pétrolier prend un bénéfice à vingt stades différents... puisque tout se paie et est compris dans le prix de vente. D'où l'extraordinaire puissance de l'Aramco.

On réalise mieux ainsi les raisons qui font de quelques millions d'hommes perdus dans le désert une contrée névralgique d'où peut sortir à tout moment un casus belli !

Il ne faut pas croire les Américains si tranquilles sur la sécurité du pétrole moyen-oriental qui leur est déjà et qui leur sera encore plus indispensable dans un avenir prochain. L'U.R.S.S. encouragée par les fautes multiples de la diplomatie américaine, attaque en des termes qui touchent particulièrement les musulmans : «...*ils* (les Américains), *dissimulent une partie considérable des bénéfices. Afin de minimiser leurs profits, et de diminuer les paiements des concessions versées à l'Arabie Séoudite, l'Aramco a « 'vendu » aux monopoles américains qui contrôlent cette compagnie le pétrole à raison de deux dollars quarante cents de moins par tonne qu'aux autres acheteurs.*[40] *On se rendra compte des bénéfices dissimulés si l'on tient compte que l'Aramco fournit à ces monopoles, les 3/4 de la totalité du pétrole extrait. Le contrôle exercé par les monopoles impérialistes sur les ressources du Proche et du Moyen-Orient cause un énorme préjudice à l'expansion économique de ces pays...* »[41]

Si les arguments sont justes, la conclusion l'est moins, car la condition humaine des humbles n'intéresse pas les

---

[40] « Le prix de revient de l'extraction du pétrole dans cette région varie (en 1956) entre 75 cents et 2,40 dollars ta tonne. »

[41] *Pravda* (de Moscou) du 23 octobre 1956, article signé C. Kozarev.

richissimes souverains des pays pétroliers. Néanmoins, les Soviets qui connaissent la psychologie des musulmans savent que rien ne chatouille plus leur excitabilité que de leur dire qu'il sont spoliés, même si cela ne leur cause aucun autre préjudice qu'un manque à gagner ; l'Arabe donnera cent francs de bon cœur, mais sera capable de tuer s'il s'aperçoit qu'on lui vole un douro. La propagande soviétique est donc astucieuse. En répondant avec un plan de force armé au Moyen-Orient, il n'est pas certain que les États-Unis emploient la bonne méthode. Ces campagnes commencent d'ailleurs à porter leurs fruits puisque le roi Ibn Séoud se prétend volé par l'Aramco. Son représentant, le cheik Abdullah (géologue diplômé) a protesté contre les ristournes insuffisantes de l'Aramco et contre la sous-exploitation systématique des gisements de l'Arabie. (R. Cartier, Paris-Match, février 1957).

L'abreuvoir asiatique assigné à l'Europe pour étancher la soif de ses moteurs verra souvent son liquide troublé. Malgré son agrandissement et son inépuisabilité, il demeure la carotte que l'on tend devant la tête du cheval rétif pour l'obliger à marcher. Nous ne l'envions pas. Nous regrettons qu'une société d'Etat française y ait mis trop de ses capitaux. L'impérieux devoir de l'Europe occidentale est de se libérer de la dépendance du pétrole du Moyen-Orient si elle ne veut pas trembler à chaque aboiement de chien dont un compère, dans la coulisse, marche sur la queue en des moments jugés psychologiques.

IV

TRANSPORTER LE PÉTROLE LOINTAIN

Le pétrole jaillit en des terres lointaines ; il faut l'amener en Europe. Le pétrole représentant quarante pour cent de l'énergie utilisée en France, une partie importante de l'activité économique du pays dépend des chemins maritimes des navires pétroliers amenant par tankers le pétrole brut dans les ports français et européens.

En se basant sur un tanker de tonnage moyen de 20 000 tonnes, filant 15 nœuds à l'heure,[42] un voyage du golfe Persique à Marseille en passant par le canal de Suez, 4 800 milles (le mille = 1 860 mètres), un navire pétrolier met en moyenne 34 jours aller et retour et 44 jours pour atteindre Le Havre.

Pour le voyage du golfe Persique à Marseille, en passant par le Cap de Bonne Espérance, 11 000 milles, le tanker met 65 jours aller et retour et 67 pour Le Havre. Soit presque le double du temps en passant par Suez. (En forçant la vitesse, un pétrolier de 33 000 tonnes a réduit la durée du voyage à 54 jours.

Quand les pipe-lines transdésertiques amènent le pétrole brut d'Iraq et d'Arabie dans les ports méditerranéens orientaux (Tripoli, Banyas, Sidon), le trajet de ces ports jusqu'à Marseille

---

[42] D'après un graphique publié par *Le Journal des Carburants*, Paris, 39, rue Le Peletier.

- ne demande que 15 jours (1 595 milles) et 25 jours pour Le Havre (3 160 milles), aller et retour.

Si le pétrole vient des Amériques, voici la durée des voyages : de Port-Arthur (U.S.A.) aux ports atlantiques français (4 915 milles), 34 jours aller et retour ; et à Marseille (5 410 milles) 37 jours. Pour venir du Venezuela : d'Aruba aux ports atlantiques français (4 100 milles), 30 jours ; et à Marseille (4 510 milles), 32 jours, toujours aller et retour.

Alors se dessine la désinvolture de la « politique nationale du carburant » en France d'avoir mis tous ses œufs dans le même couffin oriental, lorsqu'on sait que, depuis longtemps, le Venezuela — moins lointain — nous offrait une participation dans ses pétroles.

Sur un total de 24 millions de tonnes de pétrole importées (en 1955, année de trafic normal), les fournisseurs de la France se répartissaient ainsi : Iraq : 9 229 000 tonnes ; Koweit : 7 053 000 tonnes ; Arabie Séoudite : 2 700 000 tonnes ; Qatar : 1 336 000 tonnes ; Bassorah : 1 036 000 tonnes ; Iran : 980 000 tonnes, Wafra : 220 000 tonnes. Cet ensemble de pétrole venant du Moyen-Orient représente 93,78 % des livraisons totales à la France tributaires du Canal de Suez et des pipe-lines traversant les pays arabes.

Le Venezuela ne fournit que 1 212 000 tonnes, soit 5,05 % des besoins français.

Pour le restant, notons : 99 000 tonnes venant des Etats-Unis, 48 000 tonnes d'Indonésie (berceau de la Royal Dutch) 159 000 tonnes d'U.R.S.S. et 1,17 % de provenances diverses. (Un accord commercial de février 1957 prévoit l'importation en France de 1 800 000 tonnes de pétrole soviétique).

Remarquons que le pétrole venant de l'autre bout du monde, du Moyen-Orient ou des Amériques, qu'il soit « butin de guerre » comme en Iraq ou propriété de sociétés privées et payable en dollars ou en livres, ou bien qu'il soit extrait du sol français (Landes), partout le pétrole est vendu le même prix. Le prix réel de revient ne compte pas dans l'établissement des prix de vente.

Les demandes de pétrole augmentent avec le développement de la motorisation et sont proportionnels à l'épuisement progressif d'autres sources énergiques comme la houille et le bois.

Nous avons vu que le pétrole ne fait pas défaut puisqu'on découvre constamment de nouveaux gisements. Il faut pouvoir le transporter. D'où le problème des transports maritimes et des pipe-lines.

ÉVOLUTION DES TRANSPORTS PÉTROLIERS

L'armement maritime pétrolier fut toujours, en général, une bonne affaire. Dans deux cas sur trois, telle flotte pétrolière est filiale d'une société pétrolière. Il est difficile de donner nés chiffres exacts dans ce domaine, car la course à la construction de tankers dure depuis dix ans et la nouvelle politique des chemins maritimes, depuis les incidents de Suez, déchaîne une véritable frénésie dans la construction des bateaux pétroliers.

Rien que sur les chantiers français, au début de 1957, 212 000 tonnes de pétroliers étaient en fabrication, plus de 800 000 tonnes étaient en commande. Entre 1960 et 1963, les livraisons comprennent 3 tankers de 71 000 tonnes, 17 de 47 000 tonnes et 6 de 40/45 000 tonnes. Les chantiers français n'envisagent pas de nouveaux ordres avant 1964. Les chantiers navals allemands, anglais, nordiques, japonais (qui fournissent aux meilleurs prix) etc., sont surchargés de commandes pour plusieurs années. Seuls, les chantiers américains ne paraissaient pas travailler à plein rendement... pour l'industrie pétrolière.

Cette nouvelle politique maritime pétrolière est l'aveu que l'on ne considère plus le canal de Suez comme une route sûre. De plus, le canal ne peut laisser passer de navires d'un fort tonnage. Les droits de péage prévus par la société du canal de Suez se montaient à environ 550 frs la tonne aller et retour, c'est-à-dire un passage à vide et un autre pleine charge. Ce qui représente plusieurs millions pour un navire. Les armateurs convinrent (un peu tardivement, mais quand même avant le sabotage de Suez) que le tonnage des pétroliers pouvait être doublé, triplé, quadruplé et plus, à la condition de renoncer au passage par le canal égyptien. Par la route du Cap, le double de temps est nécessaire, mais si le pétrolier transporte quatre ou cinq fois plus de carburant, le bénéfice sur le transport devient plus considérable et le ravitaillement n'en souffre pas. Quand le tanker Esso-France fut lancé, on estima qu'un 38 000 tonnes permettrait de réduire de 25 % les frais de transport sur un pétrolier de 16 000 tonnes. Il est non moins vrai que ce super-bénéfice est davantage destiné aux sociétés exploitantes qu'à peser sur les prix-consommateurs. Un tanker de 45 000 tonnes coûte, en Grande-Bretagne : 5,7 millions de livres sterling, soit près de 6 milliards de francs (1957).

Quand l'armateur Onassis commanda des tankers de 45 000 tonnes, les spécialistes crièrent à la folie. Maintenant les sociétés se ruent vers les tonnages de plus en plus importants. Les États-Unis étudient la construction de tankers de 100 000 tonnes (dont un de 106 000 tonnes pour l'armateur grec Niarchos). On estime les tankers en construction et en commande dans le monde entier à une vingtaine de millions de tonnes qui viendront s'ajouter à une flotte mondiale d'environ 2 700 navires pétroliers jaugeant près de 40 millions de tonnes. Répétons que les chiffres en fret pétrolier sont mouvants avec les nouvelles unités mises en service. A titre simplement comparatif, donnons des chiffres arrondis des flottes en présence : États-Unis, flotte pétrolière de 8 700 000 tonnes ; Grande-Bretagne : 7 500 000 t. ; Norvège : 5 900 000 t. ; France : 1 900 000 t. ; Italie : 1 800 000 t. ; Suède : 1 300 000 t. ; Pays-Bas : 1 100 000 t. ; Japon 100 000 t. Ensemble des autres pays : 4 500 000 tonnes.

Il convient de noter, en plus, le Libéria pour 3 400 000 t. et Panama pour 3 500 000 t. Ces deux pays ne possèdent pas la puissance économique de telles flottes, mais pour se procurer des sources de revenus, ils créèrent cette industrie de prêt de nationalité à des bateaux étrangers qui évite aux armateurs les cascades d'impôts des pays civilisés et surtout l'application des lois sociales grevant lourdement les navires naviguant honnêtement sous leurs véritables pavillons. Les navires « panaméens » et « libériens » sont appelés les « marche-ou-crève » et l'on estime les économies réalisées sur les équipages à 50 %. Lorsque M. Onassis prit pied à Monaco, on admit que l'arrière-pensée visait à un « pavillon monégasque » dans ce pays exempt d'impôts. On assure que le gouvernement français intervint... Au Maroc la zone tangéroise jouira d'un régime spécial avec un statut calqué sur celui de Monaco, (jeux internationaux « pavillon tangérois » semblable à ceux du Libéria et du Panama).

Ces pavillons spéciaux ne sont pas utilisés que par des « indépendants ». Certaines filiales de trusts pétroliers ne les dédaignent pas ; ils favorisent, dans les époques de marasme, « la guerre des frets »... que nous reverrons quand les commandes inconsidérées nées de circonstances non absolues embarrasseront les ports de tankers, peut-être à une époque où l'utilisation des navires pétroliers sera moins active soit par la réduction des temps de transport (si le pétrole vient du Sahara), soit par le remplacement du pétrole exotique par un pétrole européen, soit tout simplement parce que le pétrole sera supplanté par d'autres sources d'énergie.

Le tanker pose un problème commercial ; il n'est utilisable que pour un seul voyage « payant » pour un trajet qui comporte un aller et un retour alors qu'un cargo ou un paquebot font l'aller et le retour « payant ». Le tanker accomplit toujours un voyage à vide pour rien (mais qui est compris dans les frais généraux des armateurs), d'où cette recherche d'abattement des frais généraux. Remplissage et vidage du tanker sont automatiques et toujours perfectionnés pour aller de plus en plus vite afin d'éviter les « temps morts » du navire et surtout les droits de péage à quai dans les ports qui sont importants (des centaines de milliers de francs par jour suivant le tonnage) à tel point que certains cargos arrivant un samedi soir en vue d'un port préfèrent « faire des ronds dans l'eau » au large pendant 24 heures pour éviter une journée à quai un dimanche, jour où l'on ne décharge pas.

La propulsion par turbines à vapeur remplace peu à peu le Diesel dans les tankers à gros tonnages pour des raisons diverses allant de l'économie de l'entretien aux commodités d'action des pompes et des collecteurs de chargement et de déchargement. Les tankers bien outillés déchargent environ 4 000 mètres cubes à l'heure. Règle générale, on estime que « le débit de charge-ment horaire doit correspondre au huitième du chargement en lourd ». Sauf avarie, le navire pétrolier est calculé pour toujours naviguer avec le strict minimum d'heures d'escale.

Longtemps, la moyenne du tonnage des tankers oscilla autour de 18 000 tonnes. Jusqu'en 1950, on admettait que 36 000 tonnes serait une limite à ne pas dépasser à cause des tirants d'eau des ports d'embarquement et de débarquement. Le Havre annonce que d'ici quelques années, il pourra recevoir des pétroliers de 140 000 tonnes et la Grande-Bretagne se prépare à en accueillir de 100 000 tonnes par de nouveaux aménagements portuaires. Les commandes de pétroliers de 75 000 et 100 000 tonnes sont considérées comme des « folies » par certains techniciens, non au point de vue construction navale mais pour leur utilisation ; ils redoutent que le navire « casse » au moindre heurt ou durant une violente tempête. L'avenir nous dira ce qu'il penser de ces nouveaux géants des mers, puisque le japon construit une cale, près de Yokohama, pour des tankers de 130 000 tonnes (350 mètres de long et 65 de large).

Pour les curieux, précisons que l'affrètement d'un tanker de 20 000 tonnes coûtait 80 000 livres sterling (environ 80 millions) avant l'histoire de Suez ; il s'éleva à 120 000 livres après (120 millions) pour revenir ensuite à des cours plus raisonnables. Cet aperçu montre l'excellente rentabilité de la flotte pétrolière... pour l'instant !

La flotte pétrolière française ne pouvait assurer que 66 % du ravitaillement de la France en passant par Suez. Le passage par Le Cap réduit son efficacité de moitié puisque la longueur du trajet est double. La France, par son imprévoyance, en passant par Suez verse son bon argent (en devises) dans les caisses de l'Égypte qui vient en aide à l'agitation musulmane francophobe.

En plus de la concentration de ses fournisseurs dans le même quartier oriental, la France ne peut pas assurer son ravitaillement en pétrole par ses propres bateaux. Elle préféra subventionner un grand paquebot de luxe pendant que, par suite de la perte de l'Indochine, une société française vendait des paquebots de construction récente à la compagnie étrangère Italia et quatre cargos modernes au Lloyd Triestino. Simple à-côté du manque de réalisme de l'ensemble de l'économie française (dont la politique pétrolière), car les chantiers navals français construisent d'excellents tankers parmi les mieux étudiés du monde... mais pour le compte d'armateurs étrangers. Ajoutons que lorsque les personnalités parlent de la « flotte pétrolière française », ils oublient de spécifier qu'une partie appartient à des filiales de sociétés étrangères établies en France... De même pour les flottes fluviales. La plus forte flotte

pétrolière privée appartient à la Shell-Royal Dutch : elle
représente 20 % de la capacité mondiale des tankers (en 1957).
D'autres affirment que ce sont les États-Unis qui détiennent
ce record. Les chiffres varient suivant les pavillons utilisés.

Évoquer les transports pétroliers sans parler des
armateurs grecs serait une lacune. Il s'agit de la famille
Niarchos-Onassis en laquelle on voulut voir une romantique
concurrence mais qui, en réalité se complète admirablement.

La famille grecque eut le flair de la soif de pétrole du
monde et, sans se laisser influencer par les imposantes flottes
des pétroliers anglais et américains, elle se taille une place au
soleil, surtout grâce a un matériel plus moderne et aux pavillons
de complaisance, libérien en particulier.

M. Onassis, enrichi dans divers négoces en Amérique
du Sud créa la Limited States Petroleum Inc pour acheter des
T. 2 et des Victory-ship aux surplus américains. Ce fut le
départ de sa fortune pétrolière. Son beau-frère, Stavros
Niarchos, fonda l'American Overseas Tanker Corp. en
acquérant aussi des T. 2 et des Victory-ship aux mêmes
stocks. (Le beau-père de M. Onassis, M. Liveros, autre
armateur grec, « vaut » un million et demi de tonnes de cargos).
Cette spécialisation familiale permit la constitution d'une sorte
de pool grec après l'affaire de Suez... pour assurer au maximum
le ravitaillement de l'Europe occidentale et aussi essayer de
faire échec à un autre indépendant des transports pétroliers,
l'armateur américain D.K. Ludwig, qui fit lancer en août 1956
un pétrolier de 84 730 tonnes aux chantiers japonais de Kure.
La flotte Niarchos, à elle seule dépasse les 2 300 000 tonnes et
celle de M. Onassis s'approche de 2 millions de tonnes.

Cette armada permit à la famille grecque de tenir tête à
vingt compagnies pétrolières, aux protestations de dix pays, aux
douteux procès intentés par les U.S.A. en restitution de
bateaux, lorsque M. Onassis signa un contrat avec le roi

d'Arabie (pour le transport du pétrole arabien) en acceptant des clauses raciales dans son contrat et en ristournant 1 shilling et demi par tonne de pétrole transportée au roi d'Arabie. L'affaire de Suez atténua cette querelle car les tankers de la famille grecque étaient les bienvenus pour transporter le pétrole en doublant le Cap.

Lorsque les commandes de tankers en cours des deux beaux-frères seront livrées, leur flotte pétrolière disséminée sous différents pavillons sera en réalité la troisième du monde. A priori, il semble que M. Onassis ait prévu qu'un jour la majeure partie du pétrole du Moyen-Orient sera acheminée vers l'Extrême-Orient, donc plus besoin de limiter le tonnage des tankers pour leur permettre le passage par Suez...

Les chiffres donnés sont indicatifs seulement. Certains pays, comme les Etats-Unis, possèdent des réserves de tankers que l'on sortit de leur immobilité après Suez ; coût de leur remise en état 600 millions. Nous n'y attachons pas une importance particulière. Le seul fait auquel nous conservons une valeur certaine, c'est le chiffre du tonnage pétrolier français, insuffisant pour assurer le ravitaillement du pays.[43]

MANQUE DE TUYAUX POUR PIPE-LINES

En 1860, le général D : S. Karnes eut l'idée de substituer au transport du pétrole par barils (7 barils la tonne), le pipe-line (ligne de tuyaux) en se servant des déclivités naturelles du terrain. En s'inspirant de ce principe, Hutchinson proposa d'envoyer le pétrole par le même moyen,

---

[43] La *Shell* française, par la *Société maritime Shell*, contrôle environ 475 000 tonnes, dont 180 000 lui appartiennent en propre. La *British Petroleum*, par la *Société maritime des pétroles B.P.*, aura une flotte pétrolière de 245 000 t. en 1958. Sans compter la flotte de tankers modernes de l'*Esso Standard*, ni celle de la *Caltex* (*Société d'outre-mer de navigation pétrolière*), etc.

mais à toute distance en le refoulant mécaniquement. Après une lutte acharnée entre les transporteurs du pétrole par barils et par wagons-citernes, le pipe-line triompha finalement et conquit le monde.

Le pipe-line évite une nombreuse main-d'œuvre et permet un écoulement plus rapide des hydrocarbures liquides ou gazeux. La France construisit son premier pipe-line en 1923 pour relier les gisements de gaz naturels de Vaux-en-Bugey, dans l'Ain, à l'usine à gaz d'Ambérieu et aux verreries de Lagnieu. Ce pipe-line double (0,60 pour Ambérieu et 0,15 pour Lagnieu) était en tube d'acier laminé sans soudure, goudronné intérieurement et extérieurement et revêtu d'une enveloppe protectrice de jute asphaltée ; les assemblages étaient exécutés à la soudure auto-gène. Depuis, la technique évolua. Pour les gaz sulfurés de Lacq, on dut se livrer à plusieurs essais d'alliages d'acier pour éviter la rapide corrosion.

La France était participante à l'Iraq Petroleum (23,75 % moins 10 % de royaltie à la British Petroleum) et alors présente en Syrie comme puissance mandataire désignée par le traité de paix sous contrôle de la S.D.N., lorsqu'elle décida avec son associée britannique de traverser le désert de Syrie avec des pipe-lines pour amener le carburant iraqien sur la rive du mandat qu'elle contrôlait. En partant de Kirkuk, le puits-providence de l'Iraq (que les techniciens anglais ne voulaient pas forer alors que les techniciens français insistaient sur l'endroit), le pipe-line français et le pipe-line anglais sont parallèles jusqu'à Abdu-Kemal, (241 km), frontière iraquo-syrienne. Le tronçon français rejoint Tripoli (610 km), tandis que le tronçon anglais aboutit à Haïffa (748 km), en Palestine alors sous mandat britannique. Cet ensemble nécessita 102 000 tonnes (tonne anglaise : 1 016 kg) de tubes d'acier de 12 pouces 3/4 (0,325) et 16 000 tonnes de tubes de 10 pouces 3/4 (0,275). La France fournit 52 000 tonnes de tubes, la Grande-Bretagne 50 000, l'Allemagne 10 000 et les Etats-Unis 8 000. Telle fut la première réalisation en pipe-lines transdésertiques dans le Moyen-Orient.

Enfin, les derniers venus en Moyen-Orient, les Américains, soucieux d'éviter en partie le transport par le golfe Persique, n'hésitèrent pas à entreprendre un pipe-line de 1 800 km traversant toute la péninsule arabique et venant déboucher à Sidon au Liban, après avoir traversé l'Arabie Séoudite, la Jordanie, la Syrie et le Liban. On l'appelle le Tape-line. Comme tous les pipe-lines, le Tape-line est jalonné de stations de pompage servant au refoulement du pétrole brut. Chaque station de pompage nécessitant de la main-d'œuvre, des petits villages indigènes naquirent auprès de ces stations. Le pipe-line paie un droit de location annuel aux Etats qu'il traverse.

Aujourd'hui, des pipe-lines plus ou moins importants couvrent le monde. Les pays s'en servent comme moyen de transport des carburants liquides ou gazeux. (Une conduite d'eau est aussi un pipe-line). Pour les gisements des contrées désertiques, il est une nécessité absolue. Les commandes de tuyaux d'acier pour pipe-lines sont telles que l'on manque de pipe-lines... et les délais demandés par les usines sont trop longs pour espérer des constructions immédiates d'évacuation ou de distribution de pétrole.

Le pétrole du Moyen-Orient est donc évacuable par d'autres moyens que par la traversée du canal de Suez. Les Américains envisagent de doubler le Tape-line ; un pipe-line trans-israélien est en projet, un autre traversera peut-être la Turquie ! ! L'argent ne manque pas pour ces entreprises, reste le temps de la réalisation. Deux ans disent les uns, trois ans affirment les autres ! Mais le problème de la sécurité de l'acheminement du pétrole ne variera pas tellement puisque les sources pétrolières seront toujours entre les mains arabes. La solidarité musulmane peut déjouer les manœuvres de détournement des pipe-lines, par les dynamitages, les locations excessives, les nationalisations, comme nous l'avons vu en Syrie et au Liban. Il ne suffit donc plus de contrôler une source de pétrole lointaine, encore faut-il en assurer l'écoulement depuis le départ par des moyens propres, tankers en suffisance, sécurité des pipe-lines si un pays veut se constituer des ressources indépendantes d'énergie.

L'entente anglo-américaine pour des projets de pipe-lines Iraq-Méditerranée via la Turquie (23 mars 1957) et pour Iraq-Koweit, fit réfléchir les Arabes ; avec un opportunisme très musulman, l'Iraq, le Liban et la Jordanie décidèrent d'envisager un accord pour la protection des pipe-lines afin de ne pas effaroucher les capitaux étrangers dont ils vivent.

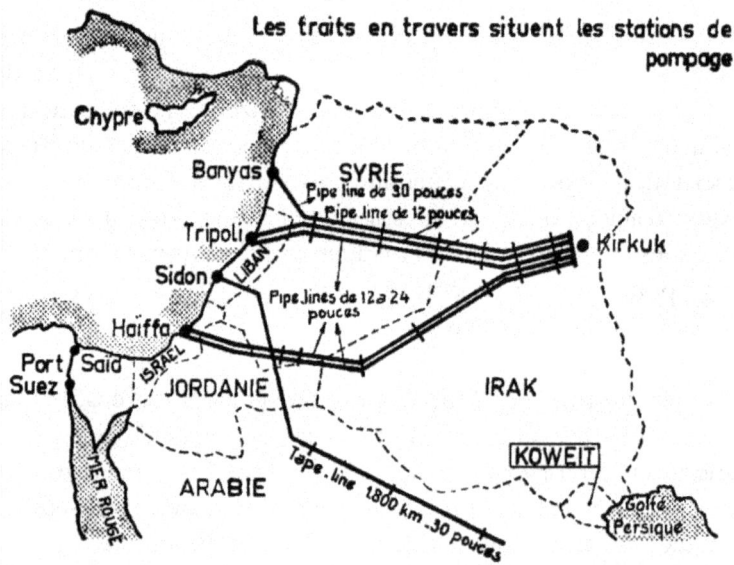

Comment est actuellement évacué en partie le pétrole d'Iraq et d'Arabie

V

LE PÉTROLE AFRICAIN LIBÉRERA-T-IL
L'EUROPE ?

« ...Pendant des dizaines d'années, vous avez — Anglais et Américains — étouffé nos puits coloniaux. Et quand le pétrole a jailli malgré toutes les embûches, vous avez décidé de nous expulser de ces territoires, de les rendre indépendants pour mieux les asservir... Ayant éliminé les colonialistes que nous sommes, vous arrivez en libérateurs d'abord, puis en financiers désintéressés (deuxième étape), enfin en conquérants du pétrole, but final... »

Pierre Dumas *(5 lettres aux Américains).*

Ce chapitre sera à la fois celui des regrets et des espoirs. Regrets que, depuis longtemps, la France et les pays d'Europe possédant des colonies aient refusé de mettre en valeur des gisements pétrolifères connus.[44] Espoirs que les événements politiques nés du deuxième conflit mondial ne deviennent pas un obstacle à la transformation de l'Afrique en réserve pétrolière affranchissant l'Europe des servitudes sans grandeur de l'Orient.

Une Afrique non pétrolière à la fin de la moitié du XXᵉ siècle est le grand mea culpa britannique et l'illustration de la mise en tutelle des gouvernements par Londres pendant un

---

[44] Bataille pour le pétrole français.

demi-siècle.[45] Un tel retard dans l'exploitation du sous-sol africain peut-il se rattraper en peu de temps dans une période d'évolutions internationales marchant à pas de géant ? Les menaces qui planent désormais en permanence sur le Moyen et le Proche-Orient, sur le canal de Suez, sont-elles capables de transformer le sursaut européen en un rush sur l'Afrique ?

La logique devrait permettre de répondre par l'affirmative. La connaissance des hommes s'occupant de ces questions, les intrigues des pétroliers, le peu de réalisme qui succéda à l'immobilisation de Suez, incitent à quelque réticence.

La presse proclama : « Le pétrole du Sahara sauvera l'Europe ! » Depuis trente ans, on savait qu'il existait en Afrique du Nord.

En 1956, deux tactiques s'opposaient. Les timorés s'indignèrent du bruit fait autour du pétrole saharien. « Les convoitises étrangères vont naître de tous côtés », répétaient-ils en levant les bras au ciel. Les autres, dont nous sommes, avaient la conviction que plus on ferait de publicité autour des gisements découverts, moins les étrangers auraient de chance d'aboutir dans leurs manœuvres ; on étouffe moins facilement un fait connu de l'opinion. Mais une partie de l'information se montra plus dévouée aux ordres des pétroliers qu'à ceux de l'intérêt général du pays. Quels journaux parlèrent en temps opportun (le 10 Mai 1957) du nouveau forage O.M.I. à 8 km du M.D.I. de Hassi Messaoud et du gaz de Hassi-R'mel ?

L'Afrique peut-elle dans un temps-record fournir à l'Europe les 80-100 millions de tonnes de pétrole qui lui sont et seront nécessaires, de façon à laisser se débrouiller les Américains avec leurs amis arabes et les Soviétiques dans le

---

[45] Idem.

Proche et Moyen-Orient ? Tout en s'affranchissant des zones dollar et sterling, l'Europe peut-elle éviter ainsi de mettre le doigt dans la machine de guerre qui se prépare en Orient ?

Tous les pays sérieux connaissaient les possibilités pétrolifères africaines. En 1943, les Allemands publièrent un document vraiment prophétique

« ...**Dans les possessions françaises d'Afrique, les Américains veulent également récolter ce que les autres ont semé. La France aurait certainement pu, si elle avait voulu, obtenir plus de pétrole. Il lui était en outre facile de le transporter à peu de frais dans la métropole et de l'y raffiner. Depuis 1912, l'Algérie produisait la misérable quantité de 300 tonnes par an. Au Maroc, en diverses régions, les puits donnaient un rendement insignifiant. Le plus important, foré près de Fès en 1937, produisait 3 000 tonnes en 1938.**

« **Nombreuses sont, en Afrique, les régions pétrolifères où le pétrole affleure et peut être extrait sans installations compliquées. En Angola, les nègres s'en servent couramment. On en connaît des champs sur la cote de Guinée, au Cameroun, au Congo. En Afrique du Sud, on en a découvert près de Port-Elisabeth ainsi que dans l'Etat libre d'Orange. On a effectué des prospections positives dans l'Afrique orientale portugaise et allemande, dans l'Ouganda et à Madagascar...**»[46]

---

[46] La Documentation hebdomadaire (1943, n° 48, page 11).

Les Allemands étaient bien renseignés, certains Français intimités aussi, mais le public n'avait pas le droit d'être mis au courant de ces richesses dormantes.

Nous ne fûmes pas surpris que, juste au moment des affaires de Suez compromettant le ravitaillement de la France en pétrole, on annonçât une succession de découvertes pétrolières françaises. C'est la règle du jeu en politique pétrolière. Quand les erreurs de régime deviennent hurlantes à l'évidence, quand l'opinion commence à s'émouvoir de l'imprévoyance concernant une source énergétique devenue indispensable, on sort le baume de l'espérance pour calmer les colères. L'Afrique étant une réserve des pétroliers britanniques et le Moyen-Orient donnant des inquiétudes, on permet à l'Afrique de libérer le liquide sécrété dans ses entrailles. Mais la Grande-Bretagne n'est plus seule à faire la loi pétrolière dans le monde. Les Américains prétendent avoir leur mot à dire. Et qui dit Américains dit Russes dans leur sillage pour tenter d'éviter la prise de nouvelles positions inéluctablement antisoviétiques.

Toute l'Afrique est pétrolière et nous l'avons répété depuis une trentaine d'années. Le mauvais génie de la France, feu l'Arménien Gulbenkian, lorsqu'il était associé aux pétroliers britanniques et homme écouté dans une puissante banque d'affaires israélite parisienne, persuada les gouvernements français que le pétrole, business anglais, ne les intéressait pas directement.[47] Docile, la France fit semblant de chercher le pétrole chez elle et dans son outre-mer en

---

[47] L'Entente cordiale franco-anglaise (1904) — qui fut avant tout l'entente des hommes d'affaires — a, historiquement, un aspect maléfique pour la France. M. Bardèche a écrit : « *Pour qui se donne la peine de réfléchir, les fossoyeurs de la grandeur française s'appellent Delcassé, Poincaré, Clémenceau. Mais qui sait aujourd'hui l'histoire de notre diplomatie ?...* » Essentiellement comme promoteurs et mainteneurs de l'alliance franco-anglaise.

donnant l'ordre de ne pas le trouver. La comédie dura un tiers de siècle.

Par sa formation géologique, le continent africain est sans doute la terre la plus prometteuse du monde. Peu prospecté, sous-peuplé, divisé en trop d'enclaves européennes, manquant de grandes voies transversales de communications pour favoriser les pénétrations économiques, ce continent n'a pas encore révélé ses véritables richesses. L'Afrique est, jusqu'à présent, chasse gardée de grandes sociétés coloniales (de toutes les nationalités) qui s'occupent d'un secteur déterminé propice à leurs affaires. Aucun plan d'ensemble.

Les Américains s'intéressent au continent noir dans plusieurs buts dont un bien déterminé : refouler les noirs américains sur la terre de leurs ancêtres quand la marée démographique noire sera prête à submerger l'élément américain blanc. Leur échec au Libéria leur servit de leçon. Pour donner des conditions de vie acceptables à des hommes de couleur habitués à la vie américaine, il convient de ne pas les lâcher dans un désert où tout est difficile faute de sources d'énergie. Le pétrole, et plus tard l'énergie nucléaire, sont donc nécessaires pour permettre la colonisation de l'Afrique par des noirs parlant l'américain. L'Afrique, future succursale des U.S.A., telle est l'origine du soudain intérêt de Washington pour un continent que l'Europe ne sut pas exploiter en temps voulu. C'est un procès qui n'a pas encore été ouvert.

Qui sait, dans le public français, que le pétrole a jailli en Angola (colonie portugaise) et a même donné lieu à une exportation de brut à bord du tanker S. Mamede en direction de la raffinerie de Lisbonne ? L'avenir du pétrole angolais est si prometteur que l'on va édifier une raffinerie à Mulemba.

En Nigéria britannique (Afrique occidentale), la Shell Bridait Petroleum Development C° of Nigeria, trouva du pétrole et du gaz près d'Afam ; il y a trois puits productifs.

La comédie du pétrole gabonais (Afrique équatoriale française) que nous suivons depuis 1930, parait cesser et le pétrole coule dans les réservoirs de Cap Lopez dont la capacité doit être portée à 60 000 tonnes. Les périmètres d'Ozouri et de Clairette s'annoncent comme l'embryon d'un vaste champ pétrolifère connu depuis 1928 dans cette partie d'Afrique.[48] Le premier chargement de pétrole gabonais n'arriva qu'en 1957 au Havre.

Le Cameroun commence à donner du gaz naturel et les indices de pétrole, repérés avant la guerre de 1914, sont nombreux.

Nous n'incriminons pas les prospecteurs manquant souvent de moyens matériels décents et parfois soumis à des ordres étranges. Nous ne stigmatisons qu'une politique générale devenue le grand handicap de l'Europe.

Le pétrole saharien était « pisté » depuis 30 ans !

Après le petit débit de Tliouanet, en Algérie, épuisé sans que l'on ait cherché à l'étendre, l'oued Guetirini (Société des pétroles d'Aumale) fut jusqu'en 1956, la seule exploitation algérienne à débit moyen, mais rentable. Encore demeure-t-elle l'exemple d'une mise en valeur uniquement due à l'initiative privée... depuis absorbée par moitié par une société d'Etat ; nul ne pouvait ignorer ce gisement puisque les suintements de surface étaient de tous — et de moi-même — depuis toujours connus.

Il y a certainement des champs pétrolifères en Algérie plus proches de la côte que le Sahara, ne serait-ce que dans la région de Mostaganem, mais on a décidé de faire jaillir le

---

[48] Le gisement de fer de Mekambo, au Gabon, serait le plus riche du monde.

pétrole dans les régions les plus éloignées des ports méditerranéens ! Alors voyons le pétrole saharien.

L'ancien magnat du pétrole britannique, feu Henri Deterding qui fut le grand maître de la Royal Dutch-Shell dit, il y a un quart de siècle : Nos géologues sont partout où existe une chance de succès.» Nous pouvons donc faire confiance à la richesse de l'Afrique du Nord et particulièrement à l'Algérie-Sahara.

Nous avons établi un bilan de ce drame,[49] mais lorsqu'aucun document de la diplomatie du pétrole n'existe et que l'on reconstitue tout à peu près soi-même, les renseignements recueillis et recoupés ne constituent jamais une somme absolument complète. Cent personnes qui s'ignorent possèdent une parcelle de cette vérité qu'elles gardent pensant que le sujet n'intéresse pas. Il faut que des ouvrages paraissent pour que quelques unes d'entre elles apportent spontanément un vieux dossier ou des faits personnels, c'est-à-dire un témoignage valable et authentique. Elles réalisent seulement à présent que c'est le destin de la France et de l'Europe qui se joue pour et par le pétrole. Car si les Français faisaient semblant de chercher le naphte en Afrique, des prospecteurs étrangers se livraient à des repérages plus méthodiques. Nous l'écrivîmes déjà, la politique des pétroliers — beaucoup plus sérieuse que celle des gouvernements — marche avec 25 ans d'avance sur le temps présent.

Les frères Estienne croyaient au Sahara comme moyen de communication entre l'Afrique blanche et l'Afrique noire. Alors que les sociétés maritimes (françaises et étrangères) coordonnaient leurs efforts pour faire échec, au parlement français, à la construction du « Transsaharien » qui leur aurait enlevé une partie du trafic voyageurs et du frêt de leurs navires,

---

[49] Cf. Bataille pour le pétrole français.

les frères Estienne parcouraient le Sahara. Ils utilisèrent les pistes des caravanes, établirent des parcours, reconnurent les terrains, les points d'eau. Cela jusqu'au Tchad et, reconnaissons-le, avec un sentiment réaliste très développé. Ce qui est normal lorsqu'on déploie des efforts physiques personnels en des pays assez hostiles aux roumis parcourus par des pillards. René Estienne trouva la mort dans une embuscade en conduisant un camion au col de Belkacem, entre Beni-Tadjit et Bou-Denib, en 1927. Georges Estienne, lieutenant d'aviation et chef de mission, continua l'ouvre de tracé des chemins sahariens (dont la création de Bidon V).

En 1934, un « Guide du tourisme automobile et aérien au Sahara » parut à Alger. Ce guide donnait la première description minutieuse (avec cartes) des coins sahariens les plus reculés indiquant une connaissance presque absolue d'un désert... ignoré partiellement de beaucoup de spécialistes. Une deuxième édition fut publiée en 1936, toujours magnifiquement documentée et d'autres suivirent. L'éditeur de ces guides qui continuent à faire autorité — et ils le méritent — est la S.A.F.P. Shell, d'Alger. Déjà à cette époque, les longues pistes que la France rendaient automobilisables grâce à un système développé d'hôtels sahariens, offraient des postes de ravitaillement d'essence. Des postes Shell, bien entendu.

Que pouvait représenter le bénéfice de l'essence vendue riens ces régions eu égard aux frais de reconnaissance, d'installation et de transport du carburant ? L'avenir, le tourisme saharien ? Peut-être ! N'importe, même en période normale, les pompes ne risquent pas d'être mises à sec par l'afflux des touristes. Jamais ces pistes ne connaîtront les agents pour régler la circulation, car à cette époque, les voyageurs préféraient déjà l'avion.

Pourtant, ce réseau Shell au Sahara représente un important travail :

« Les nouvelles missions que nous avons organisées » (préface du guide saharien Shell, 1936), cela signifie les techniciens, les photographes, les topographes, les spécialistes pour les installations de pompes et de cuves, etc. Les sociétés pétrolières seraient-elles devenues des entreprises à buts philanthropiques ? En terre française ? Et pourquoi davantage Shell que la Compagnie Française des Pétroles, société d'Etat à participations privées, dont ç'eut été le rôle « impérial » ? Autant de questions qui ne recevront jamais de réponses.

C'est alors que revint à notre mémoire la phrase de Henri Deterding :

« ...nos géologues sont partout où existe une chance de succès... »

Qui veut la fin, veut les moyens et rien ne sert d'argumenter devant les résultats.

La Compagnie des Pétroles d'Algérie, qui possède d'importants permis de recherches au Sahara est une compagnie anglo-française avec la majorité à la Royal Dutch-SheII (65 %).

La Compagnie de Recherches et d'exploitation de pétrole au Sahara (C.R.E.P.S.) est une société franco-anglaise dont la Royal Dutch-Shell possède 35 % du capital.

Cette alliance franco-anglaise en deux sociétés abuse un peu l'optique publique, mais 65 % d'un côté et 35 % de l'autre, cela fait 100 %, l'équivalent d'une société étrangère à part entière au Sahara. Nous avons le journal officiel d'Algérie sous les yeux, mais nous ne savons pas les raisons qui présidèrent « en haut lieu » à cette distribution de gâteau saharien à la Shell...

Sont-ce les noires combinaisons de la démocratie des ploutocrates ?

Nous ne sommes pas des chauvins qui pestons contre les participations étrangères à des mises en valeur que la France n'est pas capable d'édifier elle-même depuis quarante ans ! Nous nous élevons simplement contre cette exclusivité attribuée à la Shell, alors que les pétroliers étrangers des trusts se trouvent à la base de tous les déboires coloniaux de la France en commençant par la Syrie. Pour quelles raisons la Shell plus que la Standard américaine, la Mofag suisse et même que le Canada qui nous avait offert sa collaboration à des conditions que nous serions heureux de trouver dans les participations de la Shell au Sahara ?

Les relations pétrolières anglo-américaines plutôt mauvaises étant connues, il a suffi que les gouvernants français installent les Britanniques sur un coin de notre sol pour que les Américains accourent avec leurs dollars à semer la pagaye. Et quand les Américains se manifestent en dehors de chez eux, immédiatement les Soviétiques apparaissent avec non moins de célérité et leur communisme-chambard ! Alors, quels hommes politiques intervinrent pour ce savant dosage franco-britannique au Sahara qui ne trompe plus personne désormais ?

Quand les Américains arrachèrent 40 % des pétroles d'Iran à l'Anglo-Iranian C°, c'est-à-dire au gouvernement britannique lui-même, Londres fit une petite place à la France, soit, mais 6 %, ni 35, ni 65 % (heureusement pour nous d'ailleurs). Nous sommes assez indifférents à ces associations financières, nous nous insurgeons contre les maîtres de la France qui disposent d'un bien qui ne leur appartient pas pour des fins qui ne relèvent en rien de l'orthodoxie démocratique. A moins que l'on ait voulu récompenser le lointain zèle des obscurs prospecteurs touristiques anglais au Sahara ! Nous ne sommes pas contre le pétrole, nous nous élevons contre les esclavages des consciences qu'il engendre, contre les manœuvres à solutions inéluctablement belliqueuses qu'il développe.

La Compagnie de Recherches et d'Exploitation des Pétroles au Sahara (CREPS) est d'ailleurs un bon lot pour les Anglais ; sur un de ses périmètres, en bordure du Fezzan, le pétrole se manifeste avec turbulence à Edjelé et à Tiguentourine ; on l'évacuera vraisemblablement par la Libye. Le gaz naturel d'Aïn Berga (20 milliards de mètres cubes dit-on), est aussi sur un périmètre de la CREPS.

En Algérie-Sahara, il existe une dizaine de sociétés diverses. En principes à façades françaises. Les plus gros morceaux appartiennent à l'Etat français qui se constitue une sorte de monopole par les Sociétés d'Etat à participations privées que sont la Compagnie Française des Pétroles et la S.N. Repal, formant l'embryon d'une nationalisation de l'exploitation des pétroles. Il n'y a donc pas de combinaisons particulières possibles, c'est bien le gouvernement français qui installa les pétroliers britanniques au Sahara.

La Compagnie Française des Pétroles (80 % de majorité), créa la Compagnie Française des Pétroles (Algérie) qui s'associa en 1951, avec la S.N. Repal (créée en 1941 : gouvernement de l'Algérie 50 %, Bureau de Recherche de Pétrole (organisme officiel) 48 %, Cofirep 2 %). Ces deux sociétés ont des permis de recherches qui s'interpénètrent ; en principe, chacune travaille pour son compte sur ses périmètres, mais elles partagent par moitié les frais ainsi que les profits en cas de succès. Par exemple, c'est un forage Repal sur le périmètre CFPA qui permit au pétrole de jaillir à Hassi-Messaoud.

Ces deux sociétés s'annexèrent une chasse gardée de 320 000 km carrés au départ. Nous pensons que c'est beaucoup trop pour une prospection systématique et rapide. Lorsqu'on est pressé de trouver du pétrole, il est plus efficace de réduire les périmètres de recherches et de favoriser la concurrence. Thèse exactement contraire soutenue par le sénateur Marius Moutet. (socialiste SFIO) lors de la discussion de « l'entité Sahara » qui préconisa la réunion des recherches sahariennes dans le moins possible de mains. Sans doute pour mieux les contrôler et les diriger à sa guise ? La méthode recommandée a fait ses preuves. La S.N. Repal, qui existe depuis 1941, à part sa participation dans l'entreprise privée de l'Oued Guéterini, peut-elle offrir des résultats pratiques jusqu'en 1955, c'est-à-dire en quatorze ans ? N'était-elle pas à peu près seule maîtresse du terrain ?

Il convenait de jeter vingt-cinq sociétés sur le Sahara : les Canadiens, les Suisses, les Belges, les Allemands, les Suédois n'eussent pas demandé mieux que de se lancer dans la prospection, même à 49 % de participation contre 51 % à la France en cas de succès. Si l'Etat français prétend être le maître de tout c'est que le pétrole réuni sous la même férule — vu le régime — soumise à des impératifs politiques, devient un trust intérieur, une « affaire » de tout premier ordre que des gouvernants pourraient ne pas manier obligatoirement au mieux des intérêts nationaux.

Nous connaissons la nocivité du pétrole, on a vu jusqu'où elle pouvait aller au Département d'Etat de Washington ; son satellicisme rigoureux à une économie mondiale est dangereux tant que nous manquerons de Spartiates. Nous sommes pour un trust national du pétrole simplement contrôlé par l'Etat, mais en dehors des influences administratives et politiques. Sinon, ce trust d'Etat ne sera jamais qu'une force au service des pétroliers anglais ou américains ou soviétiques suivant le vent politique du moment. Sans compter les combinaisons particulières.

Ces questions sont aussi importantes que la découverte du pétrole. La plupart des pays qui extraient du pétrole ne sont pas les maîtres chez eux,[50] ils doivent passer sous les fourches caudines des sociétés anglaises et américaines. Le pétrole français entre des mains politiques françaises ne donnera jamais qu'une France genre Venezuela ou Iran ; il y a trop de précédents... qui ne s'arrêtent d'ailleurs pas au pétrole. Or, les premiers financiers de ces recherches sont d'abord les contribuables qui ne savent pas se servir de leur droit de vote.

Le Sahara prospecté intensivement deviendra certainement un second Moyen-Orient. Ne nous illusionnons pas trop quand même, le pétrole saharien concurrent de l'Arabie et sous contrôle français n'est pas une réalité pour demain, à la fois pour des raisons techniques et politiques.

MANQUE DE SPÉCIALISTES ET DE MATÉRIEL

La France manque de spécialistes (il lui en faudrait 15 000 de plus) ; elle manque de matériel de prospection ; elle manque de tubes pour établir les pipe-lines et permettre d'évacuer le carburant.

Une politique du pétrole est une œuvre d'envergure qui ne s'improvise pas. L'U.R.S.S. dut mettre bout à bout six plans quinquennaux pour obtenir un résultat tangible. Au Koweit, pour produire une soixantaine de millions de tonnes, il y a CENT QUATRE-VINGT CINQ PUITS. Écoutons un technicien du gisement d'Hassi-Messaoud, au sud d'Ouargla, évalué à un milliard de tonnes :

« ..Si nous travaillons avec les moyens actuels, pour forer cent puits avec un seul appareil de forage, il nous faudra trente ans. Dites bien en France que nous manquons de matériel et de spécialistes. Ne le dites pas, criez-le ! C'est un

---

[50] Les U.S.A. contrôlent 67 % de la production pétrolière du Venezuela.

véritable S.O.S. que nous lançons au pays. A l'heure où nous touchons peut-être aux découvertes qui referont de la France une grande puissance économique. Oui, monsieur, un S.O.S...»[51]

Cet appel d'un monsieur qui se trouve sur le tas vaut mieux que lcs conférences de presse d'Alger et les déclarations officielles. Nous connaissons assez bien les lieux pour savoir ce qu'est un mirage. Nous n'obtiendrons pas d'efficacité rapidement s'il n'y a pas une véritable mobilisation industrielle pour envoyer ce que les techniciens demandent dans le désert.

Il est à redouter que les cadres administratifs du pétrole soient moins impatients que les prospecteurs et l'intérêt national.

En commentant les résultats de Hassi Messaoud, un des dirigeants de la société déclara, à Alger, que le plan établi avait prévu cinq années pour débroussailler le terrain. Quelques jours après un ministre dit que « dans dix ans le Sahara donnera QUATRE millions de tonnes à la France».[52]

On croit rêver !

Personne ne paraît pressé en cette période d'extrême urgence ! Le monde tremble, l'économie risque en permanence une catastrophe, la France reçoit des brimades ou subit des

---

[51] *L'Auto-Journal* (15 décembre 1956).
En février 1957, une personnalité de la S.N.P.A. déclara, après la découverte du gisement de pétrole de Poumon (Landes) : « *Nous me nous arrêterons pas là, s'il le faut, nous irons chercher le matériel en Allemagne, en Italie...* ».

[52] Quelques mois après (avril 1957), les mêmes hommes politiques parlèrent de 10 millions de tonnes en 1960... Ce jonglage de chiffres — besoins de la politique interne — en dit long sur le sérieux d'un plan et sur la compétence des politiciens en matière pétrolière.

chantages pour le pétrole et l'on promet quatre millions de tonnes de naphte qui coule déjà dans dix ans ! Bien que la situation géographique ne soit pas la même, notons que, de 0 en 1950, le Koweit passa à 60 millions de tonnes en six ans et le Qatar de 0 à 6 millions de tonnes dans le même laps de temps.

Nous citons le Qatar parce que la Compagnie Française des Pétroles est associée dans l'affaire ; elle possède donc une certaine expérience qui doit s'ajouter à ses plus de trente ans d'existence et à sa collaboration avec la Shell dans plusieurs affaires du Moyen-Orient. Donc pas de balbutiements à redouter comme nous pourrions l'appréhender de cette autre société d'Etat, la S.N. Repal, cherchant pendant 14 ans sans rien trouver.

Outre les structures géologiques, le pétrole saharien (et métropolitain) possède aussi une structure bureaucratique. L'Etat français s'occupe de pétrole depuis 1925 avec l'Office National des combustibles liquides. Ensuite, il créa : en 1937, le Centre des Recherches des Pétroles du Midi ; en 1939, la Régie Autonome du pétrole ; en 1945, le Bureau de Recherche de Pétrole ; sans compter la Société Nationale des Pétroles d'Aquitaine (1941 majorité de l'Etat 54 %), la Société Nationale des Pétroles du Languedoc méditerranéen (1945, transformée) ; la Compagnie Française des pétroles fut formée par Raymond Poincaré et la Société Nationale des Recherches de pétrole en Algérie (S.N. S.N. Repal).

L'Etat français, qui s'occupe depuis plus de trente ans de la question pétrolière, manque de techniciens et de matériel ! Il se pourrait qu'il créât des organismes supplémentaires pour obvier à ces lacunes. Lorsque l'Etat se charge d'une entreprise sérieuse (voir reconstruction), il ne faut pas croire au miracle sur le résultat prochain, pétrole du Sahara y compris. Car le Sahara secrète encore des poches de gaz naturel, du fer, du manganèse, du cuivre, de l'uranium (Tibesti et Hoggar) ! En l'état d'esprit actuel qui préside à ces multiples services et organismes où la logique ne prime pas le règlement, une seule solution : laisser libre cours à l'initiative privée sans l'entraver dans la bureaucratie, en la contrôlant par des participations le cas échéant. Les équipes de prospecteurs sont pleines de foi et de fougue, elles croient à ce qu'elles entreprennent ; elles valent mieux que cette inertie par manque de personnel et de matériel qu'elles réclament en S.O.S. et qu'en trente ans et même en dix ans les organismes officiels ne surent pas prévoir.

Il y a encore, une autre Société Nationale de... matériel pour la recherche et l'exploitation du pétrole (S.N. Marep) ! Tout a été prévu, résultat, on manque de matériel. Nous signalâmes la turbo-foreuse soviétique, matériel rapide, réalisant en un mois des travaux qui demandaient trois ou six mois à l'ancien matériel. Ce matériel existe en France, fabriqué en France et tout le monde le sait, puisqu'en août 1956, pendant trois jours, les journaux parlèrent des plans de cette turbo-foreuse volés dans l'usine de Grenoble. Cette turbo-foreuse n'a rien à envier à sa sœur soviétique ; les ingénieurs qui l'emploient en sont très satisfaits, elle tourna dix jours sans arrêt perforant environ 700 mètres... en Hollande... Pour toutes les prospections en France et dans l'Union française on affirme qu'il n'y a que 77 appareils (12 seulement de plus qu'en 1956) dont la plupart ne relèvent pas des plus récents modèles.[53]

Le centre saharien est éloigné de la mer. Une exploitation pétrolière à l'intérieur des terres ne se conçoit plus sans pipeline. (Il y a 500 000 kilomètres de pipe-lines aux États-Unis).

L'Europe n'est pas capable de fournir, dans un temps record, des tuyaux pour le pétrole saharien. Ni Londres, ni

---

[53] Chaque année, on annonce des kilométrages importants de sondages pour justifier une fébrile activité et sans doute des prix de revient. Que ce soit en France ou à l'étranger, nous sommes sceptiques sur ces chiffres eu égard au nombre d'appareils employés et à la lenteur des forages avec le vieux matériel.

Paris ne sont pourvus en devises étrangères et surtout en dollars.

Bref, complications nouvelles de ce côté si l'industrie nationale ou européenne ne peut les fabriquer.

Pour le pétrole saharien, celui d'Edjelé en particulier, le problème est formel : pas de pétrole sans pipe-line. Pour Hassi-Messaoud, on envisage un transbordement ; un pipe-line relierait le gisement à Touggourt où il serait chargé dans des wagons-citernes du chemin à voie normale, puisque de Biskra à Touggourt, il n'y a qu'une voie étroite que l'on élargit. Ce transbordement doit être provisoire en attendant la pose d'un pipe-line.

Enfin, à défaut de matériel spécialisé, on a décidé (mai 1957) de construire la « route du pétrole » reliant Ouargla à Fort-Flatters, c'est-à-dire les gisements de Hassi Messaoud à ceux d'Édjelé (540 kilomètres, évaluation : 3 milliards de francs et quinze mois pour la durée des travaux).

Ici, intervient le problème politique du pétrole saharien.

LE PROBLÈME DU PÉTROLE SAHARIEN EST, POUR 50 %, POLITIQUE

Le Moyen-Orient nous indique qu'il ne suffit pas de contrôler l'exploitation pour être maître d'un pétrole brut qui s'écoule par pipe-line. La mauvaise humeur du Liban qui nationalisa le pipe-line, l'hostilité des Syriens et des Jordaniens qui sabotèrent les stations de pompage et les tuyaux démontrèrent qu'aucun exploitant pétrolier n'est désormais à l'abri du chantage ou de l'esprit belliqueux des Etna arabes traversés par les pipe-lines.

Si la France se trouvait encore en Afrique du Nord dans la position qu'elle occupait avant la guerre, aucune question ne se poserait. Le pétrole d'Édjelé doit s'écouler par la côte de Libye ou dans le golfe de Gabès (Tunisie). Le chemin le plus court pour le naphte de Hassi Messaoud est aussi le golfe de Gabès. L'attitude nettement inamicale de la Libye, l'indépendance de la Tunisie se traduisant par une adversité déclarée pour aider les rebelles algériens, incitent à repenser les solutions les plus rapides et les moins coûteuses.

L'évacuation du pétrole de Hassi Messaoud par pipe-line et wagons-citernes n'est que provisoire ; il restera à relier les puits sahariens par pipe-lines à la côte algérienne, soit à Bône, Bougie ou Alger. La longueur du pipe-line (environ 600-700 km suivant le point choisi), les montagnes à escalader, toutes ces difficultés furent vaincues par d'autres. La question la plus importante est l'insécurité des régions traversées puisqu'on ne peut disposer une sentinelle tous les cinquante mètres le long du tuyau.

Dilemme : si la France reste en Algérie, il faut craindre une sourde hostilité se manifestant par des sabotages contre le pipe-line ; si la France abandonne le pays, son pipe-line traversera un pays arabe qui peut s'en servir comme moyen de pression ou de chantage, surtout s'il sait que la vie économique de la métropole en dépend.

La reconnaissance n'existe pas dans la métaphysique coranique : la Syrie, ancien mandat français, la Tunisie et le Maroc, rendus indépendants par la France, donnent, par leur attitude, des précédents sur ce que nous devons attendre d'un futur Etat Algérien. Le problème est ardu.

Le personnel et le matériel manquent, mais aussi une politique musulmane cohérente ; le pétrole c'est tout à la fois. L'autonomie interne (Tunis et Rabat ne demandaient que cela) eut permis d'aligner l'Algérie (au pis aller) sur ce modèle et la

France gardait le contrôle du pétrole saharien. Les nouveaux incidents au Sahara occidental (Mauritanie), de février 1957, revendiqué par le Maroc, montrent que les aventures ne sont pas terminées. Le Sahara occidental (la plus importante mine de fer du monde à ciel ouvert évaluée à plusieurs milliards de tonnes, le cuivre et le pétrole), n'appartint jamais au Maroc mais intéressa toujours les Américains à cause de sa proximité du versant atlantique. Fin janvier 1957, le gouvernement français refusa de rendre publique une importante affaire d'espionnage au Sahara dans laquelle étaient impliqués des étrangers. A la veille de la session de la fameuse séance de l'O.N.U. sur la question algérienne, ce silence aida peut-être quelque retournement de jugement en faveur de la France. Malheureusement, on sait que les petits incidents de ce genre n'arrêtent pas les grands desseins et la question politique des pipe-lines sahariens demeure entière.

La France n'est plus seule à se passionner pour que le pétrole saharien devienne une réalité. La Grande-Bretagne s'y intéresse aussi depuis que le canal de Suez lui parait une voie pleine d'embûches. Un spécialiste de ces problèmes, M. Graham Cawthorne (Sunday Times, décembre 1956) est animé d'un réalisme voisin du nôtre qu'il exprime en ces termes :

« ...Ce qu'il faudrait au plus tôt, ce sont des propositions de la part des entreprises spécialisées anglaises, françaises, allemandes, italiennes et peut-être aussi américaines, afin d'exécuter en pool et dans un temps record le grand travail que sera la pose du pipe-line entre la région pétrolifère algérienne et la côte. Un pipe-line de 30 pouces (76,2 cm) du genre de celui pour amener le pétrole iraquien jusqu'à la Méditerranée, pourrait être posé sur 650 km. en moins de deux ans. Si cette construction était conduite à toute vitesse sur la base d'un programme d'urgence, sa durée pourrait être réduite de moitié.

« Entre la mer et le nouveau bassin pétrolifère algérien, il y a des montagnes, mais au Canada on a posé un pipe-line par-dessus les Montagnes Rocheuses, ce qui montre bien qu'il n'y a pas d'obstacle insurmontable.

« Un autre itinéraire vers la côte pourrait emprunter la Tunisie bien que là, le pipe-line cesserait d'être sous contrôle direct français. Les Français pourraient toujours payer les droits normaux de transit au gouvernement tunisien. En ce cas, le danger principal serait le sabotage.

« Une priorité gouvernementale pourrait être nécessaire en Angleterre pour allouer des tuyaux de pipe-lines à cette entreprise, car ils sont rares... Les perspectives de livraisons anglaises d'autre outillage : pompes, derricks, etc, pour les exploitations pétrolières sont meilleures car les livraisons sont rapides ici... ».

M. Graham Cawthorn parait aussi fébrile que nous de voir couler le pétrole saharien ; il n'a plus guère confiance dans la sécurité permanente du canal de Suez, ni dans les pipe-lines traversant les pays arabes. Il note :

« On s'attend à ce que la situation du Moyen-Orient reste difficile et explosive pendant plusieurs années a, et traduit notre propre sentiment :

« Les découvertes de pétrole en Algérie ouvrent à l'Europe la possibilité d'être plus tard complètement indépendante des sources d'approvisionnement du Moyen-Orient et des États-Unis. C'est, en puissance, la plus grande chose qui s'est produite depuis la dernière guerre en Europe... Cette grande découverte française est un coup au corps porté à Nasser. Elle pourrait le culbuter... »

Nous ajouterons que ceux qui ont intérêt à la servitude de l'Europe occidentale le savent et activent leur aide aux rebelles algériens par l'intermédiaire du Maroc et de la Tunisie.

Les pipe-lines pour permettre aux pétroles sahariens de s'écouler nécessiteront donc des efforts et des délais particuliers. On le clame aux Français sur tous les tons. Alors regardons ce qui se passe en Iran.

L'Iran, l'un des géants producteurs de pétrole et possesseur d'une des plus grandes raffineries du monde à Abadan, se contentait d'une ligne de chemin de fer à voie unique pour ravitailler ses grands centres en produits pétroliers. En 1956, on décida de construire un pipe-line transiranien (1200 km) pour amener les produits pétroliers à Téhéran et à Ispahan. Les entreprises britanniques se chargèrent de la construction de la partie sud, tandis que l'exécution des deux branches nord étaient confiées à l'entreprise française. Les Iraniens ne tarissent pas d'éloges sur le travail des Français qui réalisèrent le premier tronçon Azna-Téhéran (340 km) — terminé en janvier 1957 — « dans le délai record de cinq mois » ; le second tronçon (240 km) est prévu 'pour la fin de 1957... Pendant ce temps, on élargit la voie ferrée Touggourt-Biskra pour permettre l'évacuation du pétrole de Hassi Messaoud par l'antique moyen des wagons-citernes.

Quel parallèle pouvons-nous fournir ? En Iran, 94 % des pétroles sont aux anglo-américains et 6 % aux Français ; à Hassi Messaoud, 100 % français (enfin jusqu'à présent) ; à Edjelé, dont le pétrole s'écoulera à travers la Libye francophobe, 65 % français et 35 % anglais... jusqu'à présent encore !

Nous ajouterons un petit détail. Dans « Bataille pour le pétrole français » nous signalâmes l'anomalie d'une absence de raffinerie de pétrole en Algérie qui pouvait devenir un centre distributeur africain de produits pétroliers finis. Or, M. de Léotard, député, posa une question écrite (n° 5945, mars

1957) au Secrétaire d'Etat à l'industrie pour lui demander s'il était exact que le projet de construction d'une raffinerie en Algérie ait été abandonné « à la suite d'un accord secret conclu avec les grandes sociétés américaines interdisant la construction de, raffineries en Afrique française ». Assez étrange puisque dans les buts de l'» emprunt Sahara » de 250 milliards, on relève le projet de construction d'une raffinerie « pour traiter le brut saharien d'une capacité de 2 millions de tonnes par an alors qu'on espère extraire 10 millions de tonnes en 1960 ! Pourquoi faire appel au crédit public pour construire une raffinerie, alors que les capitaux ne manquent pas pour l'opération pétrolière lu plus payante ? Et qui raffinera la différence puisque les raffineries françaises de la C.F.P. s'avouèrent incapables de traiter toute leur part de brut venant du Moyen-Orient au point d'en envoyer une partie dans une raffinerie britannique ? Ne prévoit-on pas une charrue avant les bœufs en ne songeant pas dès maintenant et en France à monter une raffinerie de grande capacité ?

Il y a aussi « l'Armée de Libération Marocaine » dont certains éléments échapperaient (plus ou moins volontairement) à l'autorité du Sultan du Maroc et M. Jacques Poillot nous parla (avril 1957) : « des convoitises d'une importante société pétrolière américaine, la Caltex, évincée jusqu'à présent par la Shell des prospections sahariennes » et de « ...la région de Tindouf présumée pétrolifère et convoitée par la Caltex, au Maroc ». Le même auteur soulève un coin du voile du drame marocain lorsqu'il écrit :

« les premiers contacts entre la Caltex et S.M. Mohammed V remontent à 1953, c'est-à-dire avant la déposition de ce dernier par le Glaoui à qui la Shell venait alors de faire des ouvertures qui avaient, semble-t-il, reçu un accueil favorable ». Ce qui pourrait expliquer — en partie — la mésaventure des fils du Glaoui arrêtés sur l'ordre du sultan malgré les assurances jadis données.

Ce n'est pas encore tout. L'Espagne qui joua un rôle si actif dans le soutien des rebellions nord-africaines et qui ne déploya jamais aucun effort dans ses enclaves sahariennes de l'Ifni et au Rio de Oro est attirée par le pétrole saharien. Le prince héritier, Moulay Hassan, eut des conversations à ce sujet avec le gouvernement espagnol pendant son voyage à Madrid et un accord serait intervenu. On assure même que « le diplomate américain M. Herbert Hoover junior s'y serait personnellement intéressé et, pour obtenir l'appui des puissants groupes économiques qu'il représente, on aurait offert à ceux-ci la direction de l'industrie espagnole du pétrole. » Rappelons que les Américains construisent un gigantesque pipe-line traversant l'Espagne du Sud-est au nord-ouest.

Tout cela nous cause beaucoup d'appréhensions pour la pérennité de l'avenir français du pétrole algéro-saharien.

LES AMÉRICAINS ET LE SAHARA

La France pourra-t-elle exploiter le pétrole algéro-saharien comme elle l'entend ?

Ému par des articles et des discours qui ne plaidaient pas en faveur de l'amitié américaine, l'ex-ambassadeur des États-Unis à Paris, M. Dillon, publia un communiqué, le 29 décembre 1956, déclarant que les sociétés américaines ne soutenaient pas les rebelles algériens et que le gouvernement français lui en avait donné par écrit la confirmation.

Malheureusement pour la crédibilité publique de cette affirmation, M. Guy Mollet, président du Conseil, avait déclaré huit jours auparavant en pleine assemblée nationale que le chantage au pétrole existait... et, ni lui, ni le ministre des Affaires Étrangères, ne retirèrent leurs précédentes allusions directes aux ingérences américaines en Afrique du Nord. Pas plus que l'ambassadeur ne s'inscrivit en faux contre la note du Foreign Office, du 5 octobre 1955, accusant les Américains de l'Aramco d'armer des tribus arabiennes pour les lancer contre l'oasis de Buraïmi périmètre pétrolifère anglo-français dans le sud-est de la péninsule arabique. Puis, pourquoi nier que le gouvernement français possède des preuves d'interventions américaines (et soviétiques) dans les troubles nord-africains?

Une dizaine d'organes français publièrent sous une forme particulière à chacun cette information que nous extrayons de Dimanche-Matin (de Paris, car il y en a un autre à Alger) : *«... La compagnie américaine Aramco a versé un demi-milliard de francs aux fellagha en échange certifié du monopole des pétroles en Algérie et au Sahara. Dans les papiers des chefs rebelles arrêtés, on n'a pas seulement découvert les contrats de l'Aramco — véritable pacte d'assassinat — on a découvert aussi l'activité officielle du Département d'Etat qui envisage une république algérienne anti-française...»*

Aucun de la dizaine de journaux français qui publièrent cette information ne furent poursuivis, ni même démentis par les autorités françaises. Pour la bonne raison que c'était le secret de polichinelle. L'hebdomadaire Carrefour et quelques rares autres ajoutèrent que des personnalités américaines étaient intervenues auprès de M. Vincent Auriol, ancien président de la République, afin qu'il agisse pour empêcher la publication de ces documents. Une fois de plus, pas une des personnalités mises en cause n'infirmèrent l'information.

Après M. Fouques-Duparc, maire d'Oran, qui tint une conférence en Algérie en relatant les faits ci-dessus, M. Raymond Dronne, député de la Sarthe, écrivit (1er janvier 1957) :

«...Pour les pétroliers qui ne sont pas seulement influents auprès des roitelets arabes, Nasser est une véritable providence et l'aventure de Suez une affaire lucrative.

Les pétroliers américains n'intriguent pas seulement dans le Moyen-Orient, ils intriguent partout où la terre laisse échapper une odeur de pétrole.

Ils ont poussé à l'éviction la France du Fezzan parce que les prospections géologiques ont décelé dans des territoires désertiques d'immenses possibilités.

Ils intriguent contre la France en Afrique du Nord parce que le Sahara renferme, lui aussi, du pétrole. Ils étaient entrés en contact avec Ben Bella, chef de la rébellion algérienne, qui avait à l'avance partagée l'Algérie entre six concessions américaines. Une compagnie au moins, avait poussé la confiance en l'avenir jusqu'à avancer des sommes importantes à Ben Bella... »[54]

Telle est la réponse publique d'un parlementaire français au démenti de l'ambassadeur Dillon. Et tout le monde s'est tu.

Regrettons seulement que M. Dronne n'ait pas tenu le même langage en séance publique à l'Assemblée Nationale...

Mais nous avons encore mieux. Il s'agit d'un document américain, une dépêche United Press, de Washington, en date du 5 février 1957 :

*« Entendu par les commissions sénatoriales des affaires étrangères et des forces armées au sujet de la « doctrine Eisenhower », M. Hamilton Fish, ancien député républicain à la Chambre des Représentants, a recommandé l'ouverture d'une enquête sur l'activité de l'*Aramco *(American-Arabian Oil C°) dans le Moyen-Orient et les autres pays arabes.*

---

[54] *L'Africain* (1er janvier 1957).

Il semble malheureusement, a déclaré M. Hamilton Fish, que cette compagnie « mine le prestige des États-Unis et détériore les relations avec les nations amies au mépris des lois « existantes. »

L'ancien député américain a notamment fait allusion à la découverte par les autorités françaises, lors de l'arrestation de Ben Bella et de quatre autres leaders du F.L.N., de documents prouvant que l'Aramco (qui regroupe la Standard Oil et la Texas Company), a lourdement contribué à l'exacerbation du soulèvement arabe en Algérie.

La déclaration de M. Hamilton Fish a été on ne peut plus énergique :

On sait maintenant que les Français ont découvert un vaste gisement de pétrole à 650 km au sud d'Alger, dans le désert du Sahara. Il semble que l'Aramco ait cru qu'elle traiterait plus avantageusement avec les Arabes qu'avec la France...

Imaginez l'indignation, la colère et l'amertume des autorités françaises lorsqu'elles découvrirent la preuve que l'argent de la Standard Oil servait à animer la guerre civile et la révolte contre la France au prix du massacre de civils français et de membres de ses forces armées.

Ces documents ont été montrés à l'ambassadeur Dillon, à Paris, qui, naturellement[55] fut stupéfait et muet de surprise ; « on ajoute qu'il s'envola immédiatement à Washington pour y faire un rapport. »

---

[55] Nous ne sommes pas certains que l'ambassadeur ait été « stupéfait » ; depuis 1951, nous n'avons cessé de dénoncer publiquement le fait.

« Je vous soumets cette information de bonne foi en comprenant que vous avez le pouvoir de citer des témoins et de collecter tous les faits concernant cette stupéfiante, dangereuse et extraordinaire diplomatie du pétrole et du dollar. »[56]

« JE SUIS CERTAIN QU'AUCUN INDIVIDU NE POURRA BRISER LE RIDEAU DE FER DE SECRET DU DEPARTEMENT D'ETAT, PAS PLUS QUE LA CONSPIRATION DU SILENCE DES COMPAGNIES PETROLIERES, MAIS VOS COMMISSIONS SENATORIALES ONT LE POUVOIR DE LA FAIRE. »

« Le peuple américain a aussi le droit de connaître les faits et d'être protégé contre l'envoi de ses fils dans le Moyen-Orient pour livrer les combats de la Standard Oil *et des « grandes compagnies pétrolières américaines. Je ne sacrifierais pas la vie d'un seul soldat américain pour tout de pétrole d'Arabie. Je travaille moi-même dans le pétrole et crois que « c'est un métier honnête, mais je ne voudrais pas que mon fils ou d'autres enfants américains soient envoyés combattre et mourir pour l'*Aramco *ou tout autre monopole pétrolier. »*

Voilà un Américain avec lequel nous sommes prêts à nous entendre !

Encore qu'il ait attendu bien tard pour s'émouvoir.[57]

---

[56] Ces qualificatifs indiquent que le public américain est, comme le public français, tenu dans l'ignorance des dessous politiques et diplomatiques du pétrole.

[57] Pendant la discussion au Sénat américain de la doctrine Eisenhower pour le Moyen-Orient :
« Il faut noter, parmi les celtiques les plus vigoureuses de l'opposition, l'intervention du sénateur démocrate Neely, de la Virginie-Occidentale. Déposant devant la commission judiciaire du Sénat, il accusa M. Coleman, président de la commission

M. Hamilton Fish ne se fait pas trop d'illusions sur « la commission d'enquête » qu'il réclame. Toutes les démocraties se ressemblent lorsqu'il s'agit d'atteindre les complicités parlementaires. Nous ne croyons donc pas que l'intervention de M. Fish aboutisse à des conclusions officielles dans un pays à « impératif » pétrolier certain. Tout au plus, dans la crainte d'un scandale international, le Département d'Etat consentit-il à un revirement de sa politique à l'O.N.U. pendant la discussion de la question algérienne et à accepter la visite du président du conseil français à Washington. C'est déjà un résultat. A chacun son tour de s'essayer dans les exercices de chant. C'est la loi de la jungle... et le triomphe de l'immoralité mondiale base de l'instabilité de la paix.

Maintenant nous savons pour quelles raisons exactes nous nous battîmes en Tunisie et au Maroc et pour quelles autres raisons une simple révolte de quelques centaines

---

d'urgence du pétrole (M.E.E.C.), d'être à la fois un représentant du gouvernement et celui des grandes compagnies pétrolières, d'abord comme un des directeurs de l'Aramco, aujourd'hui comme vice-président de la Standard Oil of New Jersey. Il accusa aussi le secrétaire du Trésor, M. Humphrey, d'avoir gardé les actions qu'il possède dans la Standard Oil. En fait, les liens entre le « big business » et la direction des affaires publiques ont toujours été parfaitement admis ici, et la protestation de M. Neely fera long feu.

« Le journaliste Drew Pearson en profite pour rappeler que le cabinet d'avocat de M. Foster Dulles (tout comme celui de M. Dean Acheson) représente les intérêts de la Standard Oil of New Jersey ; que M. Hertel, sous-secrétaire d'Etat, est lié à la Standard par sa femme ; que son prédécesseur, M. Herbert Hoover Jr, était directeur de l'Union Oil, liée à la Gulf Oil. M. Pearson souligne encore que les Rockefeller, qui contribuèrent pour plus de 160 000 dollars à la propagande républicaine, sont les principaux actionnaires de la Standard Oil ; que les Mellon, également généreux pour le parti républicain, possèdent la Gulf Oil ; bref, que la plupart des « pétroliers » ont soutenu la campagne du président Eisenhower. Le journaliste dit encore qu'au dîner officiel donné par M. Eisenhower au roi Séoud furent invités tous les grands patrons de l'Aramco, de la Texaco, de la Standard, de la Socony Vacuum... » — (Le Monde, 7 mars 1957).

d'hommes à la Toussaint 1954 devint une véritable guerre en Algérie.[58]

Nous sommes désolés de dire que nous ne donnons pas encore les pétroliers américains perdants... M. Hamilton Fish évoqua « le rideau de fer secret » de Washington. Si ce n'est l'Aramco ou la Standard Oil ce sera leur sœur. Que peut-on espérer contre une seule de ces sociétés à bilan extraordinaire, puisque pour 1956, le chiffre d'affaires de la Standard Oil of New Jersey est de 7 281 883 000 dollars, soit au cours du dollar (450 à New York en avril 1957) : 3 276 milliards 840 millions de francs en chiffres ronds. Le bénéfice net (et officiel) s'élève à 808 535 000 dollars, soit : 363 milliards 840 millions de fr. (Ce chiffre d'affaires est le deuxième des États-Unis, le premier étant celui de la Gerberai Motors et la Standard Oil of New Jersey n'est qu'une des cinquante principales sociétés pétrolières américaines.)

A partir d'une certaine hauteur des Himalaya de dollars, on peut se permettre toutes les affirmations, y compris celle que a la guerre du pétrole est un mythe » (sic) que le « Plan Eisenhower » ne vise qu'à la protection des bananes et des oranges du Moyen-Orient et que le déplacement de la 6e escadre n'avait qu'un but touristique pour les troupes américaines.

---

[58] Cf. Dossier secret de l'Afrique du Nord (chapitre : complots en France). Information du 17 février 1957, d'Alger : Maître Boumendjel fait l'objet d'une mesure d'internement, il était un des responsables de l'organisation des rebelles algériens. « Me Boumendjel, naguère avocat et occupant depuis un certain temps un poste important dans une compagnie pétrolière, filiale algérienne d'une compagnie étrangère, est l'objet d'une mesure administrative d'internement.... Quand M. Boumendjel se suicida étant prisonnier, cette mort provoqua beaucoup de bruit. Tout le monde passa sous silence que l'avocat en disponibilité régulière, important chef du réseau régional du F.L.N. algérien, appartenait à l'administration de la Shell d'Alger.

L'Anglais, M. Graham Cawthorne a raison de penser que le Sahara peut porter un coup mortel à l'économie égyptienne si les bateaux pétroliers ne passent plus par le canal de Suez. Le pétrole saharien ferait perdre au Proche et au Moyen-Orient leur importance économique. Ce ne serait pas la ruine pour l'Aramco, mais l'Europe ne dépendant plus du pétrole américain de cette partie du monde, la « nécessité », donc le prestige des U.S.A., baisserait dans les pays européens en vertu du principe que l'on respecte surtout ce qui vous est indispensable. Avec l'Aramco, Washington joue une partie européenne capitale qui peut lui glisser des mains le jour où cent millions de tonnes de pétrole viendront du Sahara. L'Aramco ne tomberait pas en faillite si elle ne servait plus l'Europe, elle dirigerait ses tankers vers la Chine populaire à laquelle le Département d'Etat ferait alors des avances pour siéger à l'O.N.U. Néanmoins, il est vraisemblable que le pétrole saharien franco-anglais aura, d'une façon ou d'une autre, des difficultés à ravitailler l'Europe en dehors des Américains.

Un économiste français suggéra que, pour obtenir du pétrole américain afin d'atténuer la pénurie en France après l'affaire de Suez, des permis de recherches fussent concédés à des sociétés américaines au Sahara.[59] Il y eut des levées de boucliers, mais on remarqua que l'auteur de ce ballon d'essai était, avant la dernière guerre liée avec une banque d'affaires qui est précisément le centre des affaires Shell en France. On en déduisit que, fidèles à leur politique de partages pour éviter les turbulences, les milieux pétroliers britanniques ne seraient pas étrangers à cette idée. L'Aramco donna ses preuves de mauvais voisinage en Arabie ; nous préférerions des Suisses, des Belges, des Canadiens ou des Scandinaves pour œuvrer avec la France au Sahara. Mais, en définitive c'est la solution

---

[59] Article de *La Vie Française* (30 novembre 1966).

préconisée de' part saharienne attribuée aux pétroliers américains qui semble prévaloir.[60]

Que les gouvernements français se soient laissé déborder plus ou moins volontairement par les questions musulmanes d'Afrique du Nord auxquelles ils ne connaissaient pas grand chose, nul ne le conteste. Qu'en prévision d'une perte à terme de l'Algérie, le gouvernement de M. Guy Mollet ait voté hâtivement « l'entité saharienne » c'est un geste de lucidité à retardement car cette « entité » n'est pas viable pratiquement ; le Sahara, c'est le sud de l'Algérie et ne peut vivre qu'avec elle. Illustration de la géopolitique : si la France demeure en Algérie, elle exploitera le pétrole du Sahara ; si la question algérienne tourne à la « tunisification », Ben Bella a déjà vendu des options et les pipe-lines traverseront éventuellement un pays arabe animé par les revanches.

La partie nord-africaine n'est donc pas terminée et les pétroliers américains sont présents, leurs concessions pétrolifères au Fezzan s'appuient sur la frontière saharienne...

---

[60] Après la visite de M. Guy Mollet à Washington. Les discours « cordiaux » et les actes. Extrait de *Sud-Ouest Dimanche* (du 14 avril 1957) :
« Le suicide à Berne du procureur helvétique Dubois, accusé d'avoir transmis aux services de renseignements français des informations sur les activités des nationalistes algériens en Suisse, a provoqué dans toute la Confédération une émotion considérable.
« Le journal zurichois *« Die Tat »* s'est efforcé de déceler l'origine de la première information de presse donnée sur cette affaire, révélée le 21 mars. Il est arrivé à la conclusion qu'elle pourrait émaner des services secrets américains.
« Ceux-ci auraient voulu procéder à une manœuvre de diversion à la suite de la révélation d'une collusion existant entre le trust des pétroles « Aramco » et les chefs de la rébellion nord-africaine. »
Quinze jours auparavant *Le Canard Enchaîné* (aux sources parfois mystérieuses d'informations confidentielles et exactes) avait donné dans le détail l'opération américaine destinée à « brûler » un « agent » de renseignements sur les complots ourdis en Suisse contre la présence française en Algérie.

LE FEZZAN PÉTROLIER, DÉPART DES MALHEURS FRANÇAIS EN AFRIQUE DU NORD

Le Fezzan intégré à la Libye francophobe fut subtilisé à la France par une manœuvre anglo-américaine sous le couvert de l'O.N.U. avec des complicités politiques françaises.[61]

Le Français Conrad Kilian, géologue de valeur, arrière petit-fils de Cuvier, animé par une passion de connaître, explora le Fezzan de 1920 à 1935. Les Italiens, maîtres du pays s'occupaient peu de leur arrière-pays. Partout où Kilian passa, il planta le drapeau français suivant le principe international « drapeau planté et gardé vaut titre de souveraineté ». En 1941 et 1942, le général Leclerc conquit effectivement le Fezzan et y laissa des garnisons contrôlant les pistes qui s'enfoncent dans le Sahara.

En 1947, Kilian remit son dernier rapport au gouvernement français sous le titre « Notes en prenant congé ». Dans ce rapport, il faisait valoir les droits de la France sur le Fezzan pétrolifère, indiquait un tracé de frontière et proposait même un débouché aux futurs pipe-lines, soit à Bréga en Syrtique, soit à Zouraouah en Tripolitaine. Rapport très étudié, avec points situés, prêt à être mis en pratique.

Qui était Conrad Kilian ? Colonel de l'armée française, défenseur de la place du Quesnoy en 1940 contre le général Rommel qui, après la bataille, lui accorda les honneurs de la guerre.

Conrad Kilian, homme énergique, savait ce qu'il fallait penser des pétroliers et de leurs complicités. Il ne remit donc pas son rapport seulement au Ministère des Affaires étrangères,

---

[61] cf. *Dossier secret de l'Afrique du Nord* (Chapitre sur les Anglais et les Américains).

il en confia la copie à quinze personnalités soigneusement choisies par lui, dont le général Leclerc, au cas prévu, où l'on tenterait d'étouffer son rapport en haut lieu, puisque les précédents étaient demeurés sans réponse.

Le rapport original disparut du Quai d'Orsay.

M. Daniel Rops, ancien camarade de collège, à Grenoble, de Conrad Kilian, publia (la Bataille du 11 février 1948) un article sous le titre : « Le Fezzan conquis par Leclerc contient plus de pétrole que l'Iraq et l'Iran réunis ».

En février, mars et avril 1949, le gouvernement du Canada, par l'intermédiaire de son ambassadeur à Paris, S.É. le général Vannier, un des meilleurs amis de la France, fit une offre au gouvernement français. Il proposa une association franco-canadienne pour l'exploitation du pétrole du Fezzan en laissant la majorité à la France, 51 %, et en lui abandonnant une partie proportionnelle de sa dette de guerre au Canada soit 49 %, autrement dit, 43 milliards de francs de l'époque. En plus, la France profiterait de l'aide du Canada sur tous les plans.

Le ministre des Affaires Étrangères d'alors, M. Robert Schuman, ne daigna pas donner de réponse.[62]

Les contribuables français payèrent donc ces 43 milliards avant d'offrir gratuitement le Fezzan aux Américano-Anglais.

On connaissait la valeur de Conrad Kilian et aussi son franc-parler ; on savait qu'il ne laisserait pas enlever le Fezzan conquis par Leclerc sans essayer d'ameuter l'opinion

---

[62] Notons qu'après Kilian, le baron Salvotti avait aussi repéré les richesses pétrolières du Fezzan. Il en avisa les ministres italiens de l'Afrique et du Commerce extérieur en les incitant à faire acte de priorité. Mais comme Kilian en France, son initiative ne rencontra que le silence...

ou de provoquer quelque esclandre. Conrad Kilian mourut tragiquement.[63]

« ...En juillet 1951, au Quai d'Orsay, M. Charpentier, ministre plénipotentiaire, directeur général des Affaires Économiques, assisté de M. de Roze, conseiller d'ambassade appartenant au même service, se voit prié, sur initiative privée, de bien vouloir prendre en considération les droits de la France sur le Fezzan. Résultat nul. L'existence d'un bassin pétrolifère au Fezzan sera tourné en dérision par M. de Roze.»[64]

Mœurs inhérentes à un régime ? Déjà, en 1920, à San Remo, dans des conditions aussi troubles, la France avait abandonné Mossoul, sans raison et pour rien. Enfin rien pour la communauté française.

En 1957, à 75 milles d'Adri, au Fezzan, on a découvert un gisement de gaz naturel à la faible profondeur de 1 510 mètres.

Outre le pétrole, le Fezzan est le carrefour de toutes les grandes pistes venant d'Égypte s'enfonçant dans le Sahara français, c'est « la clé du Sahara et de l'Afrique noire ».

Edjelé IOI, le premier forage saharien de la CREPS se trouve à la lisière de la frontière saharo-fezzanaise...

Liste des sociétés pétrolières américaines ayant obtenu des concessions au Fezzan : l'Amerada, Standard Oil of New-Jersey et Libyan American, pour l'essentiel. La Libyan étant une filiale du groupe Texas Gulf, c'est donc le gros

---

[63] Le général Leclerc, vainqueur du Fezzan, dépositaire de la pensée de Conrad Kilian, mourut aussi tragiquement, fit-on remarquer, en voulant établir un lien entre les décès des deux hommes partageant la même idée. Nous n'avons aucune précision spéciale au sujet du général Leclerc que l'on disait homme à ne pas se laisser marcher sur les pieds. Nous ne donnons ce rapprochement qu'à simple titre de notation.

[64] L'Africain (d'Alger), directeur général Aumeran.

morceau de l'Aramco qui a déjà pris position au Sahara, car le Fezzan n'est qu'une partie (jadis italienne) du Sahara.

Comment le grabuge peut-il éclater un jour dans cette partie du désert ?

Quand les Italiens occupèrent le Fezzan, environ une vingtaine de milliers de nomades assez miséreux vinrent se réfugier au Tchad français en poussant devant eux de maigres troupeaux. Ces émigrés comptent aujourd'hui parmi les plus riches Fezzan ; les pâturages du Tchad étant plus verts et plus gras que ceux du Fezzan, ils purent multiplier leur cheptel. Mais ils cultivèrent les liens de parenté avec la famille restée ou retournée au Fezzan, ce qui provoqua l'introduction chez ces c réfugiés» qui firent souche de consignes nettement francophobes. Une mentalité de « minorité opprimée» se forme et il n'est pas exclu de voir un jour la Libye revendiquer le Tchad. Des menées antifrançaises incitèrent des parlementaires français à réclamer le renforcement de l'appareil de protection du Tchad.

Le 16 juin 1956, le porte-parole de l'ambassade de la. Libye au Caire insista pour que la France retirât ses dernières garnisons du Fezzan avant le 30 novembre. Il ajouta que si la France accomplissait ce geste « la Libye ne verrait pas d'inconvénient à accorder des permis de recherches à des sociétés françaises sur sa zone frontière». Cette insistance parut étrange. Les spécialistes savent que Sebha, en plein centre du Fezzan, est le jalon le plus commode pour venir d'Égypte en Afrique du Nord à l'abri des flottes longeant les côtes. Et certains témoins sérieux affirment que si MM. Mollet et Pineau n'avaient pas pris l'initiative d'une action pour détruire le matériel égyptien, la France se serait trouvée à bref délai en face d'une armée égypto-libyo-tunisienne venant libérer leurs « frères» algériens ! C'est une thèse hasardée, mais pour qui connaît le musulman, elle n'est pas à rejeter a priori. Égarer l'attention par des harcèlements contre Israël et foncer sur un autre objectif répond au caractère arabe.

Dans ces conditions, pourquoi la France évacua-t-elle le Fezzan ?

Toujours la même réaction des gouvernants français qui croient gagner par des amabilités et des concessions, la sympathie des Arabes. M. Guy Mollet fit évacuer le Fezzan pour la date prévue ; il avait tout d'abord annoncé qu'il refuserait la ratification du nouveau traité franco-libyen, puis il demanda la procédure d'urgence pour ratifier ledit traité portant rectification de frontière. La frontière fut rectifiée ; nous abandonnâmes encore 700 km carrés de terres présumées pétrolifères et nos diplomates ne purent même pas obtenir que l'aérodrome de Maison-Rouge, indispensable à la CREPS, revint à la France. La nouvelle frontière le coupe en deux ; condescendant, le gouvernement libyen nous en laissa la jouissance pendant vingt ans.

Combien d'épaisseur mesure une frontière ? A la concession franco-anglaise de la C.R.E.P.S. en Sahara français, se jouxte au colle-tout, mais au Fezzan libyen, la concession de la Standard Oil.

Reconnaissons qu'une chose nous gêne un peu dans toutes ces tractations qui bafouent un peu plus la France chaque fois. Après ces peu glorieuses négociations, le 7 janvier 1957, la Compagnie des Pétroles Total procéda à une augmentation de capital de 500 millions, sans doute pour un programme de nouveaux travaux. Mais il s'agit de la Compagnie des Pétroles Total (Libye) qui n'est qu'une filiale de la Compagnie Française des Pétroles, société d'Etat française à participations privées. Sans être « revue du 14 juillet » ni « monuments aux morts », avouons que ces renoncements de sécurité d'un côté pour obtenir des avantages économiques de l'autre sont un peu embarrassants ne serait-ce qu'en souvenir de Kilian et de Leclerc... car six permis de recherches sont déjà demandés par des sociétés françaises en Libye, depuis le règlement militaro-frontalier franco-libyen... qui paraît arranger beaucoup de sociétés pétrolières, françaises et franco-anglaises.

Pour conclure provisoirement cet exposé, on annonça, en mars 1957, que le pétrole saharien d'Edjelé-Tiguentourine ne sera pas évacué vers le littoral algérien « pour des raisons géographiques ». Un pipe-line amènera le pétrole entre Zarzis en Tunisie et Zouara en Libye, jusqu'à la limite des eaux territoriales tunisio-libyennes. C'est-à-dire en pays assez francophobes tant que la France n'aura pas reconnu l'indépendance algérienne. Ce pipe-line aurait 800 km. de long. II est curieux de constater que le Zouara choisi est exactement le Zouraouah indiqué dans le rapport de Conrad Kilian comme exutoire des pétroles fezzanais qu'il avait découverts. A l'époque de Kilian, l'hostilité des musulmans contre la France ne sévissait pas à l'état permanent. Pour obtenir « la sécurité » du pipe-line dans ces pays arabes, on envisage un « arrangement » avec les pétroliers américains...

L'AVENIR DU PÉTROLE SAHARIEN DÉPEND DE L'AFRIQUE DU NORD

On s'aperçoit que le pétrole saharien n'est pas la simple découverte décrite avec trop de complaisance. C'est un événement considérable en puissance... de pétrole et d'ennuis internationaux en tout genre, uniquement parce que la France ne double pas son économie pétrolière d'une politique permanente pétrolière à longue échéance. Nous le suggérâmes à divers hommes politiques ; inutile d'insister, ils ne comprennent pas lorsqu'ils sont honnêtes et ils feignent de ne pas comprendre quand ils ont des idées derrière la tête.

Le 21 février 1957, à l'Assemblée Nationale, un parlementaire signala l'attitude « de plus en plus belliqueuse a de M. Bourguiba vis-à-vis de la France et « l'hostilité » marocaine dans le Sud. Un membre du gouvernement répondit que ces faits n'échappaient pas au gouvernement qui avait retardé l'attribution de crédits à la Tunisie et avisé Rabat qu'il compromettait « l'amitié franco-marocaine »...

« ...Le président du Conseil tunisien (M. Bourguiba) est apparu au Secrétaire d'Etat aux Affaires Étrangères (M. Maurice Faure) sous un jour inquiétant. Il a tenu des propos qui relèvent de la mégalomanie sur la réussite de sa carrière politique et sur son destin de leader du monde arabe « du golfe Persique à l'Atlantique ». Comme M. Maurice Faure s'est refusé à tout engagement sur le retrait de Tunisie des troupes françaises, Bourguiba a eu une véritable crise de nerfs. » (Sud-Ouest Dimanche du 25 février 1957).

M. Bourguiba avait été reçu par le président Eisenhower le 23 novembre 1956, la partie nord-africaine est donc d'importance pour lui, étant donné le rôle échu au roi Séoud d'Arabie depuis le plan Eisenhower pour le Moyen-Orient.

Le « front pétrolier » nord-africain renforcé par les visites du roi d'Arabie en Tunisie, au Maroc et en Libye, surprendra les gouvernants. Il date pourtant de novembre 1956.

Révisant une fois de plus leur politique nord-africaine, les États-Unis s'attachèrent définitivement M. Habib Bourguiba, ancien leader anglais, qui devient le leader d'une fédération républicaine nord-africaine, y compris, bien entendu, l'Algérie.

Les Américains s'aperçoivent qu'ils ne peuvent plus rien tirer du Maroc revenu à l'administration médiévale. La visite de M. Bourguiba à Washington fut pour eux une révélation. M. Bourguiba, qui sort de l'École des Sciences Politiques, de Paris, aurait pu être ambassadeur s'il n'avait pas choisi la voie du nationalisme tunisien. Nous ne le lui reprochons pas, il est

Tunisien. Lancé par les Anglais au lendemain de la dernière guerre[65] il devint prisonnier des centrales syndicales ouvrières montées par les Américains dans toute l'Afrique du Nord et même en Europe. Certaine filiation philosophique, lui permit de trouver une vaste audience dans les milieux correspondants new-yorkais. Le président Eisenhower lui accorda une audience, alors qu'il ne reçut pas le prince Hassan ; à ces indices, on mesure l'avenir. Ensuite, M. Bourguiba fut l'invité d'honneur d'un banquet d'hommes d'affaires, où, comme par hasard, la plupart des convives étaient des représentants des sociétés pétrolières. Nous ne savons rien des paroles qui purent s'échanger, nous nous bornons aux faits.

Un homme gênait M. Bourguiba en Tunisie. C'était M. Ahmed ben Salah, secrétaire général de l'Union Générale des Travailleurs Tunisiens affiliée à la Confédération Internationale des Syndicats Libres, d'obédience américaine. M. Ahmed ben Salah débordait la popularité de son chef de gouvernement M. Bourguiba. D'où le premier lâchage de M. Bourguiba vis-à-vis de Londres pour s'aligner sur l'U.G.T.T. dont la super-administration syndicale enserre le pays dans un réseau solidement contrôlé. L'U.G.T.T. veut la destitution du Bey, la suppression des grandes propriétés des riches Tunisiens, bref, un genre de république à la Tito, mais musulmane. M. Bourguiba devint aussi républicain. Dès lors, il entrait dans la ligne américaine. Aussi, dès son retour, sur ordre mystérieux, M. Ahmed ben Salah quitta-t-il son poste de secrétaire général de l'U.G.T.T. en laissant la place à son adjoint M. Tlili. Désormais il n'y a plus d'ombre sur le rayonnement de M. Bourguiba préparant l'abdication du Bey pour une « république tunisienne sœur de celle des U.S.A. En juin 1957, crédit et « aide technique » américains furent accordés à la Tunisie...

---

[65] Cf. Bataille pour le pétrole français.

Dès son retour aussi, les groupes rebelles armés et entraînés en Tunisie passèrent plus nombreux en Algérie. M. Bourguiba se montra plus acerbe et plus intransigeant dans ses revendications en faveur des rebelles algériens. Il se posa en libérateur, de l'Algérie. Avec le P.D.I. marocain, il interviendra en « démocratisateur » du Maroc. Il est désormais le « leader républicain de l'Afrique du Nord ». Tel est le fait nouveau du début de 1957. Dans les milieux diplomatiques on dit que M. Bourguiba « marche au pétrole ». Finalement, en juin 1957, le gouvernement français retira une partie de ses troupes de Tunisie.

Tous ces problèmes tournent autour des pétroles sahariens.

Avant de se gargariser avec le pétrole français du Sahara, il convenait d'en bien examiner tous les aspects et de se persuader qu'en ces sortes d'affaires n'entre aucune sentimentalité, malgré des paroles d'amitié passagères auxquelles les Français se laisseront toujours prendre. La France s'est engagée volontairement dans la bataille mondiale du pétrole ; elle, et l'Europe avec elle, doivent en envisager toutes les conséquences et ne pas croire que l'on produit du pétrole comme on fait pousser du cresson. Pour prétendre devenir une puissance pétrolière indépendante, il faut être très fort et se montrer pénétré des intérêts généraux du pays. Nous ne pensons pas que la France possède cette armature et cette compétence.

UN STATUT INTERNATIONAL DES PIPE-LINES EST-IL POSSIBLE?

Nous ramènerons le pétrole saharien à un problème de pipe-lines, car le véritable maître du pétrole saharien sera le pays traversé par les tuyaux d'acier permettant d'écouler le liquide jusqu'à la mer.

Le Britannique Graham Cawthorne comprit tout de suite le drame :

« ...le transit au gouvernement tunisien... le danger principal serait le sabotage... » Quand on connaît les « subtilités » des pétroliers jouant avec le gouvernement local ou la peau des autres, leur sans-gêne ; leurs mœurs de gangsters, il est nécessaire de réaliser que surveiller le robinet du pétrole n'est pas suffisant ; c'est tout le tuyau qu'il convient de « tenir » de bout en bout. Le problème est dramatique pour la France en Afrique du Nord... Elle dépensait des milliards à chercher le pétrole sans se préoccuper de son emballage. Revenons à la question des pipe-lines traversant des pays arabes.

M. V. Bremme, directeur du Journal des Carburants, lança l'idée d'une codification internationale du régime des pipe-lines. Cette suggestion nous parait excellente... si les nations respectent les engagements pris.

Un pipe-line n'est en effet, qu'une « voie maritime » ou « fluviale » imposée par la géographie ; il n'est posé qu'avec l'assentiment du pays traversé, moyennant un fort tarif de location annuel. Il devrait donc être garanti par un minimum de droits de sécurité sous la responsabilité des gouvernements qui en acceptent le passage. Il est trop facile d'accepter les bénéfices du pipe-line sans contre-partie qu'un régime international pourrait déterminer.

Un pipe-line important coûte plusieurs milliards, parfois des centaines de milliards de francs. Si, une fois ces frais déboursés, le gouvernement du pays traversé pratique un chantage soit politique, soit financier (comme au Liban, en Syrie et en Jordanie), et que les pays arabes exigent un taux inacceptable sous peine de gréver un prix de vente qui ne pourrait plus lutter contre la concurrence, les milliards investis dans les pipe-lines risquent d'être stérilisés. Nous pensons aux manœuvres de pétroliers concurrents qui useraient de moyens

161

de pression sur les gouvernements indigènes et aux désordres permanents des budgets arabes cherchant sans cesse de nouvelles ressources. L'idée de M. V. Bremme devrait, avant que les pipe-lines soient commencés, retenir l'attention des responsables d'une politique cohérente du pétrole.

Un statut international des pipe-lines peut, seul, assurer une petite garantie au pétrole saharien.□

Le Sahara est immense, il n'aura jamais de limites géographiques définies ; il se confond avec les arrière-pays de l'Afrique blanche et de l'Afrique noire. Jadis, c'était, parait-il, le pays des hommes bleus. Les récentes découvertes d'immenses peintures rupestres par Henri Lhote indiquent que le pays fut autrefois peuplé, sans doute au temps de la mer saharienne réduite actuellement au bassin tchadien. D'où, peut-être, ses gisements pétroliers que les spécialistes continuent à attribuer à la décomposition des végétaux marins. On affirme que l'énergie nucléaire transformera le Sahara en jardins prospères. A la condition de pouvoir tempérer les ardeurs solaires. Nous n'en demandons pas tant pour le moment, nous ne souhaitons qu'un pétrole pour libérer l'Europe et la Paix des embûches des pétroliers et des souverains arabes.

Si le Sahara français occidental commence à vomir son pétrole, la partie occidentale (Mauritanie) révèle petit à petit ses richesses. Outre les indices pétrolifères favorables, citons le fameux gisement de fer Tindouf-Tamagot (I milliard de tonnes), celui de Khédia-Idjil (500 millions de tonnes) et celui de Fort-Gouraud (100 millions de tonnes à 67 %). Dans le cercle de Tabrinkou, à Akjauj, le cuivre pourrait donner naissance à une extraction de 20 000 tonnes par an. Pour l'essentiel. Une Société d'études du fer de Mauritanie (52 % française, 48 % anglo-canadienne), capital 500 millions, cherche une centaine de milliards pour construire une voie ferrée Fort-Gouraud-Côte Atlantique (vraisemblablement Port-

Etienne), puisque les Espagnols refusent la traversée du Rio de Oro pour aboutir au plus court : Villa-Cisnéros. Nous donnons ce rapide aperçu sur la Mauritanie pour laisser entrevoir les multiples appétits-complications qui se joindront aux affres du pétrole saharien par le truchement de filiales ou autres combinaisons financières.

Invitons les pays européens et non seulement la Shell à prospecter le Sahara. Ils ont des techniciens et des capitalistes, ils peuvent envoyer du matériel. C'est à une coopération européenne que l'on devra de sauver le Sahara français, car l'on n'hésitera pas à bousculer une entente franco-anglaise (voir Proche et Moyen-Orient) alors que l'on regardera à deux fois avant de brimer les efforts d'une demi-douzaine de pays. Seul, une sorte de consortium européen pourra apporter le souffle de moralité que l'on souhaite dans cette question puisque la France reconnaît n'avoir ni les hommes, ni l'argent pour mener à bien l'exploitation du Sahara indispensable à l'Europe par son pétrole, son fer, son cuivre, son tungstène, son uranium.

PRÉPARATIFS PÉTROLIERS EN AFRIQUE ORIENTALE

Quitter l'Afrique sans parler de la Somalie, incidence » pétrolière, serait une lacune moins pour aujourd'hui que pour l'avenir.

Le cercle pétrolier somali entre davantage dans le problème du pétrole du Moyen-Orient que dans celui de l'Afrique. Nous respectons la qualification géographique bien que les événements somalis en puissance ne soient pas absents des troubles dans le sud de l'Arabie et, en particulier, dans le protectorat d'Aden.

Le 13 mai 1956, émeutes à Djibouti, capitale de la Côte Française de Somalie, située à l'extrême sud de la mer Rouge.

Émeutes avec maisons et véhicules incendiés, pierres et bâtons, attaque du commissariat central et tir de la police pour se dégager. « Un mort et vingt blessés », annonça le communiqué du gouverneur.

Précisément, le gouverneur Petitbon se trouvait en conférence avec une délégation du Conseil de la République en mission dans le territoire. On affirma que les émeutiers étaient des chômeurs.

Des événements se préparent dans ce coin d'Afrique que la plupart des Français — à part les philatélistes — ignorent. Un jour, nous serons pris au dépourvu. Cela coûtera un domaine exotique de plus à la France. De peu d'importance, dirons les uns. Extrêmement stratégique et sur la route des pétroles, répondrons-nous, car avec la Côte française de Somalie et l'enclave de Cheik-Saïd, juste en face sur le territoire arabien (pour lequel la France n'a pas encore d'histoires), une « tenaille » pourrait se constituer en Mer Rouge (au Détroit de Bab-el-Mandeb), afin de simplement montrer à Nasser et à ses amis que s'ils possèdent un contrôle maritime à Suez, la France en a un autre non moins efficace à l'autre extrémité de la Mer Rouge. Mais le destin de la France n'est pas de montrer sa force pour n'avoir pas à s'en servir. Même lorsque des sociétés américaines filiales de l'Aramco offrent 400 milliards de francs pour louer le canal de Suez pendant 10 ans (déclaration du colonel Nasser, le 17 janvier 1957).

Ce « Gibraltar » de la mer Rouge avait germé dans l'esprit des officiers de la marine française lorsqu'ils firent acheter l'enclave de Cheik Saïd à une firme marseillaise par le gouvernement français. C'était à l'époque de la conquête de l'Indochine et la marine prévoyait un relais sur la longue route d'Extrême-Orient. La Grande-Bretagne ayant déclaré qu'elle considérerait comme un geste inamical la fortification de cette position, les gouvernants français n'osèrent pas mécontenter Londres et jamais les crédits ne furent accordés pour la construction de ce bastion et l'aménagement de Djibouti en port moderne. Pendant ce temps, les Anglais fortifiaient l'Île Perim dans le détroit, poussaient les Turcs à armer derrière l'enclave de Cheik Saïd et transformaient Aden en grand port d'escale de la ligne d'Extrême-Orient. Djibouti, est l'unique port viable de toute la côte nord-est africaine ; de plus, il est l'exutoire n°1 des productions éthiopiennes par le chemin de fer franco-éthiopien, Djibouti-Addis Abeba, seule voie ferrée de la pointe d'Afrique orientale.

Cette partie assez ignorée de l'Afrique continuerait à ne pas avoir d'histoires, si le pétrole ne s'y était pas manifesté. Et si les prospecteurs n'étaient pas américains ! Car, eux, pensent avant que le pétrole somali coule, à un débouché côtier assuré et à un bon port au bout du pipe-line pour embarquer le carburant. Malheureusement, le meilleur port de la région n'est ni Zeïla, ni Berbera, ni Mogdichou, mais bien Djibouti.

La Somalie était, en 1939, partagée entre la Grande-Bretagne, l'Italie et la France. La Somaliland britannique compte environ 750 000 habitants, la Somalie italienne plus d'un million et la Somalie française à peine cent mille. Chiffres assez vagues, car les Somalis, en partie nomades, se déplacent sans tenir compte des frontières. C'est d'ailleurs un peuple assez détaché des contingences « civilisées » puisqu'il n'eut connaissance du traité anglo-éthiopien de 1897 qu'en 1930, lorsqu'on se décida à installer des postes frontières qui continuent à n'avoir aucune signification pour eux ; les tribus avancent où les pâturages sont les meilleurs pour leurs troupeaux. Ce qui démontre la sagesse des primitifs qui, hélas, prirent à la civilisation les armes à feu.

En 1945, l'Italie perdit sa Somalie qui fut confiée à un conseil de tutelle relevant de l'O.N.U. Les prospecteurs américains se répandirent et découvrirent du pétrole en Somalie. Il s'agit de la Sinclair Oil C°.

En même temps que le pétrole, on découvrit aussi que le « groupe ethnique somali » était distinct de la race noire et « gardait un vif sentiment de son unité ». S'il est exact que les Somalis sont des Arabes-asiatiques plus ou moins métissés de noirs, le « sens de l'unité » relève d'une aimable anticipation.

Une partie de la Somalie est partie intégrante de l'Ethiopie qui donna la prospection pétrolifère de son pays à un groupe américain. Malgré les accords et les efforts des Anglais pour délimiter la frontière entre leur Somaliland et la Somalie éthiopienne, aucun règlement sérieux n'a pu intervenir. Du côté éthiopien, la bonne foi ne semble pas à l'honneur si nous en croyons M. James Johnson, membre de la Chambre des Communes, après une mission d'inspection en Somalie.[66] Bref, cette bouteille à encre provoqua une « zone réservée » qui, avec l'Haud (ou Haoud) fut placée sous contrôle militaire britannique. Or, c'est dans l'Haud que se révélèrent les principaux gisements de pétrole.

---

[66] *Times* (9 mars 1956).

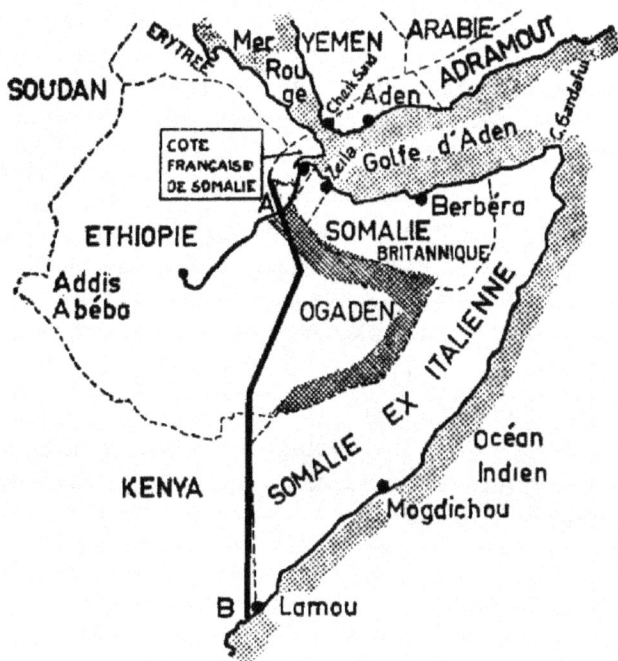

Une « Somalie unifiée » comprendrait les territoires à l'Est de la ligne A-B.
(La partie hachurée indique les frontières vaguement fixées).

En 1960, la Somalie ex-italienne doit devenir un Etat souverain. Les Britanniques s'émeuvent, avec juste raison dès maintenant, de ne pouvoir régler définitivement la question des frontières dans un pays encore féodal et souvent en guerre de tribu à tribu. Bref, la carence de l'O.N.U. dans cette question frontalière somalie semble réserver — peut-être à dessein — un avenir de pagaye. La grande manœuvre que personne ne discerne en France, la voici : _ ...Lorsque les Somalis italiens obtiendront leur indépendance, les Somalis britanniques ont l'intention de se joindre à eux (pour) un Etat organisé et uni. Ils s'efforceront également de se joindre avec les Somalis français de Djibouti... » écrit M. James Johnson qui note

encore a l'afflux d'armements » dans les régions frontalières...
qui sont les plus propices à la présence du pétrole.

Dans l'Haud et dans l'Ogaden, sans compter ce que
l'on ne sait pas, résident les plus grandes espérances de
pétrole : «...Du côté éthiopien, les puits de pétrole en puissance
sont l'affaire d'une compagnie américaine, la Sinclair Cy, qui a
obtenu (du gouvernement éthiopien), une concession de 50 ans.
Les parts de bénéfices, les royalties, seraient particulièrement
intéressantes pour l'Éthiopie si le contrat passé avec la Sinclair
ne comportait pas une lacune : il n'oblige pas le concessionnaire
à exploitation. Ce qui fait que la Sinclair, pour des raisons de
hautes mathématiques liées au marché de « l'or noir », se
contente provisoirement d'apposer un « cachet » de béton sur
les puits déjà forés au fond desquels bouillonne le pétrole... »
(James Johnson).

Le parlementaire britannique tire la sonnette d'alarme : a
...Une flambée soudaine dans cette région de l'Afrique et la
situation pourrait devenir semblable à celle qui existe
actuellement entre les Juifs et les Arabes... »

Faisons confiance aux Britanniques pour leurs
renseignements dans le domaine pétrolier !

Une information du début de 1957, apprit que la
Sinclair Sismal Cy activait ses forages. (La Sinclair Somal Cy est
une fusion d'intérêts entre la Sinclair Oil Corp et la Concordiu
Petroleum Corp).

Si pessimistes que soient ces perspectives de futur
baroud « pour la liberté des peuples somalis », elles démontrent
l'ensemble d'une politique pétrolière que le temps ne presse
pas, qui ne s'improvise pas, qui s'étudie comme un plan de
campagne avec toutes les répercussions possibles.

Traduisons le « plan somali ».

L'O.N.U. refuse d'intervenir pour la fixation des frontières de la Somalie italienne dont elle a la tutelle. En 1960, la Somalie devient souveraine ; à ce moment-là seulement, on s'occupera des frontières que l'on cherchera à élargir autant que possible en Somalie anglaise et en Somalie éthiopienne.

En même temps auront lieu, en Somalie anglaise et en Somalie française des « mouvements pour la libération de la Somalie », soutenus par la nouvelle Somalie indépendante. Nous assisterons à la répétition des affaires nord-africaines (pour une fédération républicaine nord-africaine). Seule l'Éthiopie se défendra : la France et la Grande-Bretagne seront surprises par les événements... et seront débordées, puisque les agents musulmans soviétiques arrivèrent en Somalie dès que l'on apprit la présence des pétroliers américains. Ce sera le grand tam-tam pour la « Somalie aux Somalis » y compris la Somalie anglaise et Djibouti. D'où cette « Somalie unifiée » idée déjà lancée par les agents de l'O.N.U. 1960 n'est plus éloigné.[67]

Une fois que toutes les présences blanches officielles seront liquidées au profit de puissance blanche occulte, alors seulement, le pétrole de l'Haud et de l'Ogaden commencera de couler. Exemple typique de politique pétrolière prise à son départ.

Il y aura des pleurs et des grincements de dents, car si nous demeurons aveugles, les Russes voient clair, et, par l'intermédiaire de Tito, ils essayèrent de mettre l'Ethiopie dans leur jeu. Visites réciproques des souverains des deux pays, cadeaux somptueux à l'empereur, bruit non infirmé de la construction d'une fabrique d'armes « tchécoslovaques » en

---

[67] Ajoutons à cette opération de la « Somalie aux Somalis » celle du « Kurdistan aux Kurdes », d'inspiration soviétique. Les Kurdes se prétendent 150 000 en U.R.S.S., 3 millions en Iran, 4 millions en Turquie et plus d'un million en Irak. Des « nationalistes » kurdes réclament leur unification. Or, les tribus revendiquées par les Kurdes hantent les réglons pétrolifères exploitées par les groupes anglo-américains.

Ethiopie. Une tragi-comédie se monte dans cette partie de l'Afrique favorisée par les appétits des pétroliers.

Le soutien stratégique de la Somalie britannique est Aden, position anglaise juste de l'autre côté du détroit ; donc renforts et aviation prêts à intervenir. Les attaques yéménites et arabiennes contre les positions anglaises dans le sud de l'Arabie (combinat défensif britannique d'Afrique orientale) ne sont pas étrangères au projet de la « Somalie unifiée » ; la manœuvre serait plus facile si l'on obligeait la Grande-Bretagne à &ménager d'Aden.[68]

La Somalie intéresse aussi l'armateur grec Onassis qui envisage la construction d'un grand bassin de radoub pour ses tankers à... Djibouti.

Nouveau drame qui prend naissance. Jusqu'à présent, la France se contente de tenir la bougie. Après les émeutes (pour préparer le « climat ») l'Universal Neptune Cy demanda un permis de recherches de pétrole en Somalie française.

---

[68] Une dépêche (United Press) de Londres, du 16 avril 1957, confirme le futur drame qui se prépare en Afrique Orientale en ces termes : « Une mission militaire est partie pour le Kenya afin d'étudier les problèmes administratifs posés par le stationnement de forces terrestres, maritimes et navales en Afrique-Orientale, indique-t-on de source officielle.
Ces forces seraient destinées à constituer une « réserve stratégique » Pour la défense des intérêts britanniques en Arabie Séoudite et dans le Golfe Persique.
« La Grande-Bretagne, déclare-t-on au War'Office, doit être prête en toutes circonstances à défendre LA COLONIE D'ADEN ET LES PROTECTORATS, AINSI QUE LES TERRITOIRES DU GOLFE PERSIQUE, dont elle est responsable.
On croit savoir que ces forces seraient de l'ordre d'une brigade, alors qu'il n'y a actuellement au Kenya que l'équivalent d'un bataillon.. »

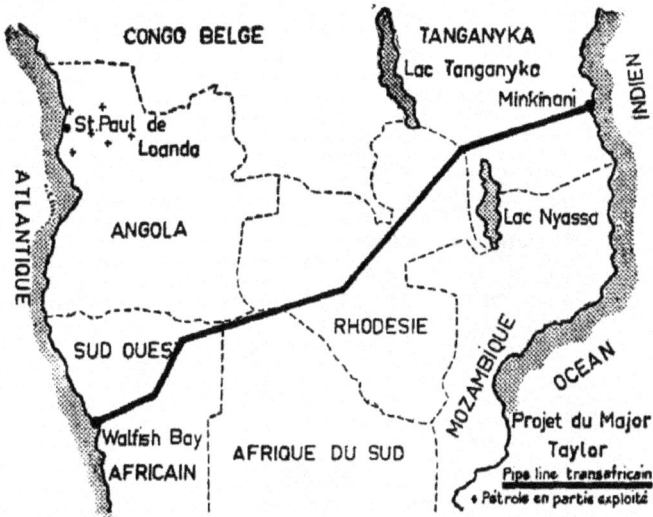

Projet américain de pipe-line transafricain pour éviter de doubler Le Cap

Dans la place éminemment stratégique qu'est Djibouti, malgré la société d'Etat, la Compagnie Française des Pétroles (qui créa des filiales de ventes jusqu'en Afrique du Sud), c'est la S.P.D. (Shell) et la S.F.P.S. (Caltex) qui assurent le ravitaillement en hydrocarbures de Djibouti et de la Côte française de Somalie. Or, le pétrole de la C.F.P. passe devant Djibouti pour venir du Golfe Persique jusqu'en France.

L'Afrique peut-elle venir en aide à l'Europe d'une autre façon pour son ravitaillement pétrolier ?

Pour éviter l'insécurité du canal de Suez et la perte de temps en doublant le Cap, le major Taylor, président de la Société Régionale de Salisbury (Afrique du Sud), proposa la construction d'un pipe-line transafricain de Mikindani (Tanganyika, côte orientale africaine), à Walfish-Bay sur la côte occidentale ; coût 200 milliards et durée du voyage inférieure à celle par le canal de Suez. Un second projet, toujours

171

transafricain par pipe-line, couperait l'Afrique plus au nord, du Tanganyika jusque vers l'embouchure du Congo.

Rien n'est irréalisable. Les projets de bonne volonté ne manquent pas pour ravitailler l'Europe en pétrole. Le réalisme urgent est plus rare et, avec le canal qui laisse à nouveau passer les tankers, chacun se replonge déjà dans sa molle quiétude sans penser au lendemain.

VI

LA COURSE AU PÉTROLES EST OUVERTE EN EUROPE ...ET S'ACCÉLÈRE AILLEURS

Un Moyen-Orient lointain aux sources pétrolières sous des contrôles musulmans instables, un Proche-Orient avec un canal de Suez devenu une peau de chagrin, des pipe-lines à la merci de sabotages arabes, un pétrole africain qui n'est pratiquement pas pour demain, une politique américaine qui, tôt ou tard, par crainte du shortage confinera à la doctrine de Monroë, une floue de supertankers qui ne sera au point que dans quelques années, de vastes projets qui ne restent que des... projets, ainsi se présente la situation de l'Europe occidentale devant son ravitaillement pétrolier.

Pour quelles raisons l'Europe ne serait-elle pas pétrolifère ? En particulier la France, en majeure partie formée de terrains sédimentaires propices aux sécrétions d'hydrocarbures ?

A part l'Allemagne réaliste, aucun pays européen ne s'attacha à la prospection de son sol jusqu'à ces derniers temps, moins par indifférence que par diplomatie. Conséquences du drame de prééminence britannique sur le continent européen jusqu'en 1939. L'Europe a cinquante ans de retard dans la compétition pétrolière.

Jusqu'à la guerre de 1914, les Américains demeurèrent les fournisseurs quasi-exclusifs de la France et d'une partie de l'Europe. Quand les trusts britanniques (Royal Dutch-Shell et

Anglo-Persian Oil) s'enrichirent soudainement des pétroles de Mésopotamie et menèrent une âpre lutte contre les pétroliers américains qu'ils délogèrent de leurs privilèges commerciaux, ils joignirent au débouché commercial la diplomatie du pétrole. Géographiquement et militairement, la Grande-Bretagne ne pouvait plus régner — même occultement — sur l'Europe. Avec les multiples filiales des pétroliers, son emprise devint aussi efficace que la cavalerie de Saint-Georges sur des pays qui se lançaient dans la motorisation à outrance. Les agents anglais tinrent l'Europe et ses dépendances dans un vaste réseau parfaitement organisé de renseignements sur les velléités de recherches pétrolières qu'ils annihilèrent dans l'œuf par divers moyens, bancaires, politiques, administratifs ou même sabotages.[69]

La deuxième guerre mondiale desserra cette étreinte, mais ne la supprima pas entièrement, surtout en France.

Lors de la tension américano-soviétique et de l'extension de la nouvelle stratégie motorisée on réalisa tout à coup que, si un troisième conflit éclatait, la flotte sous-marine soviétique aidant, l'Europe occidentale avec ses corps expéditionnaires américains pourrait se trouver privée de pétrole. Les pays européens pensèrent alors que le meilleur moyen de pallier une éventuelle disette de carburant était d'essayer de devenir leur propre fournisseur. L'Europe occidentale activa ou créa ses recherches pétrolières.

Quel est l'effort de chaque pays européen dans ce domaine ?

---

[69] Cf. *Bataille pour le pétrole français* (chapitre « Fâcheux précédents », sabotages dans l'Aude, sanctions Judiciaires, etc.). Ouvrage en préparation : *Les guerres des pétroliers.*

L'Allemagne produit un tiers de sa consommation en carburant

Avec opiniâtreté, l'Allemagne aux indices géologiques moins favorables que ceux de la France, chercha inlassablement à tirer son carburant de son sol, soit à l'état de pétrole brut, soit en distillant ses schistes bitumeux ; elle s'attaqua aussi au carburant de synthèse.

L'Allemagne eut d'excellents spécialistes en matière de prospection pétrolière (dont la France refusa les services entre les deux guerres, alors qu'ils étaient si certains des résultats qu'ils offraient de financer personnellement les recherches en particulier dans les Corbières). En 1950, elle produisait 1 118 616 tonnes de pétrole brut. SIX ANS APRES, elle triplait son débit **assurant ainsi le tiers de la consommation allemande**. En 1960, elle compte atteindre les quatre millions de tonnes et se libérer de plus en plus des importations étrangères de carburant. Elle fournit aussi environ 250 millions de mètres cubes de gaz naturel.

Les exploitations allemandes n'ont rien de comparable avec les gisements orientaux. Il ne s'agit que de petites poches et parfois, comme dans le Hanovre, on exploite les lentilles de sable pétrolifère. Bref, rien n'est perdu. Au Schleswig-Holstein, en Basse-Saxe (Emsland), en Bade, en Bavière, (Ampfing, Isen), etc. les prospecteurs découvrent du pétrole et du gaz. A Celle, en Basse-Saxe, se révéla un type de pétrole inconnu jusqu'alors.

Pour une seule année (1955), huit grandes entreprises et une dizaine de plus modestes totalisèrent 734 270 mètres de forage ; 384 forages donnèrent des résultats jugés satisfaisants pour l'exploitation. Ces sources sont éparpillées puisque 76 gisements sont plantés de 3 632 sondes ne donnant chacune qu'une moyenne de 2 4 tonnes par jour... mais les petits ruisseaux finissent par faire des grandes rivières. Le pétrole brut allemand est traité par des raffineries allemandes et le système intérieur des pipe-lines dépasse maintenant 700 kilomètres. L'Allemagne est certainement le premier pays d'Europe occidentale à avoir compris l'importance de l'indépendance nationale en carburant.

Le pétrole tint un rôle historique en Allemagne, rôle encore peu connu mais décisif pour la deuxième guerre mondiale. Adolf Hitler fut l'homme choisi et lancé par les services anglais et le maître du pétrole britannique, alors Henri Deterding, pour aller reprendre les pétroles anglais du Caucase (nationalisés par écrivit l'auteur italien, M. Enrico Penati, en 1956, dans un article d'une revue italienne sous le titre : « Le guet-apens des sept sœurs ».

Ce genre de commandos ne fut pas spécialement américain et n'opéra pas qu'en Italie, mais nous sortirions de notre sujet.

L'A.G.I.P. n'est pas une forteresse, mais plus simplement une puissante société italienne de recherches et d'exploitations minières.

L'Italie, pays au trop plein démographique qui oblige une notable partie de sa population à l'émigration faute de ressources énergétiques lui permettant de créer des centres industriels nombreux, se réveilla au pétrole en même temps que les commandos américains. Elle eut la chance de posséder un homme, M. Mattei (surnommé la « Jeanne d'Arc du pétrole italien ») directeur de l'Ente Nazionale Idrocarburi (E.N.I.) qui résolut de disputer les sources italiennes de carburants aux appétits étrangers. Alors se déclencha une bataille ardente, longue, aux péripéties multiples entre le groupe Mattei et les pétroliers américains soutenus par M. Luce (mari de l'ex-ambassadrice des États-Unis en Italie et propriétaire du Life). Disons tout de suite que c'est M. Mattei qui marqua les points malgré une lutte en tous genres et le millier de collaborateurs de Mrs Luce.

Depuis longtemps, on connaissait les possibilités pétrolifères de l'Italie qui demeura muette sur ce trésor pour les mêmes raisons que la France. Dès 1891, le pétrole se signala dans les environs de Parme et, en 1905, la première société d'exploitation pétrolière italienne vit le jour, la S.P.I., qui, en réalité, était une filiale de la Standard. Les Britanniques veillaient et leur influence était aussi puissante à Rome qu'à Paris ; rien de sérieux ne s'ensuivit. En 1926, la fameuse A.G.I.P. naissait et, en 1927, l'Etat fasciste, copiant la loi minière française de 1810 toujours en vigueur, décrétait le sous-sol propriété de l'Etat italien. Loi and-animatrice qui calma l'ardeur des prospecteurs et retarda la mise en valeur des hydrocarbures.

L'ambiance changea après la deuxième guerre mondiale. L'influence stérilisante britannique n'existait plus et les Etats-Unis échafaudaient de nouveaux projets de stratégie mondiale en dehors de la Grande-Bretagne. Jusqu'alors, Malte était considérée comme la sentinelle de la Méditerranée. Le Pentagone estima que la Sicile pouvait avantageusement remplacer l'île anglaise (désormais rattachée au continent britannique au même titre que l'île de Wright). La Standard Oil of New Jersey demanda des permis de recherches de pétrole pour l'Italie septentrionale. Pour éviter un accaparement, le gouvernement italien céda l'exploitation de la vallée du Pô à l'E.N.I. et, à la grande fureur des Anglais, l'American Gulf Oil et la Petrosud (filiale de la Standard Oil avec participation italienne Montecatini) obtinrent des périmètres de recherches.

Le pétrole se trouva un peu partout, mais en 1954, le tonnage extrait baissa sensiblement. M. Enrico Penati nota :

177

« Triste histoire du « Cartel International des 7 sœurs »[70] qui à l'exception du Mexique et partiellement de l'Argentine, ne laisse sortir aucun baril de pétrole dans le monde sans qu'il soit exploité, transporté, raffiné, contrôlé par ses soins. Ce trust impose un prix mondial de vente du pétrole et, à Cleveland (Ohio), est éditée une brochure Plat's Oligram Price Service qui stabilise les prix mondiaux du pétrole. L'exploitation par les compagnies étrangères des gisements pétrolifères italiens, n'a pas le but de faire bénéficier le peuple et l'économie du pays de cette nouvelle richesse, mais de sauvegarder les intérêts internationaux du trust». Ce point de vue qui vaut aussi pour la France, est néanmoins incomplet, car il néglige les angles diplomatiques et stratégiques du pétrole.

Les campagnes devinrent plus violentes pour que le pétrole italien restât italien au maximum et trois projets de lois furent déposés au parlement italien allant de la nationalisation à l'exploitation libre. En attendant le résultat, une société étrangère mit son activité en veilleuse. M. Mattei se déchaîna et cette polémique — dont la presse évita de donner de larges échos en France pour ne pas mettre la puce à l'oreille aux Français — prit les allures d'un combat national. L'Italie voulait contrôler son pétrole.

Avec beaucoup de sagesse, le gouvernement italien qui veut du pétrole italien le plus rapidement possible, choisit un

---

[70] D'après l'écrivain italien, ces sept sœurs sont la *Standard Oil of New-Jersey*, la *Socony Vacuum*, la *Gulf Oil*, La *Standard Oil of California*, *Texas Oil* (américaines et inféodées au point de vue brevets à Rockefeller (*Standard Oil of N-J* et *Mellon*), *Shell-Royal Dutch* et *Anglo-Iranian Oil* (devenue *British Pétroleum*). (américaines et inféodées au point de vue brevets à Rockefeller (*Standard Oil of* N-J et Mellon), *Shell-Royal Dutch* et *Anglo-Iranian Oil* (devenue *British Petroleum*).
Il est exact que, malgré la concurrence et parfois l'adversité acharnée, les trusts américains et anglais entretiennent des contacts réguliers commerciaux surtout depuis la conférence du pétrole de Washington de 1944 (Voir *Bataille pour le pétrole français*).

moyen terme qui mécontenta néanmoins les pétroliers étrangers.

Nationaliser, pour le gouvernement italien aurait abouti au rachat de toutes les entreprises donc, question de trésorerie. Par ressentiment, les sociétés eussent enlevé soit leur matériel, soit leur personnel spécialisé qui font défaut à l'Europe. Enfin l'Etat est partout l'Etat, lent, paperassier, sans responsabilité et livré aux chicanes internes de ses techniciens. La loi pétrolière fut donc votée et entérinée par le Sénat contrairement aux espoirs nourris par les sociétés étrangères.

L'Etat italien se réserve 60 % ; avec juste raison, il s'estime supérieur à tel souverain arabe auquel les compagnies versent 50 %. La Gulf Oil préféra renoncer à sa participation dans Petrosud qu'elle repassa à la Montecatini, elle conserva sa concession de Sicile, ce qui confirme le rôle que la stratégie américaine entend faire jouer à l'île italienne dans la stratégie méditerranéenne. Le pétrole sicilien permet de ravitailler sur place autant l'armada américaine que les avions du corps expéditionnaire. S'il fallait une preuve supplémentaire de l'étroitesse des liens entre la diplomatie du Département d'Etat et des pétroliers, il n'est pas besoin d'aller plus loin.

Malgré le départ de la Gulf Oil, l'American Grecian Oil C° demanda deux permis de recherches en Italie. Son président, M. Derman déclara que les conditions imposées par la loi italienne étaient « dures mais acceptables ». Depuis, les sociétés américaines reviendraient sur leur geste de mauvaise humeur.

Le gouvernement italien ne prétend pas que ces concessionnaires s'endorment sur leurs périmètres, la Gulf fut invitée à forer au moins 16 puits en 1957 dans l'espoir d'atteindre les deux millions de tonnes de pétrole.

Donner un chiffre de tonnage pour l'Italie serait s'exposer à un ridicule eu égard à sa production de demain. Il est presque certain, autant par le pétrole que par le gaz naturel,[71] que l'Italie se trouve à la veille d'un bouleversement industriel européen. Elle aura les ressources énergétiques qui lui manquaient pour occuper une abondante main-d'œuvre. M. Mattei aura bien mérité de la renaissance italienne.

La France doit désormais regarder attentivement du côté de l'Italie... surtout avec l'ère du marché commun européen. Sauf paralysie plus ou moins provoquée, l'Italie sera un des premiers pays de l'Europe occidentale à s'affranchir des importations étrangères de pétrole quand il bénéficiera des capitaux et surtout du matériel nécessaire.

L'Allemagne et l'Italie, deux exemples pour la France et l'Europe.

DANS LES AUTRES PAYS D'EUROPE

En Belgique, des recherches pétrolifères ont lieu depuis quelques années avec beaucoup de discrétion. La Campine anversoise serait favorable à la présence de gisements.

La Hollande exploite son pétrole (environ 500 000 tonnes par an). L'Algemeene Exploratie Mij. a adopté la turbo-foreuse française ; elle cherche de nouveaux points car les poches exploitées accusent une baisse. La Bataafsche Petroleum Mij. dirige ses efforts sur les forages sous-marins de la mer du Nord. La Nederlandsche Aardolie Mij a découvert un gisement important dans l'ouest.

---

[71] Pour l'année 1956, l'*A.C.I.P. Mineria* a produit 4 138 millions de gaz naturel.

Au Danemark, la Standard Oil of New Jersey a demandé un permis de recherches d'hydrocarbures sur tout le territoire danois en s'engageant à dépenser, sur la période 1957-1958, une somme de 10 millions de couronnes en frais de prospection.

La Suisse entra plus tardivement dans la compétition. Au sud, la Mofag effectue des recherches dans le canton de Genève ; dans le sud-ouest, c'est la Middleland Oil C ; au centre ouest la Petromil est à pied d'œuvre. Enfin la Société des Hydrocarbures prospecte un vaste secteur compris entre l'est du lac de Genève et le lac de Neuchâtel.

La Grèce parait être choisie pour devenir un centre de distribution de produits pétroliers en Europe orientale (commencement d'une tactique commerciale contre un marché du pétrole soviétique venant de Roumanie). A quinze kilomètres d'Athènes une raffinerie est en construction ; elle sera une des plus importante d'Europe avec une capacité de 1,5 million de tonnes par an et coûtera entre quinze et vingt milliards. Des recherches pétrolifères se poursuivent en Grèce sans acharnement particulier. On signale, à Zante, un gisement de pétrole lourd, à Vathylakos (région de Salonique) les sondages donnent des promesses ; en Thrace, en Epire, etc. on a relevé des traces d'hydrocarbures. L'American Grecian Oil C° en association avec deux autres sociétés israéliennes commence les sondages dans l'île de Takhintos.

A Chypre, les prospections pétrolifères débuteront fin 1957 et seront menées par la Forest Oil Corp. of Pensylvania.

La production autrichienne (environ 3 millions de tonnes par an) commence à baisser dans les anciens puits. Le gouvernement a mis un vaste plan en chantier pour la recherche de nouveaux gisements. Il en a été découvert un à Spannberg, en Basse-Autriche. Les prospections se poursuivent et la région de Mactigshofen se révélerait propice. D'importants gisements de gaz naturels sont exploités par feeder.

Une brève information datant de 1955 apprit que des indice pétrolifères avaient été relevés en Espagne depuis que les Américains transforment la péninsule ibérique en base aéronavale méditerranéenne.

La Grande-Bretagne, empire pétrolier jouissant du matériel le plus moderne et d'une des meilleures techniques dans la partie, n'a pas pu obtenir de bons résultats sur son propre territoire. Elle produit 50 000 tonnes par an après avoir donné, avec une exploitation intensive, 100 000 tonnes pendant la guerre.

La Grande-Bretagne est une importante consommatrice de produits pétroliers pour son industrie. Sa principale énergie demeure la houille ; la « houille blanche » est assez peu utilisée comme source énergétique. Par contre, elle créa une industrie du raffinage (d'une capacité d'environ 30 millions de tonnes), actuellement la première d'Europe occidentale. Néanmoins depuis que Suez démontra 'à Londres comme à Paris la nécessité d'un carburant produit sur place elle poursuit avec persévérance ses recherches. Les zones de prospections britanniques sont : Southampton, Middlesbrough, Egmanton et Edimbourg en Écosse ; 250 puits couvrent le pays dont 200 dans les régions de Duke's et de Kellam Hills. Au moment de l'affaire du canal, elle ne possédait que quinze jours de réserve de carburant. Sa flotte pétrolière importante et ses sources situées ailleurs qu'au Moyen-Orient lui permirent de parer assez rapidement à la pénurie.

En 1956, une vente provoqua une intense émotion en Grande-Bretagne. Le gouvernement anglais avait décidé de céder les gisements de la Trinité (Trinidad Oil C°) à la compagnie américaine Texas Oil pour la somme d'environ 180 milliards de francs. La presse et le Parlement critiquèrent sévèrement cette cession. Besoin d'argent de la trésorerie britannique ? On le dit. Sujet assez stupéfiant pour l'Angleterre qui permit à ses concurrents d'étendre leurs tentacules, mais pas plus que la vente, en 1954, de 40 % de ses pétroles iraniens à un groupe de pétroliers américains.

A titre de curiosité, signalons que la société britannique Borax 14 aurait mis au point un nouveau carburant rival du pétrole à base de bore.

Pour activer les recherches de pétrole sur son sol et inculquer à la jeunesse anglaise le goût de la prospection pétrolière, la Grande-Bretagne a décidé la création d'un Laboratoire national de sédimentologie annexé à l'université de Reading (Coût : 150 millions de francs).

Il est assez difficile de connaître exactement la situation pétrolière des pays de l'Europe orientale satellites de l'U.R.S.S. qui ne paraissent pas favorisés en essence puisque l'on enregistre chez eux les plus faibles pourcentages européens de consommation d'essence par tête d'habitant (Pologne, 60 litres par habitant et par an).

En Pologne, les anciens gisements de la région de Jaslo arrivent à épuisement, mais dans quelle mesure le sol polonais est-il prospecté bien que l'on annonce la progression de la production du gaz naturel ?

La Hongrie cherche aussi du pétrole dans le bassin de Lovaszi ; elle a battu le record d'Europe de profondeur d'un forage avec 4 016 mètres, record qui est maintenant détenu par l'U.R.S.S. avec 4 812 mètres (presqu'île d'Apcheron, mer Caspienne).

La Yougoslavie donne annuellement environ 350 000 tonnes de pétrole ; elle cherche activement de nouveaux gisements à Bar, au Monténégro, en Bosnie, etc.[72] Sa voisine, l'Albanie, qui donna jadis tant d'espoirs aux Italiens, ne semble pas devenir ce qu'elle promettait plus par carence intérieure que par possibilités réelles. La Roumanie, avant la guerre deuxième productrice européenne après la Russie, ne parait pas bénéficier de toute l'aide nécessaire soviétique pour étendre sa production anciennement contrôlée par des sociétés en majorité britanniques. Ajoutons 150 puits pour la Tchécoslovaquie qui produit 200 000 tonnes par an principalement dans la région de Goeding et, pour la Bulgarie qui ne commença à prospecter qu'en 1954, une production de 250 000 tonnes.

AILLEURS À TRAVERS LE MONDE

Cette fièvre du pétrole — plus exactement des sources énergétiques dont le pétrole — ne se limite pas à l'Europe et à l'Afrique. L'obstruction du canal de Suez, considérée comme le début d'un craquement progressif du Proche et du Moyen-Orient incita des sociétés et des pays à chercher d'autres zones de production de pétrole éloignées des points névralgiques mondiaux. D'autre part, les trusts britanniques — les plus menacés à la fois par les Arabes, les Américains et les Soviétiques — ont des clients répartis sur la surface du globe ; ils essaient donc de trouver ailleurs des sources de carburant échappant à ces contrôles peu amènes. Donnons un simple aperçu d'une activité qui s'étend sans cesse chaque jour.

Il y a une douzaine d'années, le sultanat de Brunei, dans l'île de Bornéo, était une colonie anglaise primitive. Aujourd'hui les potentats locaux roulent en voitures de luxe. La Royal Dutch-Shell extrait du district de Seria 40 millions de barils. Le roi Omar est devenu un riche et puissant personnage, les Dayaks et les Malais travaillent aux travaux pétroliers et les

---

[72] Un nouveau champ vient d'entrer en exploitation à Dugo Salo.

commerçants chinois réalisent des fortunes rapides. Redoutant que les gisements soient de moyenne capacité, deux îles artificielles cherchent le pétrole à une trentaine de kilomètres au large de la côte sous 25-40 mètres d'eau.

En Nouvelle-Guinée (à Barikewa en Papouasie), le pétrole a révélé sa présence.

Au Timor portugais, la société australienne Timor OR Ld prospecte après accord avec le gouvernement portugais qui se réserve 10,5 % du pétrole extrait.

En Australie, indices pétrolifères dans le golfe Bonaparte, découvertes de gaz naturels dans la contrée d'Alice Springs, etc.

Aux Philippines, la Standard Vacuum OU C° commence les recherches.

La British Petroleum et la Cie Néo-Zélandaise des pétroles prospectent en Nouvelle-Zélande, y compris les gisements sous-marins.

Au Japon, pourtant d'origine volcanique, la Miti Japex se livre à des recherches ; le pays produit déjà 400 000 tonnes par an. Le professeur Hiroshi Niino pense que d'énormes gisements de houille et de pétrole se trouvent sous la mer à proximité des côtes japonaises. Le pétrole fut trouvé au large de l'île Hokkaïdo, la plus au nord de l'archipel.

L'Inde, qui manque de tout et principalement de nourriture pour ses 375 millions d'habitants, produit à peine quatre millions de tonnes de pétrole par an (Assam Oil, filiale de la Burmah Oil britannique). L'Inde, impatiente de disposer de source d'énergie, fit appel à des techniciens allemands et soviétiques. Ces derniers signalèrent l'existence de pétrole dans le delta de Kaveri (Tanjore) et établirent un plan de prospection et d'exploitation de 300 millions de roupies. M.

Malviya, ministre indien des ressources naturelles, après avoir déclaré au parlement de New-Delhi que les Français avaient obtenu « des résultats sensationnels au Sahara » négocia avec la France pour l'envoi d'une mission de techniciens français chargée de prospecter la région de Jaïselmar dans le Rajhastan.

Au Pakistan, gisements de gaz naturels à Sui et à Uah, tandis que l'Ittock Oil C° (Shell 50 %) a fait jaillir le pétrole à Peshawar et que la région de Dhak se révèle pétrolifère. Recherches aussi de la Pakistan Sun Oil.

La Thaïlande (ex-Siam) déclare qu'elle a du pétrole à Samudr, Sogram, Aïndia, Suphanburi, etc.

La Turquie, qui produit déjà un peu de pétrole dans le sud-est met beaucoup d'espoir dans le gisement de Garzan (Anatolie).

Jusqu'en Alaska, où les prospections terminées, les forages vont commencer par la Colorado Oil Gaz Corporation et la Richfield Oil Corp.

Les progrès effectués par le Canada sont impressionnants ; il atteint une production de 23 millions de tonnes (tonnage quadruplé en six ans). Ayant découvert des sables bitumeux à Athabasca (environ 700 km au nord-est d'Edmonton), les techniciens de la Royalite Oil recherchèrent pendant deux ans le moyen de séparer le pétrole du sable. Le procédé industriel est trouvé et va permettre l'exploitation des gisements d'Athabasca évalués à 250-300 milliards de barils. (Avis aux techniciens français faisant la moue devant les « gisements difficiles »). Une usine construite sur place permettra de traiter 25 000 barils par jour et des pipe-lines évacueront le carburant. L'installation commencera à fonctionner en 1960. En juillet 1956, le Canada établit une sorte de record avec 23 découvertes de pétrole dans le mois. Un système de pipe-lines transcontinental facilitera la distribution de pétrole. L'industrie pétrolière canadienne est pour les deux tiers environ entre les mains des sociétés américaines qui pensent trouver au Canada une partie du pétrole que les États-Unis ne produiront plus.

La Chine aux 600 millions d'habitants ne tire de son sol que 1 200 000 tonnes de naphte par an (et 800 000 selon les experts étrangers). Elle a passé un accord avec l'U.R.S.S. pour la prospection mixte du bassin de l'Amour.

Cuba, qui produit 2 000 barils par jour a mis sur pied un plan de production pour extraire 10 000 barils de pétrole dans dix ans (sociétés américaines pour l'exploitation, sociétés anglaises et américaines pour le raffinage). Cuba ambitionne de devenir un des principaux producteurs mondiaux.

Aux pays cités, il faut ajouter les pays déjà producteurs de pétrole qui intensifient leurs recherches pétrolifères sur leurs territoires et au large de leurs côtes. C'est le cas de l'Amérique centrale et de l'Amérique du sud. Le golfe du Mexique deviendra un endroit très fréquenté par les îles artificielles.

Par ces quelques indices à travers le monde (on affirme que les régions polaires seraient riches en minéraux de toutes sortes y compris le naphte), chacun comprendra mieux l'importance de la course à un pétrole de plus en plus local ou voisin qui passionne si tardivement l'Europe.

PERSPECTIVES SUR L'AVENIR DU PÉTROLE

Un homme considérable dans le monde pétrolier, M. J : H. Loudon, président de la Royal Dutch fit un exposé (en janvier 1957) devant la New York Society of Security Analyste, dont nous ne détacherons que quelques phrases.

« Au cours de ces vingt prochaines années, le pétrole n'a guère à craindre la concurrence de produits de substitution. Il est probable qu'il devra fournir une proportion croissante des besoins en énergie. L'énergie atomique stimulera plutôt que réduira l'emploi du pétrole »

Les businessmen, en général, prévoient beaucoup mieux l'avenir que les hommes politiques. Ce sont des spécialistes et le pétrole est une valeur internationale plus sérieuse que les budgets des pays. On comprend alors que si la communauté des hommes décidait de passer outre ces pronostics stabilisant des affaires, les moyens financiers dont disposent ces trusts sont assez puissants pour que l'avenir se déroulât suivant leurs plans établis. Quand une e profession » parvient à un tel stade de gestion politico-économique, on conçoit son besoin de fixer des échéances à l'évolution, ne serait-ce que pour se permettre de prendre le relais avec un autre élément.

D'ailleurs, M. B : R. Jackson, chairman n'en fit pas de mystère à l'assemblée annuelle (1956) de la British Petroleum.[73] Après avoir annoncé la participation de la B.P. au développement de l'énergie atomique, il n'hésita pas à faire savoir que « plusieurs membres de son personnel étaient au centre atomique d'Harwel ».

Voilà ce que signifie de contrôler les sources d'énergie », source des plus grands profits mondiaux.

Même avec l'atome, le pétrole ne mourra pas. Les pétroliers ont déjà vu beaucoup plus loin. Nous mangerons au besoin du pétrole et cela n'est pas une boutade.

---

[73] *British Petroleum Cy* (ex-Anglo-Persian puis *Anglo-Iranian Oil C°*), 56 % au gouvernement britannique.

Nous reproduisons ci-dessous in-extenso (et à titre absolument gratuit) le texte compris dans une demi-page de quotidien.[74] Il s'agit de ce qu'on appelle une publicité de prestige » qui n'est d'aucun rapport commercial direct sauf pour le journal qui l'insère. C'est une publicité Esso (Standard Oil) publiée sous le titre « Postérité du pétrole ».

« L'arbre généalogique du pétrole est le géant d'une forêt symbolique (sic). Son fût puissant projette autour de lui des surgeons vigoureux qui, à leur tour, enrichissent la descendance de ce patriarche, le pétrole. Aux enfants de ses enfants-essence à haut indice d'octane, carboréacteur dont s'abreuvent les moteurs à réaction, gas-oil à basse teneur en soufre pour les Diesel, fuel aux utilisations industrielles multipliées sont venus s'agréger les caoutchoucs de synthèse comme le Butyl. En quelques années les plastiques, notamment les dérivés de l'éthylène, les plastifiants, les solvants, les résines qui servent à la fabrication des laques et des vernis industriels et tous les textiles de synthèse dont la vedette est le nylon, ont provoqué dans le monde entier des révolutions aux conséquences incalculables. Que de produits sont nés de la goutte de pétrole originelle ! Mais la satisfaction des besoins industriels ne suffit plus à l'ambition des savants. Les pétrochimistes se demandent aujourd'hui si cet hydrocarbure aux possibilités illimitées ne nous procurera pas les moyens de pallier la pénurie toujours menaçante de produits agricoles. Qui sait, en effet, si ce n'est pas à lui que la terre sous-alimentée demandera les centaines de milliers de tonnes de nourriture à remplacer, en l'an 2 000, l'aristocratique gastronomie disparue avec les petits animaux, les volatiles exquis, les primeurs, dont l'élevage, la chasse ou la culture n'empêchent pas la famine de tuer chaque année des millions d'êtres affamés. A tout le moins, il ne nous est pas interdit d'espérer que les innombrables descendants du pétrole permettront un jour de réserver à

---

[74] *France-Soir* (28 juin 1958).

l'alimentation du globe d'énormes quantités de végétaux utiles et qu'ils contribueront dans une large mesure au développement de l'agriculture. »

Une société pétrolière paya plusieurs millions de francs pour insérer ce texte. Au moment où les surproductions agricoles, en France — 600 000 ha retournés à la friche depuis 300 ans — aux États-Unis, en Argentine posent des graves problèmes dans les économies intérieures. Mais enfin, si manger du pétrole préparé par la pétrochimie est encore du domaine de l'avenir[75] l'esquisse de l'emprise du pétrole dans la vie moderne brossée par une société pétrolière et non une des moindres, devra inciter les personnes à souvent relire cette annonce pour se convaincre de la puissance mondiale de ce « géant ». Tant pis si ce n'est pas le but recherché par cette publicité (dont le sens est le lancement de produits contre les maladies de l'agriculture). Dans un autre ouvrage, nous expliquâmes que tous les dérivés du pétrole sont nocifs et que l'extraordinaire développement du cancer correspond précisément à la généralisation des produits issus du pétrole.

Qu'il s'agisse des paroles rassurantes de M. J.-H. Loudon, des espoirs encourageants de M. B.-R. Jackson ou du texte de « postérité » ci-dessus, le but est le même, le pétrole ne peut et ne doit pas mourir quoi qu'il arrive. Le plan Eisenhower pour le Moyen-Orient confirme que, s'il n'en

---

[75] Cette idée d'une terre trop petite pour nourrir une population mondiale qui s'accroît d'année en année malgré les guerres, fut lancée en 1955 par sir Harold Hartley « fellow of the Royal Society » et reprise un peu partout. M. Raymond Cartier en fit un cheval de bataille, dans *Paris-Match*, deux ans après, en suivant le même développement que sir Harold. C'est une idée fausse du monde de demain il s'agit avant tout d'une meilleure répartition mondiale des produits agricoles puisque seuls meurent de faim *ceux qui n'ont pas les moyens d'acheter*. Le problème n'est pas du tout où l'on pense. D'autre part, grâce aux sources énergétiques, des canalisations permettront quand on le voudra (on commence aux Indes) d'irriguer des centaines de millions d'hectares de déserts jusqu'à présent improductifs. L'U.R.S.S. fertilise ainsi plus de 10 millions d'hectares de terres depuis toujours incultes.

tient qu'aux États-Unis, il ne mourra pas. Les fébriles recherches de pétrole dans tous les coins du monde indiquent d'ailleurs que personne n'a l'intention de laisser dépérir cette nouvelle merveille du monde.

Sa mort provoquerait d'ailleurs des « catastrophes » en série.

Vingt pour cent des opérations de Bourse ont pour objet les titres pétroliers. Telle est une des puissances du pétrole. Rockefeller ne voyait dans le pétrole qu'une grande affaire commerciale. Son concurrent Deterding y ajouta la finance dans tout ce que le terme a de péjoratif.

Le pétrole est devenu une combinaison financière internationale et pour le mettre à l'abri des entreprises d'un gouvernement quelconque — alors que la plupart des actions pourraient être rachetées depuis longtemps — la circulation des titres fut développée afin qu'un grand nombre de spéculateurs plus que d'épargnants fasse escorte courtisane aux pétroliers. Certaines sociétés, dites de « financement », dont aucun membre du conseil d'administration n'a vu et ne verra une goutte de pétrole brut, vivent confortablement de la ruée vers le pétrole. Quel est le moyen plus efficace que l'argent pour développer une psychose-pétrole ? Des milliers de sociétés à travers le monde, les filiales, les holdings des centaines de millions d'actions et les fils de tous ces remue-ménages aboutissent dans moins d'une demi-douzaine de bureaux dont aucun n'est étranger à l'autre...

Les augures du pétrole anglais et américains ont donc raison d'affirmer que la dictature du pétrole survivra à tout. Elle permet à la Royal Dutch de lancer l'idée d'un pipe-line de 50 milliards, d'autres disent 100, qui traverserait l'Europe occidentale et économiserait 50 % sur le transport. Elle incite M. Hermann Ahreng, ministre de l'économie de la Basse-Saxe à mettre sur pied le grandiose projet de prospection des fonds de toute la mer du Nord pour y déceler les gisements pétrolifères dès que les négociations internationales engagées préciseront les droits des riverains. Faisons confiance au chairman de la British Petroleum, au président de la Royal Dutch et aux mangeurs de pétrole de l'Esso, le pétrole a trop de raisons de ne pas mourir.

Raison de plus pour que l'Europe occidentale déploie des efforts exceptionnels pour s'affranchir de l'esclavage du carburant étranger.

VII

Pour quelles raisons la France a-t-elle manqué de pétrole ? (Et en manquera-t-elle peut-être demain ?)

La France n'avait qu'un mois de stock de réserve de pétrole lorsqu'éclata la crise de Suez. Les uns écrivirent « un mois » les autres « trois mois », mais personne ne savait au juste ce qu'il y avait ou n'y avait pas dans les réservoirs français. Depuis longtemps, les sociétés pétrolières manœuvraient comme elles l'entendaient.

Les pétroliers au-dessus de la loi

Le 12 décembre 1956, le ministre Ramadier déclara que les réservoirs étaient insuffisants pour augmenter les réserves ; c'est exact ; c'est l'aveu de l'impéritie gouvernementale et de l'incapacité des « hautes autorités » du pétrole français à mener une « politique nationale du carburant ». Une fois encore, félicitons le colonel Nasser de nous avoir mis en face de nos responsabilités en période de paix. La France devait avoir 50 % de réserves de carburant, soit six mois de consommation normale assurée. Ce laps de temps était suffisant pour pallier les pipe-lines coupés et l'obstruction du canal de Suez.

En 1938, pour une consommation qui ne s'élevait qu'au tiers de la consommation de 1955, les réservoirs avaient une capacité de stockage de 5 932 000 mètres cubes. En 1956, la capacité de stockage n'était que de 9 238 000 mètres cubes, répétons : pour une consommation triple. La France vivait sur le pied d'un perpétuel renouvellement de ses réservoirs, elle vivait presque au jour le jour si l'on considère qu'en 1955, année de consommation normale, son économie intérieure absorba 15 736 900 tonnes de produits pétroliers.[76]

Incontestablement, il y a une carence dans le domaine des réservoirs de stockage... opération de sécurité nationale qui ne rapporte évidemment pas de bénéfices aux pétroliers.

Qui autorisa la non application de la loi de 1938 sur les stocks de réserve ?

La France est bonne pour raffiner le pétrole brut et exporter des produits finis (la capacité totale de raffinage de la France est de 26 millions de tonnes, neuf raffineries sur treize

---

[76] Voici la consommation exacte de la France en produits pétroliers (1955) en période normale (d'après le Comité professionnel du pétrole). (Nota : la consommation française augmente chaque année de 10% environ).

Gaz liquéfiés .... 415 800 tonnes »
Essence aviation .... 125 800 tonnes »
Essence auto et super .... 4 229 600 tonnes »
Essences spéciales .... 52 800 tonnes »
White-spirit .... 41 800 tonnes »
Pétrole lampant .... 103 400 tonnes »
Carburéacteur .... 78 300 tonnes »
Gas-oil .... 1 500 100 tonnes »
Fuel-oils .... 7 884 400 tonnes »
Lubrifiants .... 427 500 tonnes »
Paraffines et cires .... 16 000 tonnes »
Bitumes .... 861 400 tonnes »
Total marché intérieur .... 15 736 900 tonnes
(Soit + 11,9% sur l'année précédente).
Marché des soutes .... 1 747 900 tonnes »
Total marché français .... 17 848 800 tonnes
(Soit + 11,3% sur l'année précédente).

sont des filiales de sociétés étrangères), alors la contre-partie de sécurité devait être respectée.

Lorsqu'on s'émut soudainement de cette insuffisance de réserves, on agita la loi du 10 janvier 1925 (article 2) sur la réglementation des stockages et l'on accusa le ministre des finances de 1948 d'avoir refusé aux pétroliers l'augmentation de 1 fr. 20 par litre, réclamée alors, pour augmenter la capacité en réservoirs. On aurait eu ainsi, trois mois de consommation d'avance. Et les thuriféraires des pétroliers qui ne voulaient pas investir des capitaux dans les réservoirs, d'argumenter pour innocenter la profession du pétrole et éviter de faire retomber sur elle une partie des responsabilités de la pénurie qui lésa la France et dont les contribuables boucheront les trous.

Personne ne parla des décrets de décembre 1937 mis en application le 1er février 1938 et rendus obligatoires par décret du 22 février 1938. Tous les importateurs de pétrole sont obligés de constituer progressivement des stocks pour atteindre 40 % en 1948. Un autre décret du 23 août 1938 renforce les précédents décrets en élevant à 50 % les stocks de réserves. Si les pétroliers ne se plaçaient pas au-dessus des lois, si d'étranges protections politiques autant qu'administratives ne les préservaient pas de la soumission à la loi commune, la France devait avoir 50 % de réserves.

Voici les textes du 23 août 1938 :

Article 1er : A compter du octobre 1938, les titulaires d'autorisations d'importation de pétrole brut ou de ses dérivés et de ses résidus seront tenus de justifier qu'ils entretiennent à tout moment 25 % au moins de leurs stocks de réserve de gas-oil et de fuel-oil dans des réservoirs distants au moins de 500 mètres de la plus proche, etc.

Article 3 : Le pourcentage fixé à l'article 1er sera porté à :

27,5 %	au 1ᵉʳ janvier 1939 ;	30 %	au 1ᵉʳ janvier 1940
32,5 %	— 1941 ;	35 %	— 1942
37,5 %	— 1943 ;	40 %	— 1944
42,5 %	— 1945 ;	45 %	— 1946
47,5 %	— 1947 ;	50 %	— 1948

Ces chiffres ne sont pas inventés, ils sont extraits du livre de M. Edgar Faure, ancien président du conseil. Ils sont donc connus au parlement.[77]

Certes, il y eut la guerre. Le plan pouvait être retardé, mais non abandonné. Les pétroliers trouvèrent les fonds nécessaires pour relever les raffineries et augmenter leur capacité de raffinage. Depuis la fin de la guerre, l'Etat français (de 1946 à 1952 « subventions dues à la protection douanière ») permit à cette florissante industrie d'encaisser 78 milliards. En ne considérant que cette période (des protestations de parlementaires firent baisser cette manne de 20 milliards par an, à 17...) que de réservoirs n'eut-on pas construit en application de la loi de 1938 !

Pas d'argent, sauf si l'usager verse 1 fr. 20 de plus par litre ? Avec quel argent les sociétés pétrolières édifièrent-elles les somptueuses stations-service en raflant les meilleurs emplacements à coups de millions ?[78] (Nous verrons plus loin les bilans financiers des principales sociétés). Nous sommes devant l'écrasante responsabilité de l'Etat s'inclinant devant les pétroliers, Etat qui laissa construire les stations de luxe (rentables) plutôt que d'imposer les réservoirs indispensables à la sécurité nationale.

---

[77] Le Pétrole dans la Guerre et dans la Paix (N.R.C., éditeur, Paris, 1939)

[78] Cf. *Bataille pour le Pétrole français* (chapitre : le raffinage et les raffineurs).

Les aménagements de stocks de réserves (évaluées 140 millions à l'époque) de la loi de 1938 n'étaient pas demandés pour rien par le gouvernement. En contre-partie, les pouvoirs publics concédèrent : 1°) un avoir de 6 % sur le montant des droits de douane des quantités effectivement stockées à l'intérieur (ristourne donnée à raison de 0,50 par mois) ; 2°) escompte de 1 % sur le montant des droits de douane relatifs aux quantités transitées par ces dépôts d'intérieur.

Tous les parlementaires français demeurèrent muets en 1956 quand la France manqua de pétrole.[79] Il ne s'en trouvera pas un pour demander ce que deviennent les stipulations ci-dessus puisque les réservoirs n'ont pas été édifiés suivant la loi de 1938. Le pétrole serait-il devenu, aussi en France, une question de régime ?[80]

Dans une réponse à une question écrite du député M. de Léotard (février 1957), sur les stockages en France, d'essence, le secrétaire d'Etat compétent répondit qu'il estimait entre 35 et 40 000 fr. l'effort de trésorerie nécessaire pour constituer un stock D'UN METRE CUBE d'essence. La loi de 1938 ne prévoyait pas que cette charge devait regarder l'Etat, donc les contribuables.

La cause essentielle de pénurie de carburant en France (si nous la devons aux événements du Moyen-Orient), est une loi

---

[79] Le 26 novembre 1956, la commission de la Production Industrielle de l'Assemblée nationale devait se réunir pour se prononcer sur une proposition tendant à instituer *d'urgence* un rationnement du carburant. Les 44 députés, membres de la commission, furent convoqués régulièrement pour cette importante réunion. A la séance, il y avait trois députés présents (d'après *La Gazette Agricole*, du député H. Dorgères).

[80] Question de régime ? M. Maurice Bardèche écrit : « C'est parce que nous reconnaissons dans les démocraties modernes des régimes incapables d'assurer la justice sociale ou même simplement le respect de la volonté populaire que nous souhaitons la fin de l'hypocrisie démocratique qui n'est qu'un masque de l'impuissance, de la ploutocratie et finalement de l'asservissement de nos pays aux grands intérêts internationaux. »

bafouée à la fois par ceux qu'elle vise et par ceux chargés de l'appliquer, puisque les décrets de 1938 ne furent pas abrogés.

« NÉCESSITÉ NATIONALE » TRAITÉE AVEC DÉSINVOLTURE

Le problème du carburant, capital pour la France, était en réalité la proie d'une désinvolture administrative significative de l'état des rouages de l'Etat. Les mesures de restriction décidées ne reposaient sur aucune évaluation sérieuse. Les contre-ordres succédèrent aux ordres, aux expériences de « civisme », aux hausses appliquées au petit bonheur puis annulées trois jours après pour être reprises quelques semaines plus tard, illustration de cette fameuse « politique nationale du carburant ».

Prenons quelques faits parmi beaucoup d'autres :

Extrait d'une enquête de France-Soir : « ...Un couple de Seine-et-Oise m'a donné une explication surprenante « ... Comment j'ai fait le plein ? m'a dit le mari, c'est incroyable ! Samedi, je roulais en Seine-et-Oise quand au bord de la route, j'ai vu une queue d'automobiles devant une pompe. Un ami qui était parmi ceux qui attendaient m'a fait signe de m'arrêter. Le pompiste, qui devait être livré dans la journée, et qui n'avait reçu qu'un nombre infime d'inscriptions, faisait le plein à qui voulait de l'essence pour vider ses cuves, en vue d'un nouvel arrivage. » Cette incroyable révélation m'a été confirmée plus tard par le responsable d'un groupement syndical chargé des intérêts des artisans de l'automobile... »

Un autre genre (extrait de La Gazette Agricole) : « ...Dans la petite commune d'Autreville-sur-Moselle (Meurthe-et-Moselle), le service d'incendie est assuré par une pompe à bras. Aussi l'étonnement du lieutenant des pompiers a-t-il été grand lorsqu'il reçut l'ordre impératif de prendre immédiatement livraison du carburant attribué à la pompe communale... »

Nous avons relevé quelques douzaines d'exemples similaires publiés dans la presse, sans réaction des services intéressés.

Il y a mieux.

Le 12 décembre 1956, un hebdomadaire parisien publiait : «...Certains importateurs contre-attaquent et prétendent qu'il y a le carburant nécessaire en France, à tel point que, ne sachant pas où le mettre, on sera peut-être obligé de dérouter des bateaux apportant du naphte... » Quelque temps après, Sud-Ouest Dimanche publiait que, malgré tout le poids mis sur l'affaire pour l'étouffer, on avait appris que deux bateaux pétroliers venant en France avaient été déroutés sur le Benelux sous le prétexte que le pétrole n'était pas de bonne qualité. Le journal se montra surpris que le pétrole fut bon pour nos voisins et non pour les Français...[81]

---

[81] Voici l'avis exprimé dans La Gazette Agricole (du 16 février 1957), journal du député de l'Ille-et-Vilaine. « Dans tous les pays limitrophes de la France, qu'il s'agisse de l'Espagne, de l'Italie, de la Suisse ou de la Belgique, la vente de l'essence est restée libre. Les mesures qui avaient été prises un certain temps pour empêcher les frontaliers français d'aller s'approvisionner à l'étranger ont été pratiquement abolies.

« Pendant ce temps, en France, on a pratiqué le rationnement de l'essence et la circulation est restée telle qu'il semble que la mesure a été surtout prise pour des raisons fiscales. Si la vente de l'essence était restée libre, jamais les automobilistes n'auraient admis la hausse de 11 frs par litre que nous venons de subir. Mais avec une essence rationnée, avec une essence rare, cette hausse a été acceptée sans trop de protestations... »

A titre indicatif, disons que l'essence est devenue un dérivatif du budget obéré : sur un litre d'essence, l'usager paie 0 fr. 37 aux invalides de le, marine, 5 fr. 94 en garantie des conventions avec la Banque de France (jusqu'en juillet 1957), 0 fr. 46 aux retraités des mines, 1 fr, aux allocataires familiaux agricoles, 3 fr. 01 en compensation de la taxe locale, 1 fr. 07 pour l'entretien des soldats d'Algérie, etc., etc.

Le pompiste touchait 3 fr. 45 au 15 mars 1957.

Depuis juin 1957, les charges pesant sur l'essence ont été considérablement augmentées.

Les automobilistes savent que pour économiser l'essence, on donne un mélange appelé carburant superternaire (75 % d'essence, 15 % d'alcool, 10 % de benzol) qui donne satisfaction et qui est de plus en plus employé pour le grand rendement des moteurs dans les courses d'automobiles. Or, la nécessité était tellement urgent d'allonger la « sauce-essence » qu'en pleine crise, en décembre 1956, un tanker partit du Havre livrer de l'alcool aux États-Unis. On répondra « en vertu d'un marché ancien » ; nous dirons que nécessité nationale fait priorité.☐

Tenons-nous aux raisons orthodoxes de la pénurie d'essence, elles sont moins machiavéliques et plus démocratiques que l'autre son de cloche donné par le journal du député d'Ille-et-Vilaine. Elles permettent de situer une carence générale des services chargés de cet important compartiment national.

Revenons sur l'armement pétrolier de la France, c'est important. La crise de Suez permit de s'apercevoir que la flotte pétrolière française ne pouvait assurer que 66 % du transport du carburant nécessaire au pays en période normale, c'est-à-dire en passant par le canal et en chargeant aux pipe-lines débouchant dans les ports de Méditerranée orientale. Le chemin par Le Cap nécessitant deux fois plus de temps que le chemin par le canal de Suez, c'est donc à peine un tiers des importations françaises que cette flotte pourrait assurer en nouvelle période de tension qui rendrait impossible le passage en mer Rouge.

La France est donc de plus en plus dépendante des sociétés étrangères pour son carburant. Pour le temps de paix,

---

La Banque de France a une option sur l'essence tout comme les banques étrangères prenaient des options sur les ports ou sur les douanes de la Chine et d'ailleurs pour garantir des emprunts.

passe encore (bien qu'il faille payer le fret en devises étrangères aux bateaux étrangers) puisque tous les tankers ne demandent qu'à travailler avec n'importe qui. Que se passerait-il en temps de guerre suivant l'attitude que la France entendrait observer ?

Il y a environ 2 700 tankers de plus de 2 000 tonnes dans le monde, jaugeant près de 40 millions de t. Les États-Unis et la Grande-Bretagne, en comptant leurs navires camouflés sous pavillons panaméens et libériens, totalisent la moitié du tonnage mondial des bateaux pétroliers. Avec les navires déroutés et torpillés, les « champs d'opérations extérieurs », il est probable que ces pays et leurs satellites n'auraient pas trop de leurs tankers pour leurs usages personnels.

La flotte pétrolière française dépasse à peine 1 800 000 t. en comptant les bateaux appartenant à des filiales de sociétés étrangères établies en France et ne voyageant sous pavillon français que pour se mettre en règle avec l'arrêté du 19 mars 1938 prescrivant aux importateurs d'employer, pour leurs importations françaises, un minimum de 50 % de fret sous pavillon français ou agréé par une commission spéciale.

Cette protection, qui pouvait encore se renforcer, devait encourager l'armement pétrolier français. Les progrès de l'armement pétrolier français sont lents... ne serait-ce que comparés à la progression en flèche de la famille Niarchos-Onassis. Pour l'aide de l'Etat ? Indiscutablement, un effort particulier est à entreprendre pour assurer l'indépendance de l'armement pétrolier français.

Par contre, lorsqu'il s'agit de ventes directes rémunératrices, les sociétés distributrices se débrouillent seules. Si le nombre des camions-citernes ne passa que de 3 900 en 1938 à 5 200 en 1956, leur capacité totale s'éleva de 14 000 mètres cubes à 55 000 mètres cubes. Ce qui sous-entend un renouvellement presque total du matériel (plus forte capacité par camion), pour servir une clientèle qui a triplé.

En 1938, la France comptait 55 000 postes de vente d'essence et 80 000 pompes distributrices. En 1956, ces chiffres étaient tombés respectivement à 38 000 et 63 000. Autrement dit, les sociétés des trusts « tuèrent » la petite « concurrence » (avec l'aide de l'administration, voir Bataille pour le pétrole français) pour ramener dans leurs stations une quantité plus forte d'automobilistes.

Ces détails échappent au public qui s'émut lorsque M. Ramadier lui apprit que la France manquait de réservoirs pour ses stocks de réserve. Les sociétés firent répondre que c'était la faute du gouvernement qui n'avait pas voulu augmenter l'essence de 1 fr. 20 par litre. Ces réservoirs pouvaient et devaient être construits ; les actionnaires eussent touché quelques actions gratuites en moins, ce n'était qu'un manque à bénéfice. Les sociétés pétrolières se défendent, nous ne leur reprochons pas. Nous nous tournons vers les gouvernants, les ministres et les grands commis de l'Etat qui s'occupent du carburant.

L'ETAT FRANÇAIS POSSÈDE UN « INSTRUMENT NATIONAL »PÉTROLIER

La « politique nationale du carburant » de la France ne s'arrête pas à ces questions matérielles, car l'Etat disposait de l'instrument pour s'assurer une plus grande indépendance dans le choix des sources de carburant.

La Compagnie Française des Pétroles (C.F.P.) est une société d'Etat à participations privées.[82] Avant l'affaire de Suez,

---

[82] Cf. *Bataille pour le Pétrole français*, page 56 et suivantes.

soulignant son absence de politique intelligente du pétrole français nous écrivîmes : « ...L'Etat français, par l'intermédiaire de la C.F.P., immobilise des capitaux en Asie névralgique pour nous vendre un carburant au même prix que s'il venait du Venezuela... » Car, à l'époque, il y avait une place à prendre au Venezuela, deuxième producteur mondial de pétrole.

La C.F.P. créée à l'instigation de Raymond Poincaré pour gérer le butin de guerre que constitue la part des pétroles de Mésopotamie (ancienne Turquie) attribuée à la France après la guerre 1914-18, est une puissante société d'Etat mixte. L'Etat français disposant d'un nombre de voix supérieur au quart peut s'opposer statutairement à toute mesure qui n'aurait pas son assentiment. Deux commissaires nommés par lui ont droit de veto absolu et les administrateurs et directeurs doivent être agréés par lui. Aucune interprétation n'est possible, rien ne peut se décider à la C.F.P. sans l'assentiment de l'Etat français, en l'occurrence ses gouvernements.

« Le restant du capital de la société fut souscrit par les banques et les principales compagnies pétrolières. » (Edgar Faure). Sa création remonte au 24 mars 1924.

Dans l'esprit de Poincaré et de Mercier qui mit l'affaire sur pied, la C.F.P. devait être un « instrument » de départ d'une politique du pétrole propre à la France.

Nous ne médisons pas de la gestion financière de l'affaire qui ne nous intéresse pas, nous allons examiner rien qu'avec des chiffres et des fait l'absence de sens national de la C.F.P. puisque les actionnaires privilégiés de la compagnie sont vous, moi, tous les contribuables français qui permettent à l'Etat de s'acheter les actions « A » à vote plural ainsi que des actions « B ».

Le problème a plusieurs données :

1°) Compte rendu de l'Assemblée générale (1955) de la C.F.P. :

Répartition des 71 milliards des « Titres de participation » de la compagnie :

a) **Sociétés de production :**

Iraq Petroleum Cy ltd .... 29 634 903 750 fr.

Mosul Petroleum Cy ltd ....4 997 375 250 fr.

Basrah Petroleum Cy ltd ....4 906 370 000 fr.

Qatar Petroleum Cy ltd .... 4 427 603 250 fr.

Iranian Oil Participants ltd
et Iranian Services ltd ....29 956 237 fr.

b) **Sociétés de recherches :**

Sociétés pétrolières du Moyen-Orient .... 3 588 245 050 fr.

C.F.P.(Algérie) .... 5 099 870 000 fr.

S.N. Pétroles d'Aquitaine .... 1 030 106 000 fr.

Participations diverses Stés, France, Tunisie, Maroc, Afrique Equatoriale, Madagascar et Canada .... 1 855 355 030 fr.

c) **Sociétés de transport :**

Compagnie Navale des Pétroles ....541 090 000 fr.

d) **Sociétés de raffinage :**

Cie Fse de Raffinage .... 4 706 954 000 fr.

Socieda anonima etc.
(Sté de raffinage au Portugal) ....915 163 000 fr.

Societa Aquila etc. (en Italie) .... 3 454 574 000 fr.

e)   **Sociétés de distribution :**

Cie Marocaine des carburants .... 1 027 081 885 fr.

Cie Distribution Pétroles en Afrique ....531 970 079 fr.

Total OIL Prod. Afrique du Sud ....264 523 052 fr.

Sta per Azioni Petroli etc. (en Italie) .... 1 403 196 669 fr.

Participations dans diverses Stés .... 2 265 197 551 fr.

f)   **Sociétés de gestion, de placement et diverses**
.... 422 595 240 fr.

g)   **Sociétés immobilières** ....327 771 936 fr.

Soit un total de 71 159 903 358 frs

2°) Cette année de 1955, la France importa 24,044 millions de tonnes de pétrole pour ne consommer que 17,484 millions de tonnes de produits pétroliers (la différence qui est réexportée en produits finis correspond à peu près aux stocks exigés par les décrets de 1938)).

Parmi ces importations, 93,78 % viennent du Moyen-Orient et se répartissent ainsi : Iraq (9,229 millions de tonnes), Koweït (7,053 millions de t.), Arabie Séoudite (2,7 millions de t.), Qatar (1,336t million de t.), Bassorah (1,036 million de t.), Iran (0,980 million de t.), Wafra (220 000 t.), soit en tout 93,78 % du total des importations françaises.

Si nous comparons les « titres de participation » de la C.F.P. (chapitre : sociétés de production) avec les principaux pays fournisseurs de la France, nous constatons que la Compagnie Française des pétroles possède des titres de participation en Iraq (I.P.C. + Mosul (Mossoul) + Basrah (Bassorah), au Qatar et en Iran qui fournissent 12,581 millions de tonnes de pétrole à la métropole. Soit la moitié des importations générales ou les trois-quarts de la consommation intérieure. En d'autres termes, la société d'Etat, la C.F.P. a mis tous ses œufs dans le même couffin qui s'appelle le Moyen-Orient.

Une rapide addition donne plus de 47 milliards à des participations d'exploitation pétrolières uniquement dans le Moyen-Orient. Chiffre auquel il faut ajouter les 3,5 milliards dans les sociétés de recherches du Moyen-Orient, soit, en chiffres ronds 51 milliards dans des entreprises sous contrôle arabe sur 71.

Si un gérant de portefeuille financier agissait ainsi, il n'aurait plus de clients dans un rapide laps de temps. C'est, pour le moins, un manque de compétence et de sens politique.

On rétorquera que la C.F.P. est liée par sa participation « butin de guerre » dans les pétroles d'Iraq. Elle devait s'en tenir là, s'abstenir d'aller au Qatar et en Iran et investir ces fonds dans un autre panier, sud-américain par exemple. Elle aurait eu ainsi des sources indépendantes l'une de l'autre.

Personne n'a le droit de dire qu'il est facile de commenter après les incidents de Suez, puisque nous avons écrit dans des ouvrages qui parurent avant que la C.F.P. ne menait pas une politique conforme au but pour lequel Poincaré et Mercier l'avaient créée.

La Compagnie Française des Pétroles (capital 23,2 milliards augmenté de 34,8 milliards), est à son tour devenue un trust aux multiples branches. Elle figure dans 11 sociétés de production, 24 sociétés de distribution, 3 sociétés de raffinage, 13 sociétés de recherches pétrolifères, 1 société de transports, 1 société d'exploration, 1 société de forages, 1 société de prospection, 2 sociétés de fabrication de matériel de forage, 1 société de soutage et 2 sociétés de gestion (au leur avril 1957). La C.F.P. est donc un instrument-pilote très important d'une politique française du pétrole. Nous ne méconnaissons pas son travail commercial, nous ne lui reprochons que de n'avoir pas serré davantage l'intérêt strictement français pour libérer au maximum le pays des servitudes étrangères. C'était le but des créateurs. La dispersion des activités de la C.F.P. est due au fait de l'intrusion des capitalismes privés qui se glissèrent dans la CEP. et cherchèrent à profiter de la force politique de la Cie (tout le monde sachant qu'il s'agissait d'une société de l'Etat français) pour, à la fois augmenter le volume des profits touchés par les actionnaires privés tout en canalisant cette activité importante vers le satellicisme des pétroliers britanniques. Répétons que le fonds de la C.F.P. est une communauté nationale constituée par le butin de guerre de l'Iraq et par les capitaux apportés par l'Etat que sont les deniers des contribuables. La tournure prise par cette société d'Etat mixte doit inciter à la réflexion les partisans d'un monopole d'Etat... puisque le gouvernement avait droit de veto sur les agissements de la C.F.P.

Ce n'est pas tout. Nous signalâmes déjà cette histoire récente de raffinage. La C.F.P. ayant importé une quantité de pétrole brut supérieure à la capacité de ses deux raffineries françaises, elle dut réexporter 1 163 000 tonnes de pétrole brut en Angleterre pour le raffiner en livres sterling, les neuf raffineries étrangères installées en France ne pouvant se charger du travail... Or, si l'on regarde le bilan de la C.F.P., au chapitre « sociétés de raffinage », on s'aperçoit qu'elle participe pour plus de 4,3 milliards de fr. dans des raffineries portugaise et italienne.

Autrement dit, si l'Iraq venait à augmenter son débit, si le Sahara, le Gabon, si la France elle-même se mettaient à donner du pétrole à flots, une fois de plus nous serions affolés, nous ne saurions pas où le raffiner... sauf à l'étranger, en devises.

Nous ne parlons de la C.F.P. qu'au titre de société sous le contrôle de l'État français, au capital en partie fourni par les contribuables. Une société privée strictement a le droit de miser sur le tableau qui lui plait sans que cela nous regarde. Là, il s'agit de l'Etat pétrolier... ayant droit de contrôle absolu.

Nous n'avons pas encore vidé le calice, avec le chapitre de la distribution.

La C.F.P. existe depuis 1924, mais sa marque d'essence Total est relativement récente, et personne n'ignore que les meilleurs emplacements de vente français sont occupés par les sociétés étrangères, Shell, Esso, Caltex, B.P., etc. Nous arrivons à ce monument d'incohérence : pour vendre son pétrole QUI POURRAIT COUVRIR LES TROIS QUARTS DE LA CONSOMMATION FRANÇAISE, la C.F.P., société d'Etat français EST OBLIGE D'ALLER LE VENDRE A L'ETRANGER.

Lire le chapitre : e) Sociétés de distribution (Cie de distribution de pétroles en Afrique, Total Oil Afrique du Sud, Sta per Azioni Petroli Alto Adriatico). Les 2 265 197.551 frs de « participations diverses dans des sociétés de distributions », couvrent l'Australie, l'Allemagne, la Suisse, la Belgique, le Liban et la Syrie, soit en créations de sociétés, soit en participations à d'autres sociétés étrangères pour la vente du carburant!

(La liste détaillée figure dans le compte rendu de l'Assemblée générale ; 1 société en France (Desmarais frères), 11 en Afrique française ou anciennement française et 12 à l'étranger).

Pour écouler son pétrole, une société d'Etat est obligée d'investir des capitaux à l'étranger, donc de faire de l'exportation de capitaux.[83]

Nous avons des raisons de nourrir quelques appréhensions devant le « trust d'Etat » qui se dessine en Afrique. Nous sommes d'accord pour un trust d'Etat national, mais si le monopole de fait n'est constitué que pour asservir sans rémission une activité et la soumettre aux financiers qui se trouvent en coulisse, nous disons non. La fausse raison d'État ne vaut pas mieux à New-York, à Moscou, à Londres qu'à Paris ; elle mène à l'esclavage des chaînes en plaqué-or.[84]

Si la C.F.P. supporte une partie des responsabilités de la pénurie de carburant en France par manque de sagacité politique comme société d'Etat, il serait injuste de lui faire endosser tout le poids de l'extravagante politique française du pétrole.

---

[83] « ...La C.F.P. est intégrée dans le cartel international et parait développer ses activités à l'étranger plutôt qu'en France... » (M. Henri Denis, professeur à la Faculté de Droit de Rennes).

[84] Etant donné le caractère étatique de la C.F.P., on pouvait croire que les opérations financières de la compagnie étaient réservées aux banques nationalisées en 1946. Pour l'Etat, les petits bénéfices n'existent pas.
En plus d'une demi-douzaine de banques françaises, les banques de MM. Lazard frères (centre bancaire de la *Shell* en France), de MM. Rothschild frères, sont habilitées au paiement des coupons. La *Banque de Paris et des Pays-Bas* (centre bancaire de la *Standard Oil* en France) est, SEULE, indiquée pour le paiement des dividendes sur certificats nominatifs « A ». Ainsi les « secrets » de la C.F.P., société d'Etat, sont-ils bien gardés par la « concurrence ».
Quand l'assemblée générale de la Shell française décide de payer ses dividendes, la SEULE banque de MM. Lazard frères est désignée pour recevoir les coupons.

Rien n'obligeait à acheter 7 053 000 tonnes au Koweit — association américano-anglaise — et 2 700 000 tonnes à l'Arabie séoudite — Aramco américaine — pour ne parler que des deux principaux fournisseurs indépendants de capitaux français et totalisant 40 % des importations françaises. Rien, sauf l'étroite dépendance des entreprises du même trust et le manque de réaction des gouvernements ou indifférents ou complices.

Imaginons qu'un Etat ordonne que les fournitures de pétrole soient partagées en deux, la moitié venant du Moyen-Orient et l'autre des Amériques. Les sociétés exploitant le Koweit et l'Arabie Séoudite possédant des filiales dans les Amériques eussent pu se plier à cet ukase qui assurait la continuité d'un débouché vers la France au moins sur deux points à la fois.

L'ESCLAVAGE EN CHAÎNE

Mais, nous répondit-on, la France ne s'est pas mise en position de donner des ordres à ses fournisseurs, elle ne peut qu'en recevoir.

Voici pour quelles raisons :

1. Le pétrole brut doit être raffiné. Les neuf raffineries étrangères installées en France sont plus ou moins directement des filiales des sociétés exploitantes ; elles reçoivent leur naphte d'un circuit qui entre dans les lignes générales du trust.
2. La flotte pétrolière qui amène le brut dans les raffineries françaises n'est, comme nous l'avons vu, qu'en partie intrinsèquement française, les filiales des sociétés étrangères battant pavillon français.

Si, par suite de mauvaise humeur contre certaines décisions de protection, les sociétés-mères voulaient manifester leur mécontentement, leurs bateaux auraient soudainement d'autres clients à ravitailler ou des réparations à effectuer. Si des armateurs indépendants transportaient quand même le pétrole, les raffineries auraient alors leur mot à dire (accidents, grèves), puisque les raffineries françaises ont une clientèle étrangère à satisfaire.

Enfin, 95 % des pompistes débitant de l'essence américaine ou anglaise pourraient avoir des revendications à émettre.

Cet enchaînement est un drame pour la France dont une partie notable de l'économie se trouve liée aux trusts étrangers dont on connaît le sans-gêne et les mœurs que certains affirmaient du passé et que l'on vit se poursuivre à propos de Suez et de l'Afrique du Nord. Tout est calculé depuis la source jusqu'à la distribution en passant par le manque de stocks de réserve pour qu'un pays ne puisse échapper à la dictature des pétroliers qui prétendent organiser comme bon leur semble le ravitaillement d'une nation.

Il nous semble qu'avec plus de trente ans d'existence, la C.F.P. société d'Etat, aurait pu lentement, patiemment, intelligemment, concevoir son rôle de façon plus efficace pour tendre à l'indépendance de l'économie extérieure et compléter l'indispensable outillage nécessaire à la France, au lieu de disséminer ses capitaux dans des entreprises extérieures. C'est, nous en sommes certains, « l'esprit » dans lequel Poincaré et Mercier présidèrent à sa création. Aussi, quand M. Guy Mollet déclara que « le chantage au pétrole pouvait devenir une réalité », devons-nous constater que nous nous sommes mis volontairement dans la position du pays qui n'a plus d'autre ressource que de « chanter »... Et cette fois, comme pendant la guerre 1914-18, on ne peut plus accuser les sociétés privées constituant le « Cartel des Dix » d'avoir mal compris leur rôle.

En définitive, c'est moins la C.F.P. que l'Etat qui en est pratiquement le maître qui est à blâmer pour une politique financière certes bonne pour les actionnaires, mais beaucoup moins profitable au pays lui-même. C'est donc tout le système qui est à réviser, à refondre et à orienter d'une autre façon. En commençant par vendre toutes les participations autres que celles constituant le « butin de guerre » de l'Iraq (les Américains seront acheteurs) pour un remploi sur un autre continent.

Quelle est la raison qui incita la Compagnie Française des Pétroles à mener cette politique d'expansion étrangère plutôt que de l'axer sur des intérêts plus immédiatement nationaux ?

Justement parce qu'elle est société d'Etat, la C.F.P. ne put se libérer de certaines sujétions politico-financières. Dans le Moyen-Orient, elle est partout où se trouve la Shell-Royal Dutch et ce n'est percer aucun mystère que dire le rôle subalterne tenu par la C.F.P. vis-à-vis du trust britannique. Son long effacement dans la distribution au détail en France devant sa concurrente-alliée fut déjà interprété. Il n'est pas inutile de rappeler que les principaux financiers de la Royal Dutch-Shell sont MM. Rothschild frères, lesquels sont aussi des importants actionnaires de la Compagnie Française des Pétroles. On sait que ce genre d'actionnaires ne se contente pas de détacher les coupons de dividende chaque année, mais veille activement à la marche de ses affaires. Shell est au Sahara, la C.F.P. est au Sahara par l'entremise de la C.F.P. (A)[85] Filiales, holdings, dans le fond, la même main, le même système financier, la course au monopole privé sous couvert de contrôle d'Etat,

---

[85] En outre la C.F.P. est pour 33 % dans les concessions maritimes du Golfe Persique (avec la *Shell*, *Abu Dhabi Marine Areas* et *Dubai marine Areas*).

forme non discernable pour le public. Les affaires, les grandes affaires que protègent de pauvres types en uniforme croyant défendre des « intérêts nationaux ». Et tout cela aboutit à une pénurie de source énergétique indispensable au pays.

Le pétrole rapporte environ 400 milliards par an à l'Etat et beaucoup plus si l'on compte les incidences des moteurs et de l'automobilisme. On comprend que l'Etat soit un peu servile devant les fournisseurs de base d'un tel pactole. On comprend moins sa désinvolture dans une telle question et surtout son absence de politique pour s'affranchir d'une telle tutelle étrangère. Ses bénéfices ne seraient pas moindres, ils seraient au contraire plus considérables et la sécurité du pays y gagnerait.

Enfin, voici une raison « extérieure » qui eut dû militer en faveur d'un ravitaillement à peu près normal en essence malgré l'affaire de Suez.

A elle seule, la Shell (britannique) tire à peu près 100 millions de tonnes de pétrole de ses sources éparses à travers le monde. Le Proche, Moyen et Extrême-Orient ne constituent environ que 40 % de la production de la Shell qui dispose, en outre, de 20 % du pétrole d'Amérique du Nord et de 40 % de celui d'Amérique du Sud. En plus de la Shell, la Grande-Bretagne possède un autre trust en la British Petroleum (ex-Anglo Iranian Oil). Les Anglais s'enorgueillissent de la plus importante flotte pétrolière du monde ». Étant donné la courte durée des voyages Amérique-Europe, si Londres avait pensé « Europe d'abord », la pénurie de carburant devait être insignifiante sur le continent européen. Un mystère de plus à élucider...

Simple remarque : malgré la crise de Suez, en mettant la livre sterling à 1 000 fr., le chiffre d'affaires de la Shell-Royal Dutch s'éleva à 2 321,473 milliards pour 1956 contre 2 051,866 milliards en 1955, malgré des amortissements supérieurs de 20 milliards.

En rapprochant ces chiffres de ceux des sociétés américaines, on constate que l'obstruction-du-canal-pénurie-pour-la-France-et-l'Europe est une excel-lente affaire pour les sociétés pétrolières si elle ne le fut pas pour l'économie et les consommateurs français.

VIII

OÙ EN EST LA FRANCE ?

La France est un pays particulièrement doué géographiquement pour jouer un rôle pétrolier en Europe. Son large éventail de côtes lui permet d'accueillir les tankers venant d'Amérique ou d'Asie grâce à des ports généralement bien aménagés et répartis aux embouchures des fleuves qui permettent aux chalands fluviaux de transporter les produits pétroliers à l'intérieur du pays, ou bien de tenir les produits finis du pétrole à la disposition d'autres navires pour l'exportation. Cette position d'agent distributeur retint l'attention des raffineurs ; avec la nouvelle raffinerie étrangère du sud-ouest la France sera en mesure de traiter presque le double du pétrole brut nécessaire à sa consommation. La France étant considérée comme un des points de départ des marchés européens, ceux qui croient en une nationalisation de l'industrie pétrolière nourrissent beaucoup d'illusions.

Au bilan pétrolier de la France et de l'Union française (cf. *Bataille pour le pétrole français*), peu de progrès. Le gisement de Parentis augmente son débit et, à cette cadence, couvrira dès 1957, à lui seul, 10 % de la consommation française. On signale de nouveaux indices un peu partout, comme toujours, mais nous nous en tenons aux faits, c'est-à-dire au pétrole extrait. Le jaillissement de Pouillon, dans les Landes, après un étrange départ (aux incidences boursières) est la preuve d'une trop lente prospection du sol français. Les faits nouveaux se situent au Sahara, au Gabon.

Pourquoi cette lenteur ?

Nous avons déjà dit que l'on se plaignait de manquer de techniciens et de matériel, surtout de ce matériel rapide qui permet de forer 2 500/3 000 mètres par mois et par une seule équipe. Dans une étude sur les travaux de la S.N.P.A. qui exploite le gaz de Lacq, nous lisons que les forages reviennent entre 500 et 600 millions de francs chacun et durent entre six et neuf mois.

Question technique ? Matériel démodé ?

Si, avec le matériel rapide, on abrégeait les temps, de seulement les deux tiers (nous n'avons pas de raison d'être inférieurs aux Soviétiques dans ce domaine), cela équivaudrait à une réduction équivalente du personnel nécessaire et rare et, en même temps à une sérieuse diminution des frais généraux.

Alors, question de matériel rapide ?

Les journaux français datés du 19 août 1956, composèrent des gros titres : « Les plans d'une foreuse pour le pétrole aux possibilités exceptionnelles volés à Grenoble ». Vol qui indique, soit dit en passant, que les « batailles de la paix pour le pétrole » niées par les intéressés, ne relèvent pas de l'imagination.

Pendant plusieurs jours, les gazettes donnèrent des détails sur cette turbo-foreuse construite en France, connue des spécialistes, mais jusqu'alors assez mal vue de certains techniciens américains qui lui trouvaient des défauts comme d'ailleurs à presque tout l'outillage spécial qui ne porte pas l'estampille made in U.S.A. Nous revenons en détail sur cette affaire de vol pour bien persuader les Français que leur pays est engagé dans une guerre du pétrole qui ne vise pas seulement ses gisements extérieurs, les mensonges sur les recherches en France, les pressions parlementaires, le

« chantage au pétrole », mais aussi tout ce qui touche au pétrole dont la turbo-foreuse capable de forer dans des temps record.

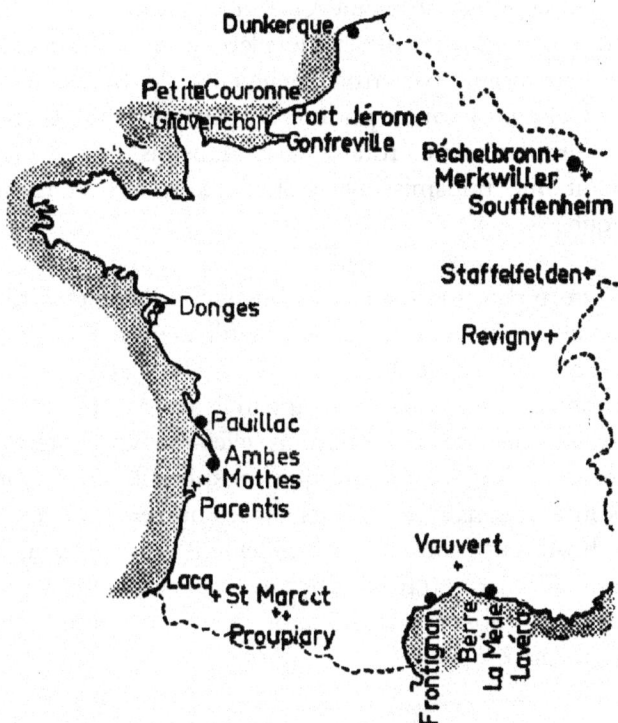

Dunkerque

PetiteCouronne
Gravenchon Port Jérome
Gonfreville   Péchelbronn+
Merkwiller
Soufflenheim

Staffelfelden+

Donges

Revigny+

Pauillac
Ambes
Mothes
Parentis

Vauvert

Lacq St Marcet
Proupiary

Frontignan
Berre
La Mède
Lavéra

● Raffineries de pétrole en France
+ Exploitations de pétrole en France

(Petit-Couronne, Port-Jérôme, Gonfreville et Gravenchon, groupe des raffineries dit de « la Basse-Seine »).

« ...Ces plans très importants ont été dérobés entre le 8 et le 9 août dans le bureau d'études des dessinateurs des établissements Neyrpic... Il s'agissait des plans T.F. 55 terminés quelques jours auparavant... »

Cette turbo-foreuse est-elle la révolution annoncée dans la recherche pétrolière au point que des pays étrangers intéressés à activer leur production préférèrent « acquérir » sans tarder les plans plutôt que d'acheter la licence de fabrication ?

« ..Susceptible de bouleverser les données actuelles du forage des puits de pétrole, il (le plan de la turbo-foreuse) a été mis au point par trois ingénieurs du bureau d'études grenoblois. Sa nouveauté porte essentiellement sur la manière dont le mouvement rotatif est transmis au trépan en substituant une transmission hydraulique à une transmission mécanique... »

Cette turbo-foreuse des établissements Neyrfor résultait d'une invention russe dont le brevet fut déposé à l'Office des brevets de l'U.R.S.S. le 15 septembre 1924. Les constructeurs français mirent au point cet appareil en y apportant des modifications et des améliorations elles-mêmes protégées par des brevets. D'où le vol presque inexplicable en raison des accords internationaux qui protègent les brevets ; une copie de cette turbo-foreuse serait donc rapidement repérée, sauf, dit-on alors, en U.R.S.S. qui travaille chez elle dans un secret technique à peu près absolu. En quoi consiste cette foreuse révolutionnaire ?

« ...La machine, dite turbine de forage, d'un diamètre de 500 mm. entraîne un trépan de forage classique. Fixée directement sur le trépan, cette turbine actionnée par de la boue refoulée sous pression, développe une puissance de 200 CV pouvant être portée à 400 CV. Elle donne au trépan une puissance qui peut, dans certains cas, être décuplée. Le prototype a fonctionné sans défaillance pendant plus de 200 heures ; il a donné des résultats stupéfiants pouvant aller jusqu'à dix fois la vitesse obtenue jusqu'à ce jour... »

Ces caractéristiques nous passionnent puisqu'il s'agit de trouver du pétrole français le plus rapidement possible.

Laissons aux techniciens le soin d'apprécier le dispositif de cet appareil qui, par surcroît, permettrait d'orienter la progression du trépan non plus uniquement à la verticale, mais en forage courbe. Laissons aussi de côté la thèse de vengeance d'un ingénieur ayant travaillé à ces plans et en désaccord avec la société ; le directeur de l'établissement démentit formellement cette rumeur. L'important pour nous qui connaissions la Neyrpic, est que cette affaire de vol ait frappé l'esprit public de cette âpreté de la compétition dans tous les domaines se rattachant à l'industrie pétrolière. Nous essayâmes de connaître les mobiles du vol, mais les établissements en question se renfermèrent dans un mutisme complet. Puis l'oubli vint.

Cette turbo-foreuse (publicité gratuite) d'intérêt exceptionnel pour des gens pressés comme ceux du Sahara qui lancent des S.O.S., nous conduisit chez des ingénieurs spécialisés ; ils nous confirmèrent ce que nous savions déjà, le manque de cordialité qui marque parfois les relations entre techniciens plus ou moins attachés à tels principes ou à telles maisons qui fabriquent le matériel. Elle nous amena aussi à apprendre que la turbo-foreuse grenobloise, au forage Ryswick n° 14, en Hollande, atteignit la profondeur de près de 800 mètres en 74 heures sans aucune interruption de marche. Un record. Cette turbo-foreuse est encore utilisée par l'Italie à Rosolino (A.G.I.P.) et par les Allemands à Ortland. D'autre part, la France doit fabriquer la nouvelle surpuissante turbo-foreuse Tiraspolsky pour diamètres jusqu'à 9 pouces et demi.

Désormais, nous savons qu'il existe, en France, fabriquée par un établissement français, une des meilleures turbo-foreuses mondiales à haut rendement. Il ne faudra pas l'oublier chaque fois que l'on s'étonnera de la lenteur des prospections. Puisque ce matériel fonctionne à l'étranger en une période où il faut s'acharner sur le pétrole français, il serait peut-être bon que les entreprises françaises aient priorité sur ce matériel. La S.N.P.A. utilise déjà ces turbo-foreuses dans les Landes. La mise au point de cette turbo-foreuse française est un événement important qui devrait permettre à la France de combler une partie de son retard dans la prospection.

CONTRE LES DÉFAITISTES DU PÉTROLE MÉTROPOLITAIN

La pénurie 1956-57 d'essence s'accompagna de la publication de divers points de vue émanant de plusieurs personnalités. L'une écrivit que « en tout état de cause, jamais la France ne produirait plus de 10 % de sa consommation... » L'Allemagne en fournit 33 %, la cadence de Parentis des premiers mois de 1957, si elle se maintient, couvrira largement les 10 % de cette consommation intérieure. En 1956, l'ensemble producteur de pétrole métropolitain totalisa 14,86 %.

Paraissant prendre un malin plaisir à décourager tout ce qui est effort sur le plan national au point de vue pétrolier, un parlementaire fit savoir :

« ...les conditions d'exploitation ne se présentent pas de la même façon en france que dans les pays orientaux, aussi une exploitation pétrolière sur le sol français ne parviendra jamais à un rendement commercial sain. »

Les Français sont-ils plus stupides que les Allemands et les Italiens qui font sans doute de la philanthropie avec leur pétrole ?

Sans doute ce parlementaire ne connaissait-il que le bilan de la Société Nationale des pétroles d'Aquitaine, encore une société d'Etat, mais il ignorait certainement les bilans des sociétés pétrolières étrangères établies en France et en particulier de l'Esso Rep qui exploite Parentis. S'il est exact que les pétroliers d'Arabie, d'Iran ou d'Iraq ne doivent pas crouler sous les frais sociaux et les tarifs inhérents au personnel français, cette surcharge française doit assez équilibrer les acheminements par pipe-line et par tankers, les assurances maritimes, les droits de douane, les frais de chargement et de déchargement. Puis, chacun sait que l'industrie du pétrole emploie pour un même volume d'affaires en valeur, une main-d'œuvre extrêmement restreinte comparativement, par exemple, à l'industrie automobile. L'argument de ce parlementaire ayant été colporté avec complaisance, nous nous intéressâmes aux bilans[86] des quatre plus grandes sociétés pétrolières françaises (bilan d'année normale 1955).

La Shell française, filiale de la Shell britannique, avait réalisé, en 1954, un bénéfice de 1 milliard 363 millions qui lui permit de distribuer à ses actionnaires, en plus du dividende, une action gratuite pour vingt anciennes. En 1955, les bénéfices nets s'élevèrent à 1 milliard 858 millions ; le dividende passa de 282 à 385 francs et trois actions gratuites, participant aux bénéfices en cours, furent données pour cinq anciennes... C'est-à-dire un capital qui grandit des trois cinquièmes d'un seul coup.

Par le même compte rendu d'Assemblée générale, nous apprîmes que la Shell française est actionnaire de : Cie Raffinerie Shell-Berre, Société des pétroles Shell-Berre, Société Maritime Shell, Cie de Pétroles de Guyenne, Raffinerie du Midi, Sté Havraise de manutention des produits pétroliers, Dépôte de pétrole côtiers, Shell sarroise, Cie des Transporta rhénans, Sté Trapil, Shell-Immeubles. Il est aussi parlé de Shell-Saint-Gobain pour la pétrochimie.

L'Eseo Standard saf, filiale de la Standard Oil, donna son assemblée générale présidée par M. Serge Scheer,

---

[86] Les chiffres globaux d'affaires ont été (pour 1956) de près de 140 milliards pour l'*Esso* française et de 119 milliards pour la *Shell* française.

président-directeur assisté des deux plus forts actionnaires : M. Canfield, représentant la Standard Oil of New-Jersey et M. Dieumegard, représentant la Banque de Paris et des Pays-Bas. 2 milliards 971 millions de bénéfices en 1954 et 4 milliards 447 millions de bénéfices nets pour 1955 (Esso Standard et Esso-Rep (Parentis) réunis, soit pour cette dernière seule : 816 millions). Même dividende que l'année précédente (500 fr.) mais distribution gratuite de trois actions nouvelles pour cinq anciennes.

De même que la Shell française, l'Esso Standard saf devient à son tour tentaculaire en France comme actionnaire de : Société havraise de manutention de produits pétroliers, Sté de Dépôts de pétrole côtiers, Raffinerie du Midi, Sté Trapil, Sté du caoutchouc Butyl, S.R.R.H.U., Esso-Rep (Parentis pour 89 %).

La Standard possède 49,96 % de la seconde plus importante industrie chimique française Kuhlmann (l'autre étant avec Shell).

Voilà donc deux filiales étrangères, sociétés françaises, aux affaires très prospères EN FRANCE, quoi qu'en pense ce parlementaire. Ce qui est vrai pour ces deux monstres, l'est pour d'autres sociétés pétrolières de moindre importance.

Pendant ce temps, la société d'Etat, la Compagnie Française des Pétroles va vendre son pétrole à l'étranger et jusqu'en Afrique du Sud !

La Compagnie Française des Pétroles sait aussi réaliser des bénéfices qui se chiffrent, toujours pour 1955, à 6 milliards 398 millions. Il s'agit d'une société d'Etat, aussi les comptes sont-ils plus compliqués. En souvenir du « butin de guerre », quand les bénéfices issus de la participation de la C.F.P. dans l'Iraq Petro-vantleum C° et les sociétés filiales iraqiennes dépassent 10 % du capital investi dans ces sociétés, un pourcentage variant entre 10 et 75 % (suivant l'importance du bénéfice est attribué à l'Etat actionnaire privilégié (actions « A » 20 voix contre 1 aux actions « B ») sur les superbénéfices. Excellente affaire financière qui maintint son dividende à 600 frs mais ne distribua pas d'actions gratuites.

Reste la Société Nationale des Pétroles d'Aquitaine (S.N.P.A.) dans laquelle l'Etat possède la majorité (54 %). La S.N.P.A., c'est surtout le gaz de Lacq et le soufre venant de la désulfurisation du gaz. Le fait nouveau est la découverte de pétrole à Pouillon en février 1957. En 1955 le compte exploitation accusait un solde débiteur de 1 289 771 frs. C'est peu, soit, mais on se demande combien de centaines de millions une société ordinaire eut accusé de bénéfices ? Ce résultat justifiait, assurèrent les financiers, « une consolidation de la situation financière en prévision d'un programme de nouveaux travaux ». Elle prévoit pour 1957 : 200 millions de mètres cubes de gaz épuré, 11 000 tonnes d'essence, 8 000 tonnes de propane et de butane, 55 000 tonnes de soufre. Il y eut, reconnaissons-le, un retard d'environ six mois dans la mise en marche (fin avril 1957) des usines à gaz épuré qui remplaceront 6 millions de tonnes de houille. Il y eut même d'étranges accidents dont la SNPA ne porte pas la responsabilité.

La S.N.P.A. formée en 1941, obtint, l'année suivante, un droit de recherches pour une période de quinze ans qui se termine en 1957. La société eut des difficultés pour la tuyauterie de ses pipe-lines rapidement corrodés par le gaz. Il fallut trouver des alliages spéciaux. Le fait intéressant pour l'économie française est la récupération du soufre qui libère d'autant les importations de l'étranger. On envisage un pipe-line qui irait jusqu'à Paris distribuer le gaz de Lacq que l'on voudrait aussi envoyer à Lyon, à Nantes, St.-Étienne, etc. en remplacement de sources énergétiques déficientes. Ce gaz semi-étatique serait déjà vendu trop cher aux dires de certains, que sera-ce avec des pipe-lines dont le prix de revient varie

entre 12 et 15 millions de frs au kilomètre ? L'Etat
« garantirait », ce que certains traduisent par subventions étant
donné le caractère « national » du gaz de Lacq... « Puisque cette
« affaire » est tellement d'intérêt national et puisque l'Etat y est
majoritaire, est-ce que ce ne serait pas le moment de
nationaliser Lacq totalement ? A tout prendre, çà ne ferait
jamais qu'un déficit de plus pour nos finances !... » (Pierre
Migrin).[87] Il convient d'être patient, d'attendre les résultats
commerciaux de la vente du gaz et du soufre avant de donner
un avis définitif sur le fonctionnement d'une société pétrolière
française d'envergure sur le sol métropolitain.

Ces schémas financiers comparatifs de sociétés pétrolières
établies en France prouvent que les sociétés étrangères sont
extrêmement florissantes, au point de distribuer des actions
gratuites et de constituer des réseaux de nouvelles affaires en
France.

Est-ce à dire qu'un vice tache tout ce qui est français en
partie étatisée ?

Le parlementaire français qui écrivit qu'une entreprise
pétrolière française « ne parviendra jamais à un rendement
commercial sain » jugeait-il avec ou sans « la main de l'Etat » ?
Savait-il que la C.F.P. allait vendre son pétrole « français » à
l'extérieur pendant que nous absorbions, en France, le pétrole
Shell et Standard en sterling et en dollars ?

L'Etat remarque-t-il que la colonisation économique
s'étend chaque jour par les participations des filiales étrangères
dans d'autres sociétés corollaires à leurs activités ? Tandis
qu'une société d'Etat français se répand dans les pays étrangers
pour vendre une marchandise qui ne suffit pas à couvrir les
besoins nationaux ?

---

[87] Dans *Dimanche-Matin* du 23 décembre 1956.

La France est-elle devenue une maison de fous ?

QUE DONNERAIT UNE NATIONALISATION DU PÉTROLE ?

Au début de décembre 1956, une réunion des députés socialistes de la S.F.I.O. se tint au Palais-Bourbon. Les critiques furent vives à l'égard du gouvernement taxé d'imprévoyance en matière pétrolière. Excédé, M. Guy Mollet, président du conseil, répliqua : « Au lieu d'accabler le gouvernement, vous feriez beaucoup mieux d'élaborer un projet de nationalisation du pétrole. »

Adversaires des nationalisations dans un Etat aux irresponsabilités permanentes et entre des mains non détachées de calculs particuliers, nous écrivîmes et nous maintenons que la « nationalisation serait indispensable pour une « politique nationale du carburant ».

Dans « l'état d'esprit » actuel du régime, il est probable que le pays n'en tirerait aucun avantage. M. Edgar Faure, qui examina toutes les incidences du monopole d'Etat du pétrole dans son livre publié en 1939, ajouta aux menaces de représailles des trusts : « selon l'alternance des partis au pouvoir, certains fournisseurs pourraient être favorisés, puis d'autres pour des raisons d'affinités idéologiques ». Ajoutons : et pour d'autres raisons encore... dont celle du plus fort enchérisseur.

Malgré des obstacles majeurs, l'idée de nationalisation du pétrole relancée par M. Guy Mollet, développée par M. Pierre Poujade au cours de ses meetings et par les communistes, gagne incontestablement du terrain dans l'opinion publique depuis l'affaire de Suez et l'attitude américaine quand la France eut besoin de carburant. Tôt ou tard la question se posera officiellement avec d'autant plus de facilité que l'opération est déjà à moitié réalisée.

Une nationalisation des pétroles est possible « à froid » mais non « à chaud » ; elle doit se préparer dans le plus grand secret et des années à l'avance tant que l'on dépend de l'étranger pour les sources de production et pour les transports maritimes.

En période internationale normale, « à froid », un gouvernement peut essayer de s'assurer un fournisseur en dehors des trusts ou de leurs filiales. Jusqu'en 1956, la France avait la possibilité de s'intéresser au pétrole du Venezuela. Quand, en période de tension, des ministres français se rendirent à Caracas pour tenter de se réserver une part, il était trop tard pour capter une source directe, le barrage des pétroliers était déjà établi. La nationalisation n'est possible que si le pays se réserve, par contrat, les services de transporteurs « indépendants » ; les raffineries étant nationalisées, tout peut se dérouler à peu près normalement ; ce n'est qu'une question d'argent pour le rachat des installations des sociétés étrangères.

« A chaud », c'est-à-dire en période de malaise international, une nationalisation équivaudrait à une pénurie quasi complète de pétrole accompagnée de troubles sociaux, de révolution au besoin, tant que l'idée ne serait pas abandonnée ou alors reprise sous une forme gestionnaire avec les mêmes comparses, comme en Iran par exemple.

La puissance du pétrole rend la nationalisation difficile sinon impossible lorsqu'on manque de sources directes. L'URSS réussit parce que Bakou couvrait ses besoins pétroliers ; elle ne dépendait pas de l'extérieur. (Nous verrons au chapitre suivant qu'il y a peut-être une autre solution).

Quand on parle de nationalisation, on ignore généralement que l'Etat français « semi-étatisa » le pétrole en ne laissant pleine liberté qu'aux sociétés étrangères établies en France.

Nous savons que la Compagnie Française des Pétroles est une société d'Etat, ainsi que la Société Nationale des Pétroles d'Aquitaine (54 % de majorité à l'Etat).

En Algérie-Sahara, la S.N. Repal est 50 % gouvernement général de l'Algérie (donc Etat français) et 48 % au Bureau de Recherche du pétrole (organisme d'Etat) ; la Compagnie Française des Pétroles (Algérie) est une filiale à 80 % de la C.F.P. société d'Etat. La Compagnie de Recherches et Exploitation au Sahara (CREPS), 51 % à la Régie Autonome des Pétroles (organisme d'Etat), 4,87 % à la S.N. Repal et 4,5 % au B.R.P. deux autres organismes d'Etat. La Sté des Pétroles d'Aumale eut des ennuis tant qu'elle ne céda pas 50 % à la S.N. Repal, société d'Etat ; la Compagnie des Pétroles d'Algérie avec ses 65 % à la Royal Dutch-Shell a pour associés la R.A.P. (24 %) et le B.R.P. (4,5 %). Et il y a beaucoup d'autres sociétés pétrolières dans lesquelles nous retrouvons le Bureau de Recherches de Pétrole (B.R.P.) et la Régie Autonome des Pétroles (R.A.P.) organismes d'Etat, ou la Compagnie française des Pétroles.

Cet aspect des participations de l'Etat est assez méconnu du public. Nous sommes devant un monopole en gestation mais, ce qui nous gêne, un genre trust qui paraît juguler les activités privées purement françaises pour ne laisser s'épanouir que les activités privées étrangères.

Il faut bien reconnaître que, jusqu'en 1956, la plupart de ces organismes ne s'étaient pas signalés par des résultats efficaces (à part le gaz). Il semble que l'on prospectait davantage pour l'avenir... quand les nouvelles sources de pétrole ne gêneraient plus les Britanniques, et non pour libérer rapidement la France du pétrole étranger quel qu'il fut. Nous sommes bien obligés de penser à la phrase de M. Edgar Faure citée plus avant sur les influences du politique sur le pétrole contrôlé par l'Etat. Pourquoi ces vociférations contre la prétention des pétroliers américains de s'installer au Sahara

quand l'Etat français lui-même y introduisit les Britanniques ?
Défendait-on alors un point de vue français ou la concurrence
anti-anglaise ?

Nous étayons la cause du pétrole français et même
du trust d'Etat parce que, seule, une politique nationale du
carburant libérera la diplomatie et la politique du pays. Mais
nous ne sommes pas aveugles et si un trust d'Etat ne doit
profiter qu'à un clan de privilégiés du régime qui
manœuvreront le trust en fonction des intérêts de telle ou telle
hégémonie pétrolière étrangère, nous ne sommes plus
d'accord. Le trust d'Etat sera total, c'est-à-dire comprendra
l'absorption des sociétés étrangères ou bien il ne sera qu'une des
combinaisons d'un système étranger.

L'ex-président du conseil, M. Guy Mollet, en relançant
l'idée de nationalisation du pétrole ne peut pas ignorer toutes
ces incidences. C'est donc l'armature qu'il convient de refaire
complètement avant de songer à monopoliser. Il ne faut à
aucun prix que le monopole devienne un sujet à déficit
comblé par les contribuables alors que l'initiative privée tire
des bénéfices importants de ses exploitations. Les exemples
sont trop nombreux en France dans ce domaine. Les
« scandaleux bénéfices » tirés des chemins de fer par les
Rothschild et autres, du gaz,[88] de l'électricité, des houillères etc.
se traduisirent en déficits dès la nationalisation. Devons-nous
attendre un autre résultat de la nationalisation du pétrole
avec la mentalité actuelle ? Avant la guerre, l'électricité coûtait
en France un tiers moins cher qu'aux États-Unis. Aujourd'hui
elle vaut cinquante pour cent de plus. Si le trust d'Etat ne
donne pas comme résultats un abaissement des prix, donc un

---

[88] En 1930, un directeur général du Gaz de Paris déclara devant témoins, que son
administration pourrait donner le gaz gratuitement et payer ses frais généraux avec la
vente des sous-produits du gaz.

enrichissement communautaire, une activité plus intense, il est inutile de se lancer dans les expériences dispendieuses.[89]

Le problème est grave, car les ressources énergétiques conditionnent le travail des Français. La France peut craindre une insuffisance de ces sources d'énergie, malgré sa faible démographie et sa crise du logement. Répétons qu'elle est obligée d'importer 40 % de ses besoins d'énergie.

« Remplacez le charbon par l'électricité » est un slogan publicitaire. D'accord, tout le monde le souhaite. Faites l'électricité moins chère puisque vous n'avez plus la préoccupation des « scandaleux bénéfices » de l'industrie privée de jadis.

Par exemple, la France consomme environ 80 millions de tonnes de charbon par an. Elle doit en importer 20 millions de tonnes. Les mines européennes lui en fournissent des quantités insuffisantes... en devises étrangères. (Remarquons, en passant, l'efficacité du pool acier-charbon qui devait devenir la panacée européenne). La France est obligée (combien de Français le savent) de faire venir sa houille des États-Unis. Les importations américaines se chiffraient à 800 000 tonnes en 1955 ; elles passèrent à 6 millions de tonnes en 1956 et l'on prévoit pour 1957 entre 8 et 10 millions de tonnes... payables en dollars à raison de 21-24 dollars la tonne, mais si le cours officiel est à 350 frs, à New-York il faut donner 420-450 frs pour un dollar. D'autre part, recours à des bateaux charbonniers étrangers dont les services sont payables

---

[89] M. Pellenc, sénateur, rapporteur général de la Commission des finances au Conseil de la République, a chiffré ainsi le déficit des entreprises nationalisées en 1956 : S.N.C.F. : 145,6 milliards ; (toujours en milliards), houillères : 14 ; Gaz de France : 5,5 ; Électricité de France : 4,9 ; Régie autonome des Transports parisiens : 11 : Airfrance : 3,4 ; Compagnie Générale Transatlantique : 3,3 ; Messageries maritimes : 3. Au total : 187,4 milliards de déficit contre 150,6 en 1955 et 134,7 en 1954. Certaines de ces entreprises ne sont pas entièrement nationalisées, mais seulement subventionnées et contrôlées par l'Etat.

en devises étrangères. Le charbon vient d'Amérique... donc même raisonnement que pour le pétrole au point de vue dépendance de l'étranger pour les besoins n°1 du pays en énergies.

L'impératif français est de remplacer la houille par l'énergie électrique, le gaz naturel, les produits pétroliers, donc, nouvelles centrales marémotrices, énergie blanche et énergie nucléaire. En attendant les réalisations, les produits pétroliers sont les plus à portée de la main pour l'immédiat. Les pétroliers le savent et c'est pour cette raison qu'ils n'ont aucun souci pour l'avenir du pétrole.

Nous aurions beaucoup de choses à écrire sortant du cadre de cet ouvrage sur la « productivité à outrance » d'un pays comme la France obligé de faire de constants appels aux sources d'énergie extérieures et à la main-d'œuvre étrangère massive. La France est en permanente rupture d'équilibre intérieur et à la merci du moindre craquement en dehors de ses frontières.

Cette situation devrait déclencher une véritable frénésie en faveur de la course au pétrole en France.[90]

---

[90] Au début de 1957, une vingtaine de sociétés plus ou moins indépendantes les unes des autres, prospectent environ un tiers de la superficie de la France ; cinquante permis de recherches étaient accordés et une dizaine en attente d'autorisation. En France, il n'y a que 8 permis d'exploitation accordés (et 2 en instance).

IX

UNE POLITIQUE FRANÇAISE DU PÉTROLE
EST UNE QUESTION D'HOMMES

Quand la crise du canal de Suez éclata, lésant l'économie nationale et les commodités particulières, nous espérâmes que la soudaine révélation de la mauvaise marche d'un domaine vital pour la France allait donner naissance à des débats constructifs puisque le mieux ne peut sortir que de la constatation des méfaits du mal. Nous attendîmes les interpellations parlementaires sur le marché du pétrole et son organisation, bref sur cette fameuse « politique nationale du pétrole » dont, soyons justes, on parlait davantage avant la guerre qu'aujourd'hui. Témoins, les décrets de 1938.

Ceux qui connaissaient la question se turent ; ils représentaient 2 ou 3 % du parlement. Les autres la freinèrent. Des discussions sans conclusion, des campagnes suggérées montant en épingle le pétrole saharien pour réconforter le public, des commentaires sans passion et des rumeurs vite étouffées sans compter les multiples déclarations officielles et les voyages spectaculaires de ministres dans le désert. Enfin des plaisanteries, des dessins humoristiques et des bons mots de chansonniers. Les mises au point rigides se comptèrent sur les doigts d'une main.

Personne ne voulut mécontenter les pétroliers, l'Etat pour les bénéfices qu'il en tire, les autres dans l'espoir que le bon temps de la publicité reviendra bientôt. Il n'y avait pas de responsabilités... La fatalité. Raison supplémentaire de penser à cette statue à élever au colonel Nasser pour ce coup de semonce en temps de paix, donc sans conséquences catastrophiques.

Le moment de stupeur passé, on s'installa dans l'insuffisance et dans la combinaison (faux-tickets et essence à 100 frs le litre) ; des maisons manquèrent de chauffage (douze ans après la guerre !), les dures paroles prononcées contre les États-Unis firent place au souvenir de La Fayette et aux voyages officiels. À part les commandes de gros tankers pour éviter le canal de Suez, il ne restera à peu près rien de réaliste de l'alerte au pétrole qui couvre un quart des besoins énergétiques de la France. Quand la Chine impérialiste sombra dans le désordre, les eunuques étaient depuis longtemps les maîtres du palais.

Un parlementaire que nous connaissons depuis fort longtemps et relativement non conformiste nous écrivit après la publication de Bataille pour le pétrole français que la spoliation des tréfonciers français l'avait frappé et il nous demanda la documentation pour rédiger soit une « question écrite » au ministre, soit une proposition de loi. Nous nous rencontrâmes et après explications nous convînmes que le droit des tréfonciers pouvait faire l'objet d'un article d'une loi pétrolière qui n'existe pas en France. Nous lui établîmes donc cette proposition de loi avec « exposé des motifs », schéma des articles de la loi, bref un texte qu'il n'y avait plus qu'à envoyer à l'Imprimerie Nationale après l'avoir déposé sur le bureau de l'Assemblée. Tout cela gratuitement bien entendu.

Trois mois après, ne voyant rien paraître, nous le relançâmes. Pas le temps encore de s'en occuper. Il devait étudier les grandes questions soumises à la sagacité des commissions, bref, encore quelques mois. Au ton, nous perçûmes que la belle ardeur était évanouie. Il ne nous restait qu'à reprendre le texte préparé que l'on trouvera plus loin.

Nous contâmes l'anecdote à un autre camarade parlementaire, un blasé celui-là qui, pour rien au monde, ne mettrait son doigt dans de telles affaires sauf pour certaines commodités ; il nous confirma le « danger » de prendre certaines initiatives au Parlement. Un député réputé « chambardeur » est quelque peu tenu en surveillance et considéré comme un animal malade de la peste, donc sans « avenir parlementaire » (et parfois sans participation à la manne : interventions en faveur des électeurs influents, décorations et même publicité des affaires d'Etat pour les journaux locaux dans lesquels le parlementaire a plus ou moins d'intérêts pour son réélectorat). Ce qui nous parut un régime parlementaire pire que celui de la IIIe pourtant déjà assez peu reluisant dans son ensemble.

Bref, notre proposition de loi pétrolière pour stimuler la prospection française et la protéger ne verra pas le jour, alors que l'Italie profitait des événements pour faire entériner par son Sénat la loi pétrolière votée par la Chambre.

Nous sommes comme le Taciturne... Nous ne désespérons pas quand même...

On commence à penser « pétrole » en France : « Les travaux de prospection menés actuellement au Sahara par la Compagnie Française des Pétroles le sont sous la protection des autorités militaires françaises. Or, avec le concours de ces autorités, cette Compagnie a fait passer parmi les unités formées de jeunes rappelés de la métropole des offres d'emplois destinés à ceux qui désireraient rester et travailler sur

place après la fin de leur service. Il était offert 1 500 places ;
dans les 24 heures, 2 000 demandes furent enregistrées… »[91]

Cet enthousiasme des jeunes pour le pétrole est excellent.
Le pétrole est entré dans les esprits, il fera l'objet des
correspondances que l'on discutera dans les familles
métropolitaines. On en reparlera éventuellement au député. Il
sera de plus en plus difficile d'étouffer la question pétrolière en
France. Si la vérité s'obstine à ne pas venir par le haut, elle
viendra par le bas. Nous n'espérâmes jamais un autre
cheminement.

Nous accédons au stade de la connaissance pétrolière. En
France, tout est très long à prendre une forme définitive dans
le domaine constructif, mais avec les jeunes « sur le tas » que
l'on endormira moins que leurs aînés, nous sommes peut-être
sur la bonne voie pour obtenir des réformes.

PEUT-ON SE PASSER D'ESSENCE ?

La question pétrolière est complexe ; elle n'est pas
uniquement matérielle. Elle s'accompagne d'à-côtés politiques,
diplomatiques que nous connaissons, de compétences
musulmanes (la France possède des cracks dans ce domaine
mais personne ne les consulte et ne les utilise
opportunément), de mesures autoritaires (efficience des sociétés
d'Etat) et surtout d'esprit animateur (le trépan contre
l'administration). La question pétrolière en France est donc une
question d'hommes. De six, pas davantage, indépendants des
politiciens et des financiers qui constitueraient (en attendant un
trust d'Etat sous la forme de contrôle) un « comité national du
carburant» dont d'unique but serait d'assurer l'indépendance

[91] Interview de M. Jacques Benoist-Méchin recueillie par Bernard Verge (*Défense de l'Occident*, décembre 1956). Par la suite, Il y en eut d'autres et, finalement, Il y aurait 3 000 demandes.

française en carburant. Six surhommes, responsables, inaccessibles aux vanités, aux tentations d'argent, aux consignes, bref à tout ce qui ne tendrait pas, dans un cadre européen, à cette suffisance en ressources d'énergie libérant le pays des brimades étrangères.

Cette réforme ne tente personne ; le système pétrolier actuel alimente trop de mangeoires et d'abreuvoirs. Elle est pourtant le seul moyen de « survivre » comme le dit un ancien président du conseil.

La France devient une « petite » nation pour beaucoup de causes et, en partie, le démembrement de son outre-mer qui en faisait jadis, une union de 120 millions d'habitants. Le cycle historique n'était pas inéluctable ; la roue du destin tourna dans le sens de celui qui souffla le plus fort. Il n'est pas déshonorant d'être un petit pays et nous envions assez la moralité et l'état social de la Suisse et de la Suède dans leur ensemble. Le Français est chauvin et ne veut pas admettre cette descente d'escalier. Il a tort. II vaut mieux être un « petit pays » harmonieux, ordonné et heureux qu'un « grand pays » aux permanentes catastrophes guerrières et financières.

Si la France réalise qu'elle devient une petite nation depuis 1945 et s'organise sur le pied réel de son standing, elle peut se forger une économie à sa mesure en s'évadant des consignes étrangères et d'associés puissants qui ne cherchent qu'à l'absorber en l'essoufflant dans une course trop pénible pour elle. L'autarcie n'est pas dans notre esprit, seule l'indépendance totale des ressources énergétiques domine notre préoccupation de pays libre et stable. Puisque les « grands » sont déchaînés dans la course au monopole de ses ressources, la première sagesse consiste à minimiser une chose réputée indispensable, c'est-à-dire apprendre à se passer de pétrole dans la plus large mesure possible. C'est réalisable mais nous ne voyons rien se dessiner dans ce sens en France.

Si un pays ne peut posséder des ressources directes de pétrole, il doit employer tous les autres moyens fournis par la technique moderne pour se passer au maximum de ce carburant. Nous décrivîmes les ostracismes contre la voiture électrique, les nouveaux moteurs réduisant la consommation d'essence, l'alcool-carburant, etc.[92] Il y a la fameuse turbine de l'ingénieur français René Planche (grand prix de l'invention 1954) qui ne consomme que 3 ou 4 litres de carburant aux cent kilomètres à vitesse et à puissance égales d'une voiture ordinaire. Un ingénieur allemand a obtenu d'excellents résultats avec une turbine absorbant indifféremment des huiles végétales et animales. Un autre Français, M. Coulon trouva un carburateur marchant au gaz butane fin 1956 qui lui permit de faire 400 km pour 500 frs ; mais l'usage de ce gaz est interdit pour les véhicules : la vraie raison, il rapporte moins d'argent que l'essence à l'Etat. La Régie Renault a sa « voiture-laboratoire » l'étoile filante à turbine, employant du kérosène comme combustible, mais aux possibilités énormes d'utilisation de combustibles divers et généralement bon marché. Si certains constructeurs se trouvent par trop liés à des firmes pétrolières, l'Etat, avec la Régie Renault, aurait le devoir de lancer la grande série de voitures n'absorbant plus des grandes quantités d'essence ou utilisant d'autres énergies ; les autres constructeurs seront bien obligés de s'aligner sur un nouveau type commandé par le progrès. Ainsi, chacun apprendra à se passer d'essence. Quant à l'Etat, que l'on donne comme principal obstacle à cette modernisation à cause de la rentrée des impôts, il trouvera un moyen de récupérer cette moins-value par un autre genre de perception, nous lui faisons confiance. Nous savons qu'il est aussi possible d'utiliser le gaz naturel pour alimenter les moteurs et la France en regorge.

Dans les nouveautés envisagées pour remplacer le pétrole-essence, avouons notre faible pour la voiture électrique.

---

[92] Cf. *Bataille pour le Pétrole français.*

A la suite d'un précédent ouvrage sur la question du pétrole, après un échange de correspondance, nous avons eu le plaisir de recevoir la visite d'un ingénieur français. Cet homme qui habite le sud-est roule depuis trois ans dans une voiture électrique de son invention, une véritable voiture presse-boutons, sans radiateur à eau, ni changement de vitesse, démarrant sans bruit comme les Rolls. Sur une grande route nationale nous atteignîmes, en pointes, le 205 en une fraction de temps très courte que nous ne primes as le soin de chronométrer. Voici la conversation qui en résulta :

— Non, non, rangez votre appareil photo, anonymat le plus rigoureux.

« C'est pendant la dernière guerre que j'ai eu l'idée de cette voiture. L'inaction me pesant, j'ai résolu de monter ma voiture électrique à laquelle je pensais depuis longtemps.

« J'ai fait fabriquer les pièces dans des endroits différents. Beaucoup d'essais ne me donnèrent pas satisfaction, c'est la cinquième voiture-essai dans laquelle vous venez de monter.

« Je crois qu'elle est définitivement au point. Je roule depuis trois ans sans acheter un litre d'essence.

— A quand la commercialisation ?

— Jamais ! Je tiens à ma vie ! Je dispose d'une fortune assez importante qui me permettrait de me passer de capitaux pour exploiter la voiture électrique que j'ai réalisée. Mon père, décédé, ancien banquier parisien, me voyant chercher cette formule me mit en garde ; mon père était très fort en affaires. Il me fit comprendre tout ce que vous avez écrit en matière d'invention dans le domaine du carburant. Je ne suis pas spécialement peureux, mais comme je n'ai pas besoin d'argent et que j'ai assez de mes affaires actuelles, j'ai décidé de garder mon joujou pour mon usage exclusif.

— Personne ne se doute de votre invention ?

— Quelques rares parents le savent ; pour eux, c'est une fantaisie d'ingénieur sans autre portée. D'ailleurs pour éviter les indiscrétions, j'ai pris la carrosserie d'une voiture de grande série qui n'attire pas l'attention (il s'agit de la carrosserie d'une 15 CV).

— Pourquoi vous obstinez-vous dans l'effacement avec un véhicule qui est la solution de l'avenir ?

— Voyez-vous, cher monsieur, cette voiture n'a besoin d'une pile-accumulateur que tous les 1 000 kilomètres environ. Encore peut-on en mettre dans son coffre pour obtenir une indépendance plus grande de route. Certes, les pompistes vendraient des piles à la place d'essence, mais c'est la mort des lubrifiants pour les trois-quarts. Alors, comme au-dessus de la technique, j'ai aussi pas mal de philosophie, j'ai pensé à tout ce remue-ménage que produirait ma voiture électrique. Plus ou peu de pompistes, plus ou très peu de camions-citernes que des hommes fabriquent, conduisent et ainsi remonter toutes les industries du pétrole jusqu'à l'origine. Une véritable catastrophe sociale. Je préfère que ce soient d'autres que moi qui la déclenchent ».

Nous regardâmes pensivement s'éloigner la voiture électrique de l'ingénieur français. Nous ne pensons pas qu'il ait raison. C'est l'histoire de la télévision et du cinéma et du théâtre, de la T.S.F. et des gens qui lisent de moins en moins, des fabricants de peignes en écaille pour les longs cheveux et de tant d'autres choses que la technique nouvelle tue chaque jour au profit de débouchés nouveaux. L'homme s'adapte...

Ce n'est qu'après cette visite que nous eûmes connaissance des cars électriques américains de l'Electronic Motor Car C. Cette firme a lancé des cars de L places qui passent, sans boite de vitesses, de 0 à 100 km en 7 secondes. Des camions de 6 tonnes avec moteurs couplés de 5 kw chacun rivalisent avec n'importe quel autre camion à essence en rendement et en vitesse.

Nous envoyâmes cette information à l'ingénieur du sud-est pour lui indiquer qu'il risquait de se laisser distancer, nous ne reçûmes pas de réponse... Dommage ! Nous pensons au hourvari provoqué en Bourse.

L'idée de la voiture électrique est dans l'air.

Nous aurons peut-être mieux bientôt avec la voiture anglaise équipée aux silicones, ces composés organico-siliciques « qui réduiront dans une proportion effarante » le poids et l'encombrement des moteurs électriques.

Enfin, tout ce que l'on voudra pourvu que nous ne soyons plus les esclaves du pétrole que nous laisserons volontiers aux souverains arabes afin qu'ils en tirent des produits alimentaires pour leurs sujets sous-évolués et sous-alimentés.

L'ETAT ET LA POLITIQUE DU CHIEN CREVÉ

Nous savons que la lutte à entreprendre pour apprendre à se passer du pétrole est gigantesque et que, seul, un Etat peut se permettre de l'engager. L'Etat c'est aussi la Bourse et la Banque, alors peut-on espérer un « bouleversement » pour se libérer des entraves du pétrole ? Il faudrait commencer par l'abolition des privilèges concernant dix banques d'affaires françaises dispensées, par une loi spéciale, de publier leurs bilans. Parmi ces banques nous relevons les établissements de MM. Rothschild frères et Lazard et Cie qui s'occupent beaucoup de pétrole. Les aspects du pétrole sont si complexes que le carburant apparaît comme une question de régime. Mais l'heure n'est peut-être plus éloignée où il faudra choisir entre le pays et le pétrole-finance, tout comme le président

Eisenhower choisit en novembre 1956, entre le pétrole arabien et la France et l'Angleterre réunies.

Nous avons l'impression — impression qui n'est pas personnelle — que l'on ne dit pas la vérité sur le pétrole en France et que l'on ne se presse pas tellement d'en tirer le maximum.[93] Alors que la question du pétrole peut devenir tragique d'un moment à l'autre pour la France, M. Guillaumat, président du Bureau des Recherches de pétrole prévoit une production de 9 millions de tonnes de pétrole brut pour 1961 et une production couvrant la consommation nationale en 1972 (déclaration du 21 janvier 1957). A la condition que la situation politique évolue favorablement en Afrique du Nord ! Or, l'Etat qui finance les recherches de pétrole (pour 1957) dans la proportion de 66 % sur 55 milliards, ne consacre que 35 % en métropole contre 65 % en Afrique (41 % au Sahara, 4 % en Afrique du Nord, 20 % en Afrique noire). Nous eussions préféré 65 % en métropole et 35 % en Afrique. Que se passera-t-il d'ici quinze ans, puisqu'en moins de temps que ça, la France perdit irrémédiablement la moitié de son outre-mer ? Après l'explosion d'enthousiasme pour le pétrole saharien, on devint plus hésitant et plus dubitatif bien que M. J. Benoist-Méchin généralement renseigné avec précision ait déclaré en décembre 1956 : « On vient de découvrir au Sahara des nappes de pétrole d'une étendue et d'une profondeur extraordinaire, d'une richesse qui laisse peut-être derrière elle

---

[93] « ...Parentis ne produit qu'un million de tonnes, car Esso freine l'essor de la production. Les gouvernements ont été coupables d'accorder des permis de recherches à *Esso*. Les indications données par *Esso* sur le gisement sont en contradiction avec celles d'origine française... *Esso* a pour but de minimiser le gisement... »
Cet avis du leader communiste, M. Jacques Duclos, corrobore d'autres avis émanant de personnes diamétralement opposées au point de vue idéologique. Le Sud-Ouest de la France recèle une richesse pétrolière que peu de personnes, à part les initiés, peuvent imaginer ne pourrait suffire à couvrir les besoins français. M. Jacques Duclos ajoute : « On a délaissé la recherche sur le sol national au profit du Sahara. Déjà des trusts e y implantent : *Shell et Caltex* notamment. »

toutes les autres réserves du monde.» M. Louvel, ancien ministre, ingénieur et polytechnicien, confirma (fin février 1957) que la structure des gisements sahariens était rigoureusement identique à celle des gisements d'Arabie. La lenteur vient-elle du manque de matériel ou d'un plan sacré établi par les bureaux que personne n'a le droit de bousculer ? «La France commencerait-elle à entrer dans ces calculs de hautes mathématiques pétrolières» comme dit l'honorable M. Johnson ?

Comment les États-Unis devinrent-ils le premier pays pétrolier du monde ? Quand les prospecteurs se trouvaient dans une région jugée favorable aux sécrétions pétrolières, ils prenaient leur vaste chapeau à bout de bras et le lançaient à la volée. Où le chapeau touchait terre le puits était foré. Pratique sans doute sommaire, mais dont nul ne peut contester l'efficacité. Nous ne croyons pas au monopole exclusif en matière de détection. Il faudrait être très riche pour en apporter la démonstration et les non-diplômés qui voulurent entrer en contact avec des organismes furent plutôt mal reçus. Le fatras administratif pétrolier et l'absence de loi pétrolière ne permettent pas aux animateurs sans titres officiels de se lancer dans l'aventure ; pourtant, si l'on établissait le bilan des gisements découverts avant la technique ultra-moderne, on s'apercevrait rapidement de la nécessité de ramener à plus de modestie la part de la science.

La loi minière de 1810 régissant le pétrole que l'on ne connaissait pas à l'époque, malgré quelques amendements ne répond pas aux nécessités actuelles. Cette loi d'Empire fut reprise en compte par la république parce qu'elle garantit à l'Etat la propriété de tout le sous-sol. Dans son propre jardin, le particulier n'a pas le droit de creuser à plus de dix mètres, mais l'Etat donne à des tiers des permis de recherches dans votre jardin et le propriétaire n'a le droit de s'opposer à ces fouilles que si son lopin est clos ou muré. Cette nationalisation du sous-sol est déjà une nationalisation du pétrole. Cette prétention empêcha, comme en Italie, les habitants de s'intéresser à leurs richesses minières. L'Etat n'ayant pas voulu ou su remplacer l'initiative privée dans ce domaine, les décades de retard s'accumulèrent.

Ce droit tréfoncier de l'Etat fut étendu à l'Union française. On conçoit que les étrangers convoitant le pétrole, le fer, le manganèse, l'uranium coloniaux n'ont pas mis la charrue avant les bœufs en s'attaquant d'abord à l'éviction de la France pour libérer le sous-sol en même temps que le sol. La création de l' « entité saharienne » ne vise que le but de réserver l'application de la loi tréfoncière au Sahara dans le cas où, la France avec ses lois serait obligée à une « tunisification » de l'Algérie. Les malheurs coloniaux de la France viennent en partie de cet accaparement abusif de l'Etat... plus que de l'accaparement des terres de surface par des particuliers. Mais on évite de dire que le régime tire en général ses malheurs de ses appétits abusifs.

En l'absence d'une loi pétrolière spéciale, en cas de découverte l'exploitation s'effectue suivant le bon vouloir des ministres en exercice. Méthode qui favorise le régime des combinaisons. Après l'affaire parlementaire des pétroles de Parentis[94] nous pensions que l'opinion étant alertée par le mécontentement des tréfonciers de Lacq, les tréfonciers des Landes seraient traités plus équitablement. Or, la question ne vint même pas devant la Chambre et l'on profita que le parlement était en vacances pour prendre l'arrêté du Il août 1956 (Journal Officiel du 18).

Les intéressés demandaient un pourcentage sur le tonnage extrait par la société pétrolière exploitante, ainsi que pratiquent les souverains arabes. En vertu des articles 6 et 42 de la loi minière de 1810, ils toucheront 500 frs. par hectare... ce qui

---

[94] Cf. *Bataille pour le Pétrole français.*

est tout de même mieux que les tréfonciers de St-Marcet et de Lacq qui n'eurent que 400 frs. Ce qui n'est que le fait du prince. Les Français sont moins bien traités que les musulmans avec la complicité de l'Etat. Qu'il y ait à craindre, comme dans les pays charbonniers, des affaissements de terrains quand les poches se videront, que la proximité du pétrole ne soit pas recommandée pour les cultures, que les exploitations lacustres soient nocives pour le poisson donc menacent le gagne-pain des pêcheurs, l'Etat n'entre pas dans ces considérations. Toutes les démarches des personnalités élues, des comités de défense etc. demeurèrent vaines. C'est ainsi que l'on organise la propagande contre un régime par trop bienveillant pour les grandes sociétés pétrolières, contre le principe de la justice de l'Etat et même la xénophobie. Aucune question écrite au ministre, aucune demande d'interpellation, tout le monde courba l'échine, même les parlementaires qui prirent une position publique quand un tour de passe-passe permit de passer en 48 heures une loi à l'Assemblée Nationale... « **Nous surveillerons la rédaction des textes afin d'obtenir pour nos Landes le maximum de profits...** » (M. Marcel David, député socialiste de la S.F.I.O., lettre publiée dans Sud-Ouest du 19 février 1954).

Cette demande d'indemnité tréfoncière reposait sur une base sérieuse puisqu'en mars 1957, lorsque le gaz précurseur du pétrole jaillit à Parentis d'un forage de 3 766 mètres (on se décide à des forages à grande profondeur), une catastrophe faillit se produire et l'on dut évacuer d'urgence, en pleine nuit, les ruraux des environs. Si les techniciens français de la S.N.P.A. n'étaient pas venus au secours de la concession de l'Esso Rep, des accidents très graves eussent pu se produire pour les habitants d'alentour. L'incident permet désormais aux techniciens français de sourire gentiment lorsqu'on leur parle de « l'avance » de la technique américaine. Mais quelles « instructions officielles » ont prévu un minimum de sécurité pour éviter le retour d'un tel accident ? Y a-t-il des personnes auxquelles il ne faut pas donner de conseil ?

Finalement, ce ne sont ni M. David, ni « mon » député qui s'alarmèrent de la spoliation des tréfonciers, mais un groupe de sénateurs modérés qui déposèrent (11 avril 1957), au Conseil de la République, une proposition de résolution dont voici une partie du texte : «...Il est normal, au moment où le développement minier de notre pays est de nature à transformer certaines régions, comme le Sud-Ouest à l'heure présente, d'évaluer ou de réévaluer d'une manière plus équitable les droits des propriétaires du sol, qui sont presque toujours des agriculteurs.

« Les conditions d'exploitation de la forêt, des terres, vignes ou prairies dont le sous-sol est utilisé, se trouvent modifiées et transformées et une adaptation nouvelle et coûteuse leur est ainsi imposée, pour éviter la ruine de l'exploitation traditionnelle.

« Une redevance mieux adaptée à la valeur des produits extraits est donc légitime et doit leur être versée par les exploitants des mines. »

Le Conseil de la République invite donc le gouvernement à déposer rapidement un projet de loi complétant l'article 37 du code minier et :

« 1. Fixant à 5 % minimum de la valeur des produits bruts, le montant de la redevance tréfoncière annuelle, due par les concessionnaires d'exploitations d'hydrocarbures liquides et gazeux, dont 2/5 seraient versés aux propriétaires du sol et 3/5 à un fonds d'expansion et de reconversion départemental ou régional pour profiter aux intérêts forestiers, sylvicoles et agricoles de la région pétrolifère ;

« 2. Réservant au profit des propriétaires du sol compris dans le périmètre de la concession, et réparti entre eux au prorata de la surface des terrains appartenant à chacun d'eux, le vingtième des actions nouvelles lors des émissions par les sociétés concessionnaires, soit au moment de leur constitution, soit lors d'une augmentation du capital. »

Ce projet, insuffisant quant à nous est quand même révolutionnaire. Il s'attaque aux privilèges des pétroliers. Nous invitons le lecteur à en suivre le développement parlementaire... si la « maffia des pétroliers du Parlement » ne réussit pas à l'étouffer.

En plus du droit tréfoncier de l'Etat, si les Français trouvaient un gisement et qu'ils ne soient pas assez riches pour constituer une société, on ne leur paierait même pas leur découverte. C'est ainsi que les lois stupides font mourir les pays quand l'Etat veut remplacer l'initiative privée et qu'il n'est pas capable de réaliser vite et aux moindres frais. On réalise que tant de Français amoureux de l'aventure et du risque qui paient de la mort ou de la fortune, partent vers des terres étrangères moins restrictives.

UNE LOI PÉTROLIÈRE EST INDISPENSABLE

La France stagnera ou passera de plus en plus sous le contrôle étranger aux vastes dispositions financières tant que la loi pétrolière ne sera pas votée. Il est aléatoire de se lancer dans de coûteuses recherches sans savoir à l'avance dans quelles conditions exactes l'exploitation sera concédée par l'Etat. Les dispositions en vigueur favorisent surtout les sociétés à immenses capitaux et leur réservent presque des exclusivités. Si nous ne connaissions pas la mentalité qui règne en haut lieu dans ce domaine et qui pourrait nuire à des prospecteurs qui ne sont pas des trusts, nous étalerions deux ou trois dossiers (Ce sera pour plus tard).

Une loi pétrolière amènerait un peu d'air pur et serait une loi de moralité dans la prospection minière de la France et de l'Union française. C'est peut-être la raison qui l'empêchera d'être votée. Voici les bases de cette loi que nous avions proposée en tenant compte que l'Etat reste propriétaire du sous-sol.

1. Les demandes de permis de recherches d'hydrocarbures ne devront pas demeurer plus d'un mois sans réponse (comme les permis de construire).

Une demande de permis postérieure ne pourra remettre en question la demande précédemment formulée sur le même périmètre afin d'éviter que « mystérieusement alertée », une autre société ne profite des travaux préparatoires du premier demandeur.

Le permis de recherche est octroyé pour une durée de X années (suivant la superficie sollicitée) et renouvelable selon les activités déployées. (C'est au nombre de sondages qu'il faut évaluer l'effort et non à la somme investie).

2. Tout permis de recherche donne droit à exploitation immédiate.
3. Une société étrangère ou filiale d'une société étrangère ne pourra détenir la majorité d'une société exploitant le pétrole français. Un minimum de 51 % sera réservé à l'Etat ou à des sociétés aux capitaux d'origine française prouvée.
4. Le personnel étranger des sociétés exploitant en France ne pourra être supérieur à 10 % par catégorie (pour éviter le retour de la stérilisation iranienne de 1951).
5. Le droit à exploitation donnera droit à 50 % de redevances sur le pétrole extrait pour l'Etat propriétaire tréfoncier.

Sur ces 50 %, 15 % seront ristournés aux propriétaires de terrains de surface proportionnellement à la superficie des terres comprises sur le périmètre concédé.

6. Les raffineries étrangères établies en France devront raffiner par priorité le pétrole brut français.

7. Les produits pétroliers français tirés du pétrole brut français seront écoulés par priorité sur le marché français. Les dérivés tirés du naphte français devront être traités en priorité par la pétrochimie française.

8. (Pour favoriser l'inventaire du sous-sol français) Toute société abandonnant les recherches pour un motif quelconque sera tenue d'indiquer à un organisme central, les endroits exacts, la nature et la profondeur des sondages.

9. (Comme aux États-Unis où une partie du capital souscrit consiste en actions à un dollar), un pourcentage à déterminer d'actions sera offert à bas prix au public.

Base vraiment minimum d'une loi pétrolière française, puisque l'État ne se décidera jamais à abandonner la propriété du sous-sol. Pour les détails complémentaires, on peut se rapporter à la loi pétrolière italienne, elle est très complète. La France n'attend plus que sa « Jeanne d'Arc du pétrole »

L'Italie, qui veut remonter la pente sur laquelle elle glissait depuis 1943-44, exploite ses hydrocarbures et se protège par une loi bien comprise. La France continue à barboter dans la loi de 1810 favorable à toutes les interprétations. De la réforme de la législation minière et des organismes pétroliers, sortira une politique cohérente du carburant. Il ne faut pas chercher d'amélioration avec des organismes qui ont failli à leur tâche depuis trente ans puisque l'on manque de techniciens et de matériel.

UNE POLITIQUE D'ENSEMBLE

Une loi ne suffira pas. La démolition de tous les organismes qui existent s'impose. Ils seront tous refondus, avec une nouvelle mentalité, un autre état d'esprit dans le « Comité National du Carburant » que nous suggérâmes. Nous avons des faits à opposer aux haussements d'épaules qui évitent de se justifier et nous établirons un jour le bilan des découragements officiels et des sabotages qui noyèrent, depuis trente ans, les bonnes volontés, tout en acceptant les rémunérations de rapports favorables.[95]

On crie que la France manque de techniciens du pétrole ? Pourquoi ne pas commencer par utiliser ceux qui se trouvent dans les bureaux des organismes s'occupant de pétrole à Paris ? Ne seraient-ils pas mieux à leur place sur les terrains ?

---

[95] Dans notre argumentation nous essayons de réfuter par avance certaines objections. Dans la suggestion de ce « Comité National », nos amis remarquent que l'on répondra par des « mesures d'économie » pour rejeter le projet. Or, c'est ce projet qui réalisera des économies en ne constituant qu'un seul organisme pétrolier. Enfin, on a trouvé de l'argent pour des causes moins urgentes ; voici ce que le sénateur Pellenc, rapporteur général de la Commission des Finances au Conseil de la République, révéla le 26 juillet 1956 :
« On a introduit subrepticement la création de 30 000 nouveaux emplois dans ce collectif qui ne devrait être qu'un cahier d'ajustements des dotations budgétaires et qui est devenu une chausse-trappe. On profite de ce que les rapporteurs, pressés par le temps sont dans l'impossibilité d'étudier en détail les chapitres de chaque département ministériel, pour glisser de la manière la plus inapparente les crédits destinés à ces emplois. Je le dis sans ménager mes mots : on commet là une véritable escroquerie.
« Ce ne sont pas des emplois de lampistes qu'on crée. Il s'agit de directeurs, d'inspecteurs généraux, d'administrateurs dont le traitement minimum est d'un million. Au total : 60 milliards.
« En outre, croyez-vous que la présidence du Conseil ait besoin de quinze automobiles supplémentaires ?
« Croyez-vous qu'il soit indispensable de créer cinq inspecteurs généraux de l'Économie nationale ?
« Croyez-vous qu'il soit nécessaire de créer à la radiodiffusion cinq cents emplois dont un certain nombre seront pourvus de traitements confortables de 350 000 par mois ?
Et le Parlement vota quand même toutes ces dépenses dont la France se passait jusqu'alors. Pour le même prix, elle aurait eu dix gros tankers ou un nombre respectable de turbo-foreuses pour la Prospection.

La France est-elle capable de concevoir une politique générale complète du pétrole ? Prenons un exemple.

Jusqu'à présent, le sud-ouest paraît favorisé par les découvertes d'hydrocarbures liquides et gazeux. Le gaz naturel de Saint-Marcet et de Lacq, le pétrole de Parentis, peut-être celui de Pouillon, un jour celui de Lugos et, suivant la conviction des spécialistes, depuis le sud de la Loire jusqu'aux Pyrénées, sur une bande côtière d'environ 150 km. de large, des gisements qui ne demandent qu'à être découverts, constituent une zone particulièrement prometteuse en ressources énergétiques. La Standard construit une nouvelle raffinerie dans le sud-ouest pour le raffinage sur place. Il est prévu un boom dans cette partie de la France et déjà des industries importantes forment le projet d'y venir monter des succursales. Il existe un « plan d'expansion du sud-ouest ».

Ne serait-il pas opportun de reprendre cette vieille idée datant de Colbert, du « Canal des Deux-Mers » (Atlantique-Méditerranée) ?

L'attitude hostile de l'Espagne dans les affaires marocaines à l'égard de la France, la lutte occulte américano-soviétique au Maroc dont l'arrière-but est la prééminence sur le vis-à-vis de Gibraltar dans la zone tangéroise qui n'est plus internationale donc plus neutre, sont des indices d'un avenir aléatoire pour les relations maritimes atlantico-méditerranéennes par le détroit de Gibraltar. Le « Canal des Deux-mers », intrinsèquement français, supprimerait cette menace stratégique.

Il permettrait en même temps une répartition et un écoulement non seulement des produits pétroliers du Sud-Ouest, mais aussi des productions industrielles futures. Il abrégerait notablement le trajet maritime des tankers et autres bâtiments venant l'Asie dans les ports atlantiques. Sans compter les nouvelles terres livrées à l'irrigation (propices à la culture du riz), des centrales de houille blanche que les dénivellations pourraient engendrer et l'activité économique née du passage des bateaux étrangers. Le « Canal des Deux-mers » assurerait une indépendance plus grande à la France dans beaucoup de domaines. Il serait certainement plus « national » que le canal de la Moselle uniquement favorable aux maîtres de forges de l'Est pour lequel on trouva les milliards nécessaires. Enfin, c'est un aménagement économique rentable.

Pendant un siècle, la principale adversaire de cette réalisation fut la Grande-Bretagne craignant de voir l'importance (devenue théorique avec la bombe atomique) de Gibraltar réduite à néant par une voie maritime française reliant les deux océans. L'ère des sujétions est-elle révolue ? Alors, n'hésitons pas ! D'ailleurs, tôt ou tard, il sera nécessaire de songer à édifier une nouvelle cité d'un million d'habitants pour accueillir les Français d'outre-mer fuyant les intolérances locales et hésitant à revenir — ou partant à l'étranger — faute de logements. Tant par le climat que par les ressources d'énergies sur place, le sud-ouest est le meilleur lieu de cette future cité.

Le Canal des Deux-mers entre indiscutablement dans le combinat d'une politique nationale du carburant. Souhaitons de voir des réalisations dans un domaine qui nous abreuve de promesses trop à la petite semaine.

*

*   *

Pendant le temps de nos espoirs-illusions, les pétroliers ne demeurent pas inactifs pour augmenter leur puissance. Quelques exemples :

Ils organisent l'avenir en s'occupant des jeunesses sportives, des foules qui les admirent. France-Soir (9 août 1956) publia l'entrefilet suivant :

« L'Equipe (quotidien sportif français) annonce qu'elle n'acceptera pas dans ses organisations de 1957 de coureurs représentant les firmes extra-sportives. Une seule exception en faveur de l'industrie pétrolière considérée comme auxiliaire de l'industrie du cycle et des pièces détachées... » En clair, exclusivité de la publicité des maisons de pétrole sur les maillots des coureurs qui défilent devant des millions de spectateurs à travers la France. Or, le pétrole n'est pas plus un auxiliaire du cycle qu'il ne l'était de telle épicerie ou marque d'apéritif dont les chaudières et les camions de livraisons marchent avec des produits pétroliers. Peu nous importe le côté commercial du sport professionnel devenu du spectacle sportif. La psychologie des agents pétroliers est astucieuse ; c'est en martelant l'esprit des jeunes par un nom qui sera à son tour mille fois photographié, cinématographié, télévisé, que l'on parvient à inculquer une habitude. Répétons que cela ne fera pas vendre un litre d'essence de plus, le carburant ne s'achetant pas par plaisir, mais c'est ainsi que l'on colonise des esprits. La manœuvre est adroite.

La lutte entre pétroliers et alcooliers[96] devenait de plus en plus ardente avant l'affaire de Suez ; on eut besoin de l'alcool pour « allonger » l'essence, alors elle se calma, mais elle reprendra à la première occasion. Les pétroliers veulent absolument supprimer cette petite concurrence qui commençait d'ailleurs à grandir puisqu'une marque étrangère dut, elle aussi, fabriquer un carburant ternaire pour répondre à la demande. Ce mélange permet d'utiliser des produits nationaux. Certes, les « betteraviers », comme on appelle les

---

[96] Cf. *Bataille pour le Pétrole français* (chapitre : « Les pétrolière contre l'agriculture française », p. 179).

partisans de l'alcool, constituent aussi un petit Etat dans l'Etat avec des moyens similaires à ceux des pétroliers sur une échelle évidemment moins grande ; nous dirons simplement que ces Français se défendent avec les moyens politico-financiers inhérents au régime. Que l'Etat trouve une culture de remplacement s'il veut supprimer la surproduction d'alcool. Bref, cette lutte pétrole-alcool prit une allure décisive puisque les pétroliers donnaient en 1956, cinq ans pour réduire l'alcool français au silence.[97]

Donnons quelques détails pour indiquer aux sceptiques l'ampleur des actions du pétrole jusque parmi eux.

A Lille, les cultivateurs qui vivent des produits distillés, manifestèrent contre des firmes étrangères de pétrole connues comme ennemies de l'alcool. Les C.R.S. intervinrent sans ménagement. Au Salon de la machine agricole, des constructeurs distribuaient un tract dont nous extrayons :

« Betteravière, cidriculteurs, viticulteurs, achetez tous vos carburants (superternaire, essence, fuel, gas-oil, lubrifiants) aux pétroliers qui utilisent l'alcool que vous produisez. Tous les ans, un million d'hectolitres d'alcool au moins dans le superternaire. II assure l'existence de milliers d'agriculteurs... » Le tract fut saisi par les organisateurs. Le 8 mars, M. Durieux, sénateur du Pas-de-Calais, porta d'ailleurs l'incident devant le Conseil de la République.

On sait que la lutte contre l'alcoolisme a pour arrière-plan l'arrachage des vignes, source de production d'alcool dont l'Etat fait les frais. Le 27 janvier 1955, le député Pierre Hénault s'adressa ainsi à ses collègues de l'Assemblée Nationale :

---

[97] Raison pour laquelle l'Etat est hostile au carburant superternaire : quand l'Etat percevait (1958) 41 frs d'impôts sur 1 litre d'essence, il ne gagnait que 27 fr. 44 avec le superternaire.

« ...Vous êtes-vous demandé qui pouvait soutenir l'effort financier d'une semblable campagne anti-alcoolique, lequel se monte à des centaines de millions et pour quel profit ? Vous ne serez pas crédules au point de penser que la lutte anti-alcoolique émane seule de tels philanthropes. II y a, au-dessous, de puissants intérêts financiers dont l'origine est étrangère... »

Tout en félicitant un parlementaire d'oser aborder la question de front, regrettons que, saisi de pudeur, il n'ait pas appelé un chat par son nom. Puissance du pétrole jusque sur les bancs parlementaires des moins timorés ?

Malgré ces interventions et quelques autres, les pétroliers obtinrent gain de cause pour la liquidation des stocks d'alcool à... 12 frs le litre. Quand survint la pénurie d'essence, vivement le gouvernement donna l'ordre de réintégrer l'alcool à l'essence... Et la presse trouva ce mélange parfait !

Car, à Cuba, en Irlande, au Brésil et dans d'autres pays, les gouvernements soucieux de protéger leurs productions, imposent en permanence un carburant binaire ou ternaire pour réduire leurs importations de pétrole. Par exemple Cuba, pourtant protectorat occulte américain, institua un carburant binaire local (80 % d'essence et 20 % d'alcool) pour écouler le produit de la distillation de la canne à sucre, culture nationale cubaine. Les voitures roulent aussi vite à Cuba qu'ailleurs. Ironie du sort, la canne à sucre est distillée à Cuba par les procédés et appareils français. Les petits pays se défendent assez bien grâce à des gouvernements logiques et attachés à éliminer le maximum d'apports étrangers. Mais ce qui est possible à Cuba, en Irlande, au Brésil et en Suisse, ne l'est pas en France.

Les gouvernements bradèrent donc les surplus agricoles (blé, sucre, alcool pour l'essentiel) à l'étranger pour des prix ridicules sans s'occuper du lendemain, sans avoir la moindre réserve.[98] Le gel de 1956, catastrophique pour l'agriculture, obligea le gouvernement à importer des denrées payables en devises étrangères. La France manqua de cet alcool exporté à 12 frs le litre par millions d'hectolitres l'année même du gel. L'industrie française jeta un cri d'alarme, l'alcool allait lui faire défaut ! Alors, d'un coup de plume, le gouvernement supprima le carburant ternaire. Les pétroliers se frottèrent les mains ; désormais plus de concurrence, le carburant sera 100 % essence. Quant à la France qui faisait une économie de devises étrangères en utilisant son alcool agricole, non seulement elle déboursera davantage de devises (qui lui font défaut) pour ses importations, mais elle achètera tout son carburant à l'extérieur donc elle dépendra un peu plus des arrivages exotiques.

Qu'il s'agisse de « hautes mathématiques » pétrolières à incidences diplomatiques et gouvernementales ou de petits détails comme nous venons d'en citer quelques-uns, l'action des pétroliers est homogène. Rien n'est laissé au hasard.

L'Etat avec son régime mixte de semi-étatisation lorsqu'il s'agit de sociétés françaises et de liberté complète pour les firmes étrangères établies sur son sol, est-il qualifié pour entreprendre un travail de monopole qui est une politique de vaste envergure ?

Dans les circonstances actuelles, les nombrils qui s'adorent et se placent au-dessus des discussions n'ont plus cours. C'est l'Etat qui paie, c'est-à-dire la masse qui entend être servie avec intelligence... L'état dans lequel se trouva la France quand les tankers n'arrivèrent plus par Suez doit suffire

---

[98] Il est malheureusement exact qu'un pays comme la France, n'ayant pas plus de politique agricole que de politique pétrolière, ne dispose d'aucun stock alimentaire. Il vit sur la récolte de l'année en cours et se trouve donc à la merci des calamités naturelles ou des conséquences d'un grave événement extérieur.

à stigmatiser l'incapacité d'un système. Car, moins de pétrole fut aussi moins de ciment et d'acier.

Une indépendance économique donc diplomatique ne sortira qu'après une réforme complète des méthodes pétrolières françaises. II ne s'agit peut-être que de mettre chacun à sa place dans un « Comité National du Carburant a qui unifiera et simplifiera les tâches au lieu de les diviser et de les compliquer.

EN GUISE DE CONCLUSION PROVISOIRE

L'ensemble des Français, sauf les grands hommes d'affaires, est assez sentimental. Il croit volontiers aux grandes embrassades, aux réceptions étincelantes, aux souvenirs historiques ne masquant que d'autres préoccupations économiques du moment. Il pense communément que Londres, Washington consentent à modifier des « attitudes » par amitié.

C'est faux et c'est la raison qui laisse chaque fois la France devant une nouvelle impasse. Si des climats changent dans les rapports diplomatiques, on le doit uniquement à de nouveaux renseignements ou à de nouveaux événements incitant à révision des positions. Si M. Chepilov, ancien ministre des affaires étrangères soviétiques n'avait pas mis tant de hâte à pousser à la liquidation des Anglais du Proche-Orient et à les remplacer par une propagande pro-soviétique, opération trop voyante, il n'eut pas été remplacé par M. Gromyko. Car, en chassant les Britanniques (et les Français) il a amené le « plan Eisenhower » dam le Moyen-Orient, donc un voisinage bien plus dangereux pour l'U.R.S.S. que les anglo-français. Le Département d'Etat de Washington n'efface pas les causes de son irritation de novembre 1956 et ne renonce pas au soutien de ses pétroliers ; ayant choisi une nouvelle tactique en Proche-Orient, il a besoin de n'avoir que des amis dans le bassin méditerranéen et non des gens qui essaient de lui rendre la monnaie de sa pièce. Alors, il lâche du lest. Un point, c'est tout.

L'expédition anglo-française de Suez coûte aux contribuables français, directement et indirectement (par ses incidences économiques) des centaines de milliards plus une tension musulmane francophobe. Fin mai 1957, à Rome, la Grande-Bretagne entamait des négociations officielles directes avec les représentants de l'Égypte. Une fois de plus, le gouvernement français était lâché par l'Angleterre. Bafouée par Washington, jouée par la Grande-Bretagne, menacée par l'U.R.S.S. (lettres Boulganine avec suggestions d'engins téléguidés et bombe H.), la France se retrouvait seule. De la faute de ses gouvernants, il faut en convenir. Dans ces conditions, peut-elle espérer garder son pétrole d'outre-mer ?

Cela fait une bonne demi-douzaine de fois que l'on s'embrasse et que l'on se boude depuis 1945, suivant les intérêts du moment ; il y aura d'autres mouvements d'enthousiasme ou d'humeur.[99] Les Américains, comme les Anglais d'ailleurs, ne changeront pas un pouce de leur politique pétrolière. C'est la France qui cède et les soldats français continuent de tomber pour un baroud déclenché par les voraces.

Le Monde est à l'heure du pétrole et voici la clé. L'industrie pétrolière dans le monde sauf U.R.S.S. et satellites, représentait en actif à fin 1955 : 63 milliards de dollars, soit au cours moyen de 400 fr., 25 200 milliards de francs.[100] Sur ces 63 milliards de dollars, 40 sont aux Etats-Unis et 23

---

[99] Le 5 mars 1957, le président du Conseil français était à peine rentré en France de son voyage en Amérique du Nord que M. Michel Debré, sénateur, déposait une demande d'interpellation : « ...M. Nixon, vice-président des États-Unis, parlant récemment à Rabat, non seulement n'a adressé aucune parole aimable à l'égard des Français du Maroc et de la France, MAIS IL A REVELE AVOIR TRAITE AVEC LE SULTAN DE L'AVENIR DE L'ALGERIE au mépris de la souveraineté française et des sacrifices de nos soldats ! » Et M. Michel Debré souligna « le caractère inamical qu'a ainsi revêtu la visite du vice-président des U.S.A. ».

[100] Ces chiffres sont extraits d'une analyse du rapport de MM. Coqueron et Pogne, les spécialistes pétroliers de la *Chase Manhattan Bank* (Rockefeller). Ajoutons : « ... Le Président de la *Chase Bank*, la banque des Rockefeller et de la *Standard Oil* qui commandita la campagne électorale d'Eisenhower, M. John Mac Cloy, conseiller général de l'O.N.U., est actuellement en Égypte ; son subordonné, le général Wheeler, chargé de débloquer le canal, est expert auprès de la B.I.RD. (Banque internationale pour la Reconstitution et le Développement) dont le président dirige une des filiales de la Chase Bank... ». (Canard enchaîné de janvier 1957).

milliards en dehors. Sur cette dernière somme, la participation américaine est de 35 %, soit 8 milliards de dollars. Le capital américain investi dans l'industrie pétrolière mondiale est donc de 48 milliards de dollars, soit 19 200 milliards de francs. « En fait, la valeur réelle de ces actifs est très supérieure. Bien des immeubles, bien des installations figurent dans les bilans pour des sommes très inférieures à leur valeur. » Or, pour la période 1956-1965, les investissements nouveaux envisagés s'élèvent à 115 milliards de dollars soit à 46 000 milliards de francs !

Aucun sentiment lorsqu'on engage de tels capitaux et cela se comprend. C'est donc une lutte à mort qui va se poursuivre pour la conquête de nouvelles sources et ceux qui masquent cette lutte sont aussi coupables que ceux qui mènent le forcing pétrolier. L'énormité des chiffres indique avec éloquence que le Département d'Etat de Washington est dominé par la politique pétrolière.

Qui ignore les secrets du pétrole peut difficilement comprendre la tragique partie internationale.

Nous continuons donc notre tâche de vulgarisation des questions pétrolières en nous abstenant de vouloir faire œuvre d'historien ou de technicien. L'histoire précise viendra plus tard, les problèmes actuels sont plus urgents, ce sont les seuls qui comptent.

Cette tâche n'est pas toujours facile à mener, car ce règne du pétrole sur les affaires nationales ne doit pas être connu du public. D'abord parce qu'il est anti-démocratique. Ensuite, on manœuvre mieux dans l'ombre. Nous nous en rendons compte par les organes de presse qui suivent les consignes de silence et qui refusent même d'insérer la publicité payante de l'éditeur de précédents ouvrages sur le pétrole ; le Figaro et l'Auto-Journal sont dans ce cas. De même un quotidien d'Alger, présidé dans la coulisse par deux sénateurs, fit répondre que nous avions écrit des choses « inadmissibles sur des intérêts respectables ». Pourtant l'Algérie meurt des querelles de pétroliers, mais entre les amitiés nées des placards de publicité et la « survie », il n'y a pas de place pour les causes, pour la vérité. Or, l'hypocrisie est aussi mortelle que le meilleur des poisons. Notre dessein n'est pas tortueux, le pétrole soumet les États alors que nous voulons que la France, et l'Europe si possible, soumettent le pétrole et le refoulent à son unique place de denrée commerciale.

Quand M. Guillaumat, président du B.R.P., cita (interview à Sud-Ouest du 5 mars 1957), l'opinion d'une grande revue anglaise spécialisée imprimant ironiquement : « *Les Français s'imaginent qu'il suffit de chercher du pétrole pour en trouver. Instables comme ils sont, ils dépenseront quelques milliards en pure perte et, dans deux ans, ils abandonneront.* » M. *Guillaumat ironisa à son tour et, plus optimiste que le 21 janvier précédent, cette fois il pronostiqua quatre ans pour que le pétrole saharien « rattrape la consommation française ».* Le président du B.R.P. interpréta la lettre de la remarque britannique ; nous en retiendrons l'esprit, à savoir qu'il ne suffit pas de chercher du pétrole pour en trouver si l'on n'englobe pas, dès maintenant, le fait matériel pétrolier dans toutes ses incidences politiques, diplomatiques, musulmanes, etc., que nous avons démontrées. Si nos officiels du pétrole ne croient pas aux 20 000 milliards de francs investis par les Américains à l'étranger, les jours du « pétrole français » apparaissent sombres.[101]

Nous avons terminé cet ensemble par des vues particulières sur la politique française du pétrole autant par sauvegarde des servitudes extérieures que par précédent pour les pays européens qui prennent le départ de la course au pétrole. Des précautions sont à prendre dans la corruption

---

[101] Nous n'avons pas apprécié, dans cette déclaration, que le « Sahara n'est pas un pays pour chrétien »… soit, mais pas plus que l'Arabie pour l'*Aramco*, l'Irak pour l'I.P.C. ou « l'enfer vert » du Venezuela.

générale des esprits et des mœurs dans les régimes plouto-démocratiques installés dans la plupart des pays y compris la France. A chacun de juger son candidat avant de déposer son bulletin dans l'urne. Le pétrole est plus important que l'apparentement politique ; si aucun parti n'a de doctrine précise au sujet du pétrole, ce n'est peut-être pas par hasard.

Fin 1956, un mot d'ordre courut la presse française : c le pétrole saharien est et restera français». (On oubliait de dire « franco-anglais »). Plus réalistes que certains, nous répliquâmes que s'il pouvait rester « eurafricain » cela ne serait déjà pas si mal puisque la France avoue publiquement ne pas avoir les moyens matériels et les hommes pour « bâtir » (sic) le Sahara.

Contre toutes les illusions et les affirmations même de bonne foi, il n'y aura pas de Sahara français sans Algérie française. Ceux qui affirment que l'Algérie restera française sont certainement convaincus mais ils ne sont plus les maîtres d'un avenir déjà fixé au statut économique de l'Afrique. Occasions manquées ? Nous n'y pouvons rien. Tout est désormais rapports de forces entre les nations ; il y a celles qui possèdent l'atome et celles que en sont dépourvues. Hélas, il ne s'agit pas que d'une impression personnelle.

L'envoyé spécial en Afrique du Nord du Daily Express, M. Sefton Delmer, après avoir reconnu que ses « meilleures sources ABONDENT en informations concernant une aide financière accordée par des compagnies américaines aux dirigeants algériens et marocains », ajouta : « ...le personnel de plus en plus important du consulat américain d'Alger — on dit qu'il y a plus de cinquante personnes — suit les développements de la rébellion contre la France ainsi que les découvertes françaises et la mise en valeur des nouveaux champs pétrolifères... » (avril 1957). Ce témoignage anglais trouve sa conclusion logique dans la déclaration d'un personnage connu déjà parvenu à ses fins en Afrique du Nord (opération du cheval de Troie par les masses), M. Irving

Brown, de la Confédération Internationale des Syndicats Libres.[102] A Tunis, il n'hésita pas à affirmer : « ... *Tôt ou tard, la politique américaine deviendra la politique du monde entier, surtout en Afrique et particulièrement en Algérie...* »

Nous sommes bien prévenus : tôt ou tard !

Toutes les annonces « intempestives » américaines se réalisant automatiquement depuis dix ans, nous ne nourrissons donc aucun espoir fallacieux sur les « glissements » d'actions sahariennes qui se produiront avec plus ou moins de discrétion sous les façades les plus imprévues. Les pétroliers ont le temps, ils récolteront le fruit du travail des autres aux moindres frais. Il est communément admis que les États-Unis ne seront pas satisfaits tant qu'ils ne posséderont pas 60 % de majorité dans les gisements exotiques.

Exclure des possibilités d'avenir une nouvelle alliance pétrolière américano britannique (alliance plus ou moins momentanée, le temps d'absorber un autre gêneur), dont la France serait la première victime est aussi une autre illusion.

Il y a un autre aspect au problème, celui des « prises de positions » par le capitalisme international :

« ...Deux banques françaises privées s'intéressent au pétrole saharien : Rothschild frères et Worms et Cie. Elles se partagent par moitié une quote-part de 5 % dans le capital de la SAFREP. Deux autres sociétés françaises, la FINAREP et la COFIREP ont des fonds dans les six sociétés financières intéressées au Sahara ; en particulier la COFIREP (contrôlée par les banques Rothschild et Worms) s'est vu rétrocéder 1,45

---

[102] D'obédience américaine. Voir l'action nord-africaine détaillée de ce syndicaliste dans *Dossier secret de l'Afrique du Nord*. Cette phrase de M. Irwing Brown est une autre confirmation au précédent schéma du « plan Roosevelt » de gouvernement mondial à direction américaine.

% de la part du B.R.P. dans le capital de la SNREPAL. La FINAREP est contrôlée par la Banque de Paris et des Pays-Bas (qui n'est pas sans relations avec l'Esso). FINAREP et COFIREP sont appelées à prendre le relais du BRP... »[103]

Le BRP (Bureau de Recherche du pétrole) est un établissement public ; il a rétrocédé une part dans une société d'Etat à des groupes privés. Ainsi, par des participations financières dans les grandes sociétés qui défrichent le terrain (avec les milliards des contribuables en majorité), des « intérêts » s'insinuent pour « prendre le relais » au bon moment ! Lorsqu'on connaît les filiations étroites des tenants de ces participations avec les pétroliers étrangers, nous avons le devoir de dire que l'affaire saharienne manque de clarté. Tout au moins pour le public... D'accord pour que le Sahara soit exploité, mais ouvertement et de A à Z par les mêmes, sans que les fonds publics fassent les frais de défrichage les plus coûteux et les plus ingrats.

Après le Maroc réclamant la Mauritanie, M. Bourguiba (avril 1957) revendiqua une « fenêtre ouverte » sur le Sahara et sa part des pétroles sahariens qui ne furent jamais tunisiens, après avoir contracté une alliance avec la Libye et le Maroc. Le nuage anti-Sahara français se précise.

La France a des prospecteurs et des techniciens extraordinaires ; elle n'a pas eu en temps opportun d'hommes politiques sains à leur hauteur.

La tournure des événements nord-africains donnera satisfaction à la fois aux pétroliers et à certaines fractions politiques françaises réclamant l'indépendance, par idéologie pour les unes, par calcul pour les autres. Ainsi se fabrique l'Histoire.

---

[103] De la revue mensuelle *C'est à dire* (novembre 1956).

Qui donc osera encore nier la puissance du pétrole ?

La France sortira-t-elle vaincue de cette bataille du pétrole qui lui fera perdre l'Afrique ?

L'affaire du canal de Suez pouvait être un événement capital et bénéfique pour l'Europe qu'elle tira de sa torpeur, de la facilité et de sa paresse de penser à l'avenir. Elle démontra que si les trusts suivaient une politique, cette dernière ne faisait pas forcément le bonheur des pays européens auxquels Nasser administra la preuve qu'ils ne sont que les esclaves d'un système économique dont ils pourraient mourir.

Car c'est le pétrole qui aura le dernier mot.

IN FINE

Cet ouvrage ne pouvait avoir qu'une conclusion provisoire puisqu'au moment où l'imprimeur allait appuyer sur le bouton de sa presse pour réaliser ce livre nous dûmes le prier de patienter un peu.

Un événement encore bref confirme déjà un des problèmes exposés plus avant.

Plusieurs grandes sociétés pétrolières américaines ont demandé des périmètres de recherches pétrolifères au Sahara.

Le Bureau de Recherche du pétrole (B.R.P.), organisme d'Etat, a été amené à établir d'urgence une sorte de cahier des charges pour l'admission de ces groupes dans la course au pétrole saharien. Ces conditions, bonnes en elles-mêmes, ne doivent pas faire illusion ; elles vaudront plus ou moins suivant les impératifs politiques (et financiers) des gouvernements français en place.

Ces aboutissements logiques de la politique des pétroliers américains infirment les déclarations concernant l'absence de « conversations » diplomatiques au sujet du Sahara. Nous avions raison de penser que la Chase Manhattan Bank n'avait pas consenti un prêt de 100 millions de dollars au gouvernement Mollet en souvenir de La Fayette.

Au même moment, nous relevâmes deux indices qui ont leur valeur.

Certains organes qui luttaient jusqu'alors pour la défense du pétrole français au Sahara demandent maintenant « la liberté des déserts ».

En même temps, et sous l'impulsion de la Gazette de Lausanne, une idée est lancée et fait le tour du monde : « internationalisation de la question algérienne » sous l'égide de l'O.T.A.N. (c'est-à-dire des U.S.A.).

Troublantes coïncidences

En octobre 1957, plus de dix millions d'hectares de permis de recherches pétrolifères au Sahara doivent être libérées par la S.N. Repal et la Compagnie Française des Pétroles d'Algérie. Il s'agit de deux sociétés d'Etat... auxquelles l'Etat, distributeur de permis de recherches aurait pu renouveler la durée des permis sans la moindre difficulté. Or, ce sont ces permis « libérés » qui seront vraisemblablement repris par les sociétés candidates au pétrole et aux mines du Sahara. Pour l'instant, il n'est pas question que la C.P.A. et la C.R.E.P.S. (sociétés franco-britanniques) « libèrent »' une partie de leurs permis de recherches sahariens.

Enfin, l'Aramco — par l'intermédiaire d'une société filiale — ferait construire en Italie la plus grande usine de raffinage d'Europe. Cette raffinerie pourrait traiter annuellement 5 millions de tonnes de brut, « pétrole saharien et libyen » spécifie-t-on, et coûterait entre 65 et 75 milliards.

POSTFACE

Alarmés pat la vague qui monte un peu de tous les pays contre la « dictature du pétrole » américain, certains thuriféraires ou même des personnalités des grandes sociétés pétrolières et politiques descendent dans l'arène. Il s'agit de démontrer au public que « la guerre du pétrole » n'existe pas et que la diplomatie du Département d'Etat de Washington n'est en rien influencée par la question pétrolière.

Répétons que nous ne sommes pas contre le pétrole, qu'il soit américain ou autre. Nous nous prononçons contre les maléfiques incidences internationales des hégémonies économiques (dont le pétrole source d'énergie devenue indispensable), avalisées par leurs gouvernements. Nous mettons dans le même panier aux réprobations les manœuvres pétrolières américaines et la phrase de M. Anthony Eden prononcée prématurément lors de la conférence de Londres : « Vous savez, nous nous battrions pour le pétrole ». La Grande-Bretagne ayant refusé de « se battre » (à Suez) au moment opportun, ne se battra plus. Elle continuera à se laisser absorber ou elle complotera avec les pétroliers américains.

Ceci dit, nous affirmons que « l'impératif pétrolier » est une réalité pour les Américains et qu'il ne peut en être autrement même si l'on admettait l'absence de personnes intéressées dans les coulisses de la diplomatie de Washington. Si le shortage, ou sa menace, ne planait pas sur les États-Unis, ce pays serait quand même obligé de pratiquer une politique pétrolière. Sans doute moins accentuée qu'à présent (l'Amérique du Sud pourrait lui suffire) et dans tous les coins du monde, s'il ne visait pas, outre sa consommation intérieure, son règne par l'entremise du pétrole. Avec les businessmen, il faut vaut mieux chiffrer.

Voici les chiffres d'affaires pour 1956 des 52 PRINCIPALES sociétés pétrolières américaines avec leurs bénéfices nets.[104]

(Valeurs en dollars, 1er colonne : **chiffres d'affaires**, 2e colonne : **bénéfices totaux nets**.

Amerada Petroleum Corp	107 858 686	26 499 395
Anderson Prichard Oil	67 566 802	5 880 382
Argo Oil Corn	12 239 683	4 508 658
Arkansas Fuel Oil	171 627 916	7 524 933
Ashland Oil Refining	279 949 629	13 503 942
Atlantic Refining C°	544 864 558	47 157 060
British American Oil	278 048 605	25 134 091
Champlin Oil Refining	67 526 280	9 479 241
Cities Service C°	773 715 172	62 151 985
Continental Oil C°	576 277 770	51 817 461
Cosden Petroleum C°	55 612 648	4 997 731
Creole Petroleum Corp	16 286 684	7 887 947
Getty Oil Cy	16 286 684	7 887 947
Gulf Oil Corn	2 339 714 892	282 658 087
Honolulu Oil Corp	42 780 802	13 816 268
Humble Oil Refining	1 189 031 007	178 916 132
Imperial Oil Ltd	830 158 478	69 098 692
International Petroleum	254 346 402	38 247 126
Kerr McGee Oil	89 762 959	4 679 994
Louisiana Land Expl	26 811 982	14 649 473
Midwest Oil Corp	16 007 290	6 559 264
Monterey Oil C°	17 594 165	1 453 344
Ohio Oil C°	274 953 311	41 215 655
Phillips Petroleum C°	1 033 390 919	95 202 615
Plymouth Oil C°	113 296 820	7 955 588
Pure Oil C°	486 184 998	36 559 879

[104] Chiffres extraits d'une étude financière comparative publiée par Cari H. Pforzheimer et C°, de New-York, reproduite par *Le Journal des Carburants*, de Paris.

Quaker State Oil	52 353 593	1 975 257
Richfield Oil Corp	254 043 152	26 573 621
Seboard Oil C°	47 146 843	9 368 842
Shamrock Oil Gas	52 519 434	9 007 313
Shell Oil Cy	1 635 434 995	135 847 893
Signal Oil Gas	59 196 761	10 693 608
Sinclair Oil Corp	1 180 101 830	91 070 812
Skelly Oil Cy	251 391 986	43 093 414
Socony Mobil Oil	2 750 299 937	249 503 667
South Penn Oil C°	61 157 134	6 028 056
Southland Royalty	9 970 743	3 385 349
Standard Oil of California	1 452 520 631	267 890 801
Standard Oil of Indiana	1 890 227 573	149 431 710
Standard Oil of Kentucky	284 173 439	12 478 021
Standard Oil of New Jersey	7 126 855 410	808 534 919
Standard Oil of Ohio	392 525 571	26 591 560
Sun Oil Cy	731 412 219	56 160 053
Sunray Mid-Continent	332 667 773	45 309 643
Superior Oil of Calif	88 040 341	5 040 752
Texas Cy	2 046 305 092	302 262 620
Texas Pacifie Goal Oil	23 809 412	7 209 694
Texas Gulf Prod	16 676 359	5 657 708
Tidewater Oil C°	552 556 000	37 990 000
Union Oil of California	396 424 824	34 240 878
Wilcox Oil C°	8 569 316	783 082
Woodley Petroleum	6 026 327	2 233 236

Ces 52 principales sociétés pétrolières américaines totalisent plus de 32,5 milliards de dollars de chiffres d'affaires et 3,7 milliards de bénéfices totaux nets. Au cours du franc français à New-York (450) quand fut publié cette étude nous traduirons par 14 630 milliards de chiffre d'affaires et 1 680 milliards de bénéfices nets.

Beaucoup de ces sociétés possèdent des filiales pétrolières et autres dans le monde entier, sociétés en principe indépendantes pour l'établissement des bilans ; les chiffres cités ne constituent donc, pour certaines, qu'une partie de leur activité. Ce sont ces sociétés qui sont propriétaires des exploitations pétrolières du Proche et du Moyen-Orient, de l'Amérique du Sud, etc. produisant à leur tour des centaines de millions de dollars de bénéfices. Et l'on sait que certaines progénitures peuvent dépasser en importance les sociétés-mères. Au total, un chiffre énorme expliquant le choix de Nasser maître des routes du pétrole et d'un pays pétrolier en puissance, par le Département de Washington. Le « sentiment » américain pour l'Europe occidentale ne pesa d'aucun poids dans les décisions de MM. Eisenhower-Dulles de même de l'O.N.U. pour faire respecter ses « 6 points ». Au contraire, les erreurs diplomatiques anglo-françaises permirent aux Américains d'accentuer leur tutelle sur les pays producteurs de pétrole et de faire un grand pas vers l'hégémonie politique mondiale des U.S.A., le grand rêve des dirigeants américains.

Ces bilans si astronomiques soient-ils ne justifieraient pas moralement la faveur des pétroliers au Département d'Etat. Mais le pétrole n'est qu'une branche de l'activité économique américaine et, ce qui est le plus grave, une activité économique de base.

Ces 14 630 milliards ont des incidences considérables. Outre la pétrochimie, la dernière née, l'exploitation et le commerce des produits pétroliers engendrent la construction de raffineries, de matériels de forage, de moteurs et de pipe-lines (acier), des habitations, de réservoirs, de camions-citernes, de wagons-citernes, de bateaux pétroliers, de chalands pétroliers fluviaux ; ils créent des aménagements et des activités portuaires, des sociétés d'armements maritimes, des sociétés d'assurances ; pompes de distribution, stations-service, immeubles pour les services administratifs, etc., etc. L'industrie automobile (encore l'acier) ne peut exister et se développer que grâce au pétrole ! Avec l'automobile, c'est l'appareillage électrique, les pneus (caoutchouc), etc. ; l'auto provoque elle-même des activités multiples, tourisme, donc hôtellerie, restauration, photographie, etc. ; évoquons encore tout ce qui marche au mazout et aux gaz de pétrole, sans oublier l'aviation.

Personne n'est d'accord pour chiffrer ces réactions en chaîne parce que personne n'a jamais pu déterminer le nombre de fois, en une année, qu'un billet d'un dollar ou un billet de cent frs passait d'une main à l'autre pour solder un achat. A peu près tous les chiffres donnés sur ces transactions sont faux si nous en croyons les centaines de millions de dollars réalisés clandestinement par les gangs-rackets aux U.S.A. et par les nombreuses manipulations sans facture dans tous les pays. Des économistes prétendent que pour évaluer les activités générales déclenchées par les 14 630 milliards du pétrole américain, il faudrait multiplier ce nombre par 5, d'autres par 10, 20 et même 30. Que l'on prenne seulement l'indice 10, nous obtenons un tel volume d'affaires qu'un gouvernement ne peut plus ignorer le levier animateur qu'est le pétrole.

Nous admettons la thèse de gouvernants qui n'éprouvent pas un amour particulier pour les sociétés pétrolières détenant ce prestigieux monopole économique, mais qui doivent forcément axer les affaires générales sur cette source d'énergie conditionnant le travail d'une importante partie de la population. La logique voudrait que ce soient moins les pétroliers qui s'imposent à une politique gouvernementale que la matière qu'ils contrôlent. Les appétits seraient moins grands. Malheureusement, il n'en est pas ainsi dans la pratique et trop de gouvernants enfermés dans une sorte de chantage à la nécessité du « travail national » feignent défendre ledit travail par une politique et une diplomatie appropriée alors qu'ils contribuent surtout à enrichir considérablement les sociétés pétrolières. Car si le bénéfice distribué est presque normal, il faudrait connaître la rémunération des administrateurs, les jetons capiteux, les « frais particuliers », le nombre d'actions dédoublées ou distribuées gratuitement précisément pour ne pas faire apparaître un pourcentage « scandaleux » en dividende.

Le gouvernement américain, dit-on, n'hésita pas à poursuivre (cela dure depuis 1952), cinq sociétés américaines

(Standard Oil of New Jersey, Standard Oil of California, Texas Cy, Gulf Oil Corp., Socony-Vacuum) pour « entente industrielle » et hausse illicite des prix lors de la mise en marche du plan Marshall. Cette action gouvernementale démontre l'inefficacité du Shermann Act (loi anti-trusts) et tout le monde est d'accord à ce sujet : on réveille surtout la loi anti-trusts lorsque la politique se mêle à des concurrences. Le Shermann Act avait le but d'empêcher les coalitions d'intérêts, mais aucune loi (sauf la nationalisation) n'empêchera M. Machin, homme de paille de la société X... d'être le plus fort actionnaire de la société Y..., laquelle sera à son tour la plus forte actionnaire de la société Z... etc. Ces opérations sont généralement tenues secrètes (système instauré par feu Rockefeller, créateur de la Standard Oil) et si certaines affinités sont connues, la plupart se trament dans l'ombre ce qui a l'avantage de faire mettre la main, parfois, sur un concurrent qui croit s'allier avec une autre société pour mieux se défendre. Dans la liste des 52 principales sociétés pétrolières que nous avons donnée, les trois-quarts dépendent les unes des autres mais bien malin, à cause du Shermann Act, qui pourrait le prouver.[105]

Pour l'opinion publique, il y a quelques fois des poursuites spectaculaires... le « respect de la loi » quand une presse politique hostile monte un cas en épingle, mais cela ne va jamais bien loin. Le gouvernement arbitre des querelles, il ne met jamais personne K.O. car il sait qu'il a besoin du pétrole pour gouverner. Il parait évident que « l'impératif pétrolier » pourrait être moins... impératif si les pétroliers n'avaient pas leurs hommes aux bonnes places politiques et diplomatiques pour sciemment confondre « l'intérêt du travail national » avec les fructueuses réalisations commerciales.

---

[105] Exemple entre dix autres pour la France : Le trust anglais *British Petroleum* (qui en constitue un autre avec la *Royal Dutch-Shell*) a une filiale, la *Société Française des Pétroles B.P.*, qui est actionnaire de la *Compagnie d'Exploitation Pétrolière* (capital 4,8 milliards) dont l'activité s'exercera sur deux périmètres au Sahara.

Précisons que le cas est à peu près le même pour les trusts britanniques Royal Dutch-Shell et British Petroleum (ex Anglo Iranian Oil C°) avec un peu plus de discrétion car une assez forte partie de leurs capitaux sont internationaux (surtout français) alors que les capitaux de sociétés pétrolières américaines sont davantage américains.[106]

Mettons les choses au mieux. Si tous les pétroliers américains possédaient des âmes d'administrateurs d'œuvres paroissiales et ne songeaient à tirer aucun bénéfice du commerce du pétrole, le gouvernement américain aurait quand même à un moindre degré certes, l'impérieux devoir de courir après un pétrole qui s'épuise dans le sol de la métropole. Si, aujourd'hui, certaines personnalités se plaignent de ressentir les coups d'une guerre psychologique déclenchée par choc en retour de la guerre du pétrole, ce sont elles les principales responsables. Beaucoup de pays non atteints de gigantisme estiment que l'on peut vivre heureux sans montrer un appétit monstrueux ni une volonté de vouloir régenter le monde, surtout quand on a tant à balayer dans sa propre maison.

Pour répondre à des campagnes d'essais de réhabilitation de la vertu des pétroliers, nous nous devions de chiffrer (approximativement) ce que représente directement et indirectement la le pétrole dans la vie moderne des États-Unis... Ces chiffres nous permettent de jauger plus exactement l'importance américaine dans le domaine pétrolier. Et nous comprenons mieux qu'à aucun prix, même au risque

---

[106] Malgré la crise de pétrole qui suivit l'affaire du canal de suez, presque tous les bilans 1956 des sociétés pétrolières américaines sont en augmentation sur ceux de 1955. Par exemple, la *Standard Oil of New Jersey* accuse 7 126 855 410 dollars contre 6 272 440 655 et la *Texas Cy* 2 046 305 092 contre 1 767 266 455. Même la *Shell Oil Cy (société américaine à capitaux britanniques, filiale du trust anglais) donne pour 1956 : 1 635 434 995 dollars contre 1 491 143 117 en 1955 et ses bénéfices nets font augmenté de plus de 10 millions de dollars.*

d'une conflagration générale, les États-Unis ne pourront jamais se dessaisir de l'atout-pétrole dans leur jeu diplomatique.

Aux autres pays à ne pas courber l'échine et à se défendre.